2017年度河南省高等学校哲学社会科学优秀著作资助项目
延安精神研究中心专项科研经费资助项目

新民主主义社会理论再研究

梅定国 ／ 著

人民出版社

序

摆在读者面前的这部著作，是梅定国同志学术研究的新成果。这部著作是他在博士学位论文的基础上，历时多年，精心修改而成的。定国2011年入安徽大学攻读马克思主义发展史学科的博士学位，毕业后又赴东北师范大学从事博士后合作研究，现执教于革命圣地的延安大学。这部书稿也随着他辗转多地、反复打磨，可谓初成于皖、丰富于吉、定稿于陕。从成书的过程，亦可见定国对这部著作的重视。

在这部著作中，定国聚焦新民主主义社会理论，浚源流，明理路，探要义，纵笔行来，对新民主主义社会理论形成的社会历史背景、思想文化基础、复杂历史进程作出了清晰的梳理概括，对新民主主义社会理论的重要范畴、体系内容进行了勾勒阐述，对中外学界关于新民主主义社会理论的主要观点及热烈争论的相关问题，给出了自己的评说和见解。定国对于新民主主义社会理论研究的执着与投入，跃动于字里行间。

可以说，这是一部勇气之作。新民主主义社会理论，是毛泽东思想的重要组成部分。对于这一领域，学界曾多有研究，许多激烈的争论，至今余音犹在。选择这样的主题开展研究，没有理论的勇气、学术的志气，显然是不可想象的。定国不仅将自己的研究锁定在这一重要理论领域，给自己的研究定立了"认识它的本质内涵，透视它的原风原貌，品呷它的原汁原味"的明确目标，而且给自己的著作起了一个响亮的名字——《新民主主义社会理论再研究》。"再研究"，即要在已有研究基础上，重新展开，再次来过。显然，不是任何对已经有过的研究的再进行，都可称之为"再研究"——又一次进行的研究，没有新见，只可谓之以"重复性研究"；没有勇气，不敢称之为"再研究"。作者的勇气，还体现在其对待各家见解的态度上、对有关错误观点的态度上。正如作者所言："本书的研究无意斡旋其间，作者不充当调停人或和事佬的角色——如果这样做是注定要失败的——因为科学研究是一项庄严的事业，容不得讨价还价，外交辞令在这里没有用武之地。"展卷读来，相信读者会感受到作者笔锋的犀利。犀利，正得益于理论勇气的力量。

这也是一部苦功之作。没有苦功，文字是轻飘的，思想是游移的。作品的分量，与其中凝结的苦功夫是成正比的。在亲自主持召开的哲学社会科学工作座谈会上，习近平总书记曾经这样讲过："我看过一些西方研究马克思主义的书，其结论未必正确，但在研究和考据马克思主义文本上，功课做得还是可以的。相比之下，我们一些研究在这方面的努力就远远不够了。"他明确要求，哲学社会科学工作者，"要有'板凳要坐十年冷，文章不写一句空'的执着坚守，耐得住寂寞，经得起诱惑，守得住底线，立志做大学问、做真学问。"定国的这部著作，便体现了一名年轻学者对下苦功夫的自觉。在书中，定国对中外学界在新民主主义社会理论问题上的已有研究，进行了力所能及的梳理，将这种"对研究的研究"作为自己"再研究"的基础。作者在书中陈述自己研究过程时，也称"研究中注重实证，力求每阐述一个观点，都要引经据典，以史料佐证为基础，尽可能多地占有第一手历史资料和思想材料，如实地反映新民主主义社会理论的实质，避免泛泛而谈，空发议论。"这种文本上的苦功，是我们每位学人都应该有的。唯此，我们才可能练成"自家的功夫"，也方可期原创性的作品。

勇气和苦功，使得这部著作呈现出了诸多新见。如，书中关于新民主主义社会理论发展的全景式观照、对其中不同阶段的细腻刻画，关于新民主主义社会理论内容体系的概括和阐述，以及对有关论争问题的直抒胸臆等，都包含着作者的心得和创见，为学界关于新民主主义社会理论的探索提供了进一步展开的新视角。书中也有一些可以再打磨、再深化的地方，包括对理论发展历史阶段的划分、对相关重要范畴关系的概括、章节标题及有关思想观点的表述，以及对作为评析对象的相关理论观点的提炼等，都尚有反复推敲的空间。依定国的学术雄心，他会于不久的将来推出本书的姊妹篇《新民主主义社会理论发展史》。期待新著更精到、更精彩地呈现他在新民主主义社会理论研究领域的新认识、新进展。

沈壮海

2019 年端午节于珞珈山

前　言

　　本书致力于新民主主义社会理论的再研究——这是一个老生常谈的话题，一个观点纷呈的话题，也是一个棘手的问题。越来越多的研究成果的问世在若干领域达成共识，但是在一些重要问题上的分歧似乎未见消弭，这正是研究的意义之所在。不过本书的研究无意斡旋其间，作者不充当调停人或和事佬的角色——如果这样做是注定要失败的——因为科学研究是一项庄严的事业，容不得讨价还价，外交辞令在这里没有用武之地。本书研究的根本目的是：拨开令人眼花缭乱的迷雾，努力探究事物的本质和规律，向科学的真理靠近。

　　改革开放的时代是思想解放、争鸣蜂起的时代，这是社会进步的标志。正是在这个时代大背景下，才有了新民主主义社会理论持久而热烈的讨论，这是富于意义的思想交流、融汇和碰撞，因为这是人类获得真理的前提。参与到这场研讨活动中的人们，不管持有什么观点，只要不是心怀不二之心，都是我们所要尊重的。关于新民主主义社会理论的研究出现这种局面，未尝不是好事，个中原因纷繁复杂，其中一个重要的原因可能是，没有把"毛泽东的新民主主义社会理论"和"新民主主义社会理论"严格区别开来——这是一个严肃的科学问题，也是一个经常被人们忽视的问题。厘清二者之间的关系，明确"新民主主义社会理论"的科学内涵，应为研究的出发点。新民主主义社会理论是以毛泽东为主要代表的中国共产党人在领导中国革命和建设的过程中，把马克思主义的过渡时期国家学说和落后国家社会发展道路理论基本原理与中国特殊的国情相结合，创立的关于中国在新民主主义革命胜

1

利后建立新民主主义社会，并从新民主主义社会过渡到社会主义社会的科学体系。以此为前提，本书研究的对象是中国共产党集体智慧视阈中的新民主主义社会理论，而非毛泽东个人心得视阈中的新民主主义社会理论，本书各个部分的叙述以及得出的结论，都是以此为前提的。这个定义是本书研究的基本结论之一，按照常理，结论应该在研究之后自然给出，但是，鉴于这个问题的极端重要性，加之为了行文之便，特意把它提到前言里面加以说明。但这并不是说本书来了一个主观的理论预设——这不符合科学研究的规律，也不符合辩证唯物主义，在正文的研究中，会自然而然地得出这个结论，而且读者在阅读的过程中可能会越来越感受到这个结论的说服力。

当然，新民主主义社会理论和毛泽东思想一样，不是马克思主义的顶峰，更不是科学真理的顶峰，它和任何科学一样，都是人类向绝对真理无限靠近的一个阶梯，一个环节。实践无止境，真理无止境，真理随着实践的发展而发展，所以，我们在承认这个理论体系的科学性和真理性的同时，也不认为它是完美无缺的，而是不可避免地具有历史局限性。实事求是地对待它，既不抬高它，也不贬低它，既不美化它，也不丑化它，认识它的本质内涵，透视它的原风原貌，品呷它的原汁原味，这就是科学的任务，也是中国共产党人的庄严使命。作为一名科学工作者，作为一名中国共产党员，我这样严格要求自己。

在学术界对新民主主义社会理论的研究逐步展开的过程中，越来越多的人发现，对这一理论体系的研究，不能只就理论本身开展"内涵式"研究，还要开展"外延式"研究，或者说不能只进行"基本问题"研究，还要进行其他"重要问题"研究，才有可能跳出狭隘眼界，全面把握它的来龙去脉，生动再现它的前世今生。鉴于此，本书在重墨刻绘新民主主义社会理论的逻辑演进和体系架构的同时，也花了相当篇幅回溯它的思想渊源，再现它的社会历史前提，廓清它和若干重要范畴的关系，梳理研究中的论争和分野，挖掘它的理论意义和现实价值，为研究解决中国特色社会主义新时代的重大理论和现实问题提供谏益。亦即把对新民主主义社会理论的研究放在了马克思主义发展史的视阈中，注重思想史的背景性考察，力求从宏观的角度全瞻这一思想体系的本真面貌。总之，开展全景式研究，用"大话式"宏伟叙事的总体化方法开展研究是本书的基本思路。

既往某些学者的社会科学研究,包括对新民主主义社会理论的研究,往往暗藏着深层次的目的。这种研究,在一定程度上与科学研究探究真理的本质属性背道而驰,往往陷入历史虚无主义的泥沼。更有甚者,某些人打着所谓思想研究、历史揭秘的旗号,极尽歪曲诽谤之能事,颇具隐蔽性和欺骗性。因此,旗帜鲜明讲政治,坚持正确的政治立场和政治方向,是开展社会科学研究的首要前提。遵循政治性与学术性相统一、历史与逻辑相统一的原则,是深入推进毛泽东思想及其分支的科学研究的前提条件之一,也是发现毛泽东思想及其分支领域"真问题"的重要契机之一。所以,从政治高度统一思想,用科学方法开展研究,通过建构一种学术客观性与历史真实性相统一的研究模式和认知图式,来勾画新民主主义社会理论的本初肖像,是笔者努力追求的目标。

本书既然名曰新民主主义社会理论再研究,既是对已有研究成果的回顾和梳理,也是对新民主主义社会理论的重新思考和再次发掘,这就要求博览群书,打开宏观视野,拓宽研究领域,与新民主主义社会理论相关的知识要尽量涉猎,使用规范的学术性专业语言,务使写作具有一定的思想深度,达到一定的理论水平,还要紧跟时代步伐,站在时代高度,密切关注本学科前沿热点难点问题,写出新意,万勿鹦鹉学舌人云亦云,陈词滥调照抄照搬。

本书以唯物辩证法和唯物史观为指导,注重根据时代背景和特征去研究历史和理论,而不是用今天的现实和主观需要裁剪之。作为 21 世纪的新一代知识分子,既要充分肯定伟大历史人物和他们的光辉思想,也要站在时代前沿的高度,客观看待他们不可避免的历史局限性,毕竟人和思想都是历史的产物,都会打上鲜明的时代烙印。不苛求前人,不苛求历史,客观公正地看待历史人物的功过是非,唯物辩证地研究他们的思想理论。故此,本书的研究以马克思主义和习近平新时代中国特色社会主义思想为指导,在学术讨论的范围内思考问题、阐述观点,不为任何流派摇旗呐喊,当然也不对任何流派肆意攻击,所以既没有阿谀奉承之辞,亦无口诛笔伐之语,坚持实事求是的思想路线,抛却主观好恶,站在科学的立场上分析问题,以得出客观公正的科学结论为目标,以经得起历史的检验为标准。

任何思想理论都不是凭空产生的，都有其客观的物质前提。新民主主义社会理论是以近代中国半殖民地半封建社会的历史演进为物质前提的，是解决中国历史的发展问题的，所以，研究新民主主义社会理论，不能不研究历史，特别是不能不研究近代中国半殖民地半封建社会的历史，不能不从历史发展的逻辑中把握社会前进的脉搏。研究历史上的新民主主义社会理论也是为了解决当代中国的某些现实问题，否则就没有任何意义。本书纵向历史研究与横向逻辑推绎相统一，动态考察和静态分析相结合，史论结合，以论为主，强调思想性和理论性，从新民主主义社会理论的历史梳理和考证分析中，从历史的追溯与邃思中，切入思维的逻辑领域和当代的现实。

新民主主义社会理论是一个严整的思想体系，是毛泽东思想和新民主主义理论的重要组成部分，对我国的改革开放和社会主义现代化建设，实现中华民族伟大复兴具有一定的借鉴和启示意义。同时，作为思想体系的新民主主义社会理论又是近代中国半殖民地半封建社会的现实演进和中国共产党领导的新民主主义革命实践的产物，所以，它既与中国半殖民地半封建社会和新民主主义革命实践紧密相连，又与我国社会主义初级阶段的现代化建设事业有着某种融通和默契，这就决定了这一思想理论的根本使命在于"改变世界"，在于解决社会历史发展的矛盾，在于解决我国新民主主义建设和社会主义建设进程中的实际问题。本书理论联系实际，既有理论的阐释，也有对实际问题的分析，更多的则是理论和实际的穿插交融，理论的阐释暗含实际问题的分析，现实的分析寓于理论阐释之中。研究中注重实证，力求每阐述一个观点，都要引经据典，以史料佐证为基础，尽可能多地占有第一手历史资料和思想材料，如实地反映新民主主义社会理论的实质，避免泛泛而谈，空发议论。不唯书，不唯上，只唯实，这是本书鲜明的特点，也是研究的方法之一。

本书侧重于理论研究，所以离不开对文本的实证研究，本书的重要观点都是力求建立在翔实、可靠的文本发掘和考证基础之上的。文本主要包括经典原著，也包括若干新民主主义社会理论的研究名著，这些研究名著之间在某些领域的研究结论又不尽一致，甚至抵牾相左，所以采取考据甚或校勘的研究方法也是必要的。鉴于理论研究重视对于意义与价值的处理，所以本书在文本的实证和考据研究中，侧重于理论层面的阐发，而对历史事实的刻绘处于次要的地位。

恩格斯曾经说过，只有在"同和他才智相当的人们的友好或敌对的接触中"才能得出自己的思想，所以，文章在吸收借鉴前人和其他论者优秀研究成果的基础上，结合自己的独立思考，采用立论式的方法展开铺叙，当然不是所有的立论都是创新点，有些立论是对既有立论的展开和深化，有些立论是为了进一步佐证自己支持的学者的观点，增强说服力。对于自己不敢苟同的一些观点，在学术探讨的范围内，采取驳论式的写作方法也是必要的，特别是对于某些极端的观点，便采取了论战的形式。本书在学习、吸收和借鉴前人和其他学者研究成果的基础上，亦具批判性思维，对某些观点敢于提出质疑，努力另辟蹊径，写出新意。对于把新民主主义社会等同于资本主义社会、把新民主主义社会理论与过渡时期总路线绝对对立起来等错误观点进行了清算，对鼓吹新民主主义社会理论"虚构论"、"天国乐土论"、"人间地狱论"等极端论调进行了批判，并在此基础上展现自己的研究心得。当然，论战的前提是尊重人格，不搞人身攻击，不随意打棍子、扣帽子，目的是在争鸣中走向真理。总之，立驳结合，以立为主，立中有驳，以驳证立，也是本书的研究方法之一。

本书在深入系统研究的基础上，力求达到以下几个方面的创新。首先需要说明的是，仅仅是"力求达到"这些创新，能否真正实现则另当别论。

第一，对"毛泽东的新民主主义社会理论"和"新民主主义社会理论"进行了界定和区分，提出这是两个质的不同的范畴，两者之间是个人心得和集体智慧、本初发轫和阐发深化、曲折探索和严整科学、滑轨嬗变和隐性发展的关系，以求消除研究中的思想混乱问题。

第二，本书认为新民主主义社会理论和新民主主义革命理论在新民主主义理论的体系中都具有极端重要性，都是不可或缺的有机组成部分，占有同等重要的地位，谈不上谁主谁次，孰重孰轻，没有必要，也不可能一分高低。所不同的是两者在整个理论体系中的分工不同，扮演的角色不同，理论侧重点不同，逻辑序列不同，而且两者之间也不是泾渭分明的，而是有着一定的理论交集和逻辑互含，相映竞辉。

第三，对"新民主主义社会理论的隐性发展"这一命题展开探索性研究，研究了在社会主义建设初期，刘少奇等一线领导人在拥护毛泽东领导的前提下，在领导社会主义建设的实践中，以隐秘和变相的形式悄悄向新民主主义政策靠拢，把表面上已经"绝迹"的新民主主义社会理论做了一定的推进，并在纠正"左"倾错误中发挥了些许作用。新民主主义社会理论在社会主义条件下的逻辑延伸和隐性发展从一个侧面验证了它的顽强的生命力和科学性，在一定程度上充实了新民主主义社会理论的思想宝库。由于谋篇布局的关系，本书只对这一命题进行必要的阐释，深入系统的研究将在笔者的另一部著述《新民主主义社会理论发展史》中呈现。

第四，明确提出了其他论者接近提出或未进行系统表述的新民主主义社会理论的核心问题是对待资本主义的态度问题的观点，认为中国共产党对待资本主义态度的变化决定了新民主主义社会理论的历史命运，也改变了新中国发展的历史轨迹。

宏观瞰瞻是本书的一大特色，从横向、纵向、立体三个方面对新民主主义社会理论展开宏观研究。在横向方面，本书尝试进行视角创新性研究，亦即以整体性为特征开展研究，除了毛泽东外，还花了相当笔墨挖掘和整理了瞿秋白、刘少奇、周恩来、邓小平、陈云、张闻天、邓子恢等领导人和理论家对新民主主义社会理论的贡献，力求从整体上对新民主主义社会理论进行有机整合和系统归纳，全瞻这一理论体系的原貌，以更好地体现出新民主主义社会理论是中国共产党集体智慧的结晶这一辩证唯物主义和历史唯物主义的基本原理，克服了单纯研究党的某位领导人的新民主主义思想而忽略了他们之间相互联系、相互影响的客观现实的局限性。在纵向方面，本书以马克思主义发展史为主线，着重从思想史发展的逻辑上去把握和剖析这一思想体系，从形成的思想历史条件出发，对新民主主义社会理论展开纵向研究，时间跨度达一百多年。在立体方面，除了研究新民主主义社会理论的历史发展外，还涉猎新民主主义社会理论的体系建构、新民主主义社会理论与若干重要范畴的基本关系、新民主主义社会理论研究中的论争和思考、新民主主义社会理论的重大意义等问题，对这一理论体系展开全景式扫描。

目　录

绪　论

第一节　研究的目的和意义

开展科学研究，总有它的目的和意义，或者说动机和价值。关注和研究新民主主义社会理论，同样也有一个目的和意义的考察问题。总的说来，研究新民主主义社会理论，其目的和意义可以从以下几个方面来理解。

首先，新民主主义社会理论是 20 世纪 90 年代和本世纪初学术界研究的热点难点问题之一，现在已经很少有人提及这个话题了。笔者为什么还要重新拾起这个话题大书特书呢？这并非老调重弹，而要重新审视。这是因为在新民主主义社会理论的研究中，虽然涌现出一大批研究成果，但在诸多方面仍然存在着争论和分歧，甚至是尖锐的对立。可以说，改革开放以来，还没有哪一个毛泽东思想的理论问题像新民主主义社会理论这样引发人们的思考、困惑和争论。简而言之，还有一些问题没有解决。正因为如此，才有进一步研究的必要。所以，通过对新民主主义社会理论的回顾和梳理，在吸收借鉴其他学者业已取得的优秀研究成果的基础上，重点关注既有研究中存在的争议和误区，抱着严谨和科学的态度，再分析，再甄别，力求透过那些令人眼花缭乱的思维运作探寻新民主主义社会理论思想发展的真实踪迹，去伪存真，去粗取精，提出自己的结论，形成可能有价值的研究成果，是笔者重读新民主主义社会理论的初衷之一。

具体来说，新民主主义社会理论是马克思主义中国化的重要理论成果，

1

在马克思主义发展史上具有重要地位。但是，鉴于学界对其的看法并不统一，因此，在文本发掘和理清历史进路的基础上，论证新民主主义社会理论的科学性和正确性，力图澄清人们思想中的模糊认识和错误观念，加强人们对新民主主义社会理论的理解和认同，以期更好地促进本学科的建设和健康发展，为其他学者的相关研究提供一定的参考和借鉴，便是研究的目的之一。

第二，搞学术研究重在联系社会实践，着力解决复杂社会中的现实问题和矛盾。马克思主义注重解决时代和实践的现实问题，现实问题的研究固然最为重要，但是现实与历史有着千丝万缕的联系，研究现实离不开研究历史。历史是一面镜子，"以史为鉴，可以知兴替"，历史有太多的思想和事件需要我们去回顾，历史有太多的经验和教训需要我们去总结。总之，研究历史也是为了解决现实问题，研究历史是解决现实问题特别是解决重大现实问题的重要渠道，否则就会陷入历史虚无主义的泥沼。毛泽东自己也说："今天的中国是历史的中国的一个发展；我们是马克思主义的历史主义者，我们不应当割断历史。从孔夫子到孙中山，我们应当给以总结，承继这一份珍贵的遗产。这对于指导当前的伟大的运动，是有重要的帮助的。"① 同样道理，尽管新民主主义社会和新民主主义社会理论已经成为历史，但我们还是应当加以总结，来指导我们当前的"伟大的运动"。悟以往之不谏，知来者之可追。毫无疑问，加强新民主主义社会理论研究，对于我们正在进行的改革开放和社会主义现代化建设事业，具有重要的理论意义和实践意义。古人云："鉴往知来"，亦即说，为了更好地前行，必须清醒地回首。

从某种意义上说，社会主义初级阶段是新民主主义社会的替代物，或者说是新民主主义社会的补足物，所以两者之间势必存在很多通融和共性之处，这就决定了在社会主义初级阶段，在社会主义现代化建设的过程中，新民主主义社会理论仍然存在着鲜活的生命力，有着重要的借鉴和启迪意义。因此，本书不仅从理论层面上论证新民主主义社会理论的重大意义，更从实

---

① 《毛泽东选集》第二卷，人民出版社 1991 年版，第 534 页。

践层面上来揭示它的重要地位和价值。

第三，著名党史专家石仲泉先生曾经说过，研究孔夫子的学问，称为"孔学"，研究毛泽东和毛泽东思想的学问，也可称为"毛学"。"孔学"被研究了两千多年，"烟火"不断，长盛不衰。"毛学"作为一门"新兴"学科，定将前途无量。俗话说："天下之书读不尽，学问茫茫无尽期"，"毛学"虽然作为一门热门学问，很多人都在钻研，但是同任何学问一样，是不会被穷尽的，仍然有尚未开发的处女地，仍然有尚未插上科学旗帜的高峰。所以，在新民主主义社会理论的研究领域中，笔者有志于通过自身的不懈努力，"开荒地"、"攀高峰"，力求为毛泽东思想的沧海贡献出一滴水珠。

由于社会生活实践的复杂性，人们对事物本质的认识，总要经历一个过程，所以人们的思想认识与实践活动不总是同步的，领导人和理论家也不例外，特别是处在社会深刻变动的特殊历史时期更是如此。所以，作为当事人的党的领导人和理论家对于新民主主义社会理论的利弊得失，也不是一下子就能看清楚，思想认识上出现这样或那样的偏差甚至矛盾也是正常的。我们认识到，历史并不是统统要放进历史博物馆，历史上有些问题，从古今中外的经验，以及正面和反面的、直接和间接的经验来看，囿于当时当地的局限性，要想得出正确的结论，的确需要一定的时空距离，需要留给后人和实践做进一步的评判和检验。所以，在新的历史条件下，我们既需要对一系列新问题进行研究，作出新的回答，也需要对旧的问题进行回顾和反思，作出新的说明，特别是对于那些认识模糊、尚无定论的问题更是如此，这就是我们研究的任务。我们只有在历史与现实、理论与实践、学术与政治的多重张力中才能推动新民主主义社会理论的真实再现。

鉴于此，本书作为"毛学"研究的一部分，力图站在历史的角度，着眼于文献的挖掘，把新民主主义社会理论这一"毛学"的一个侧面突出出来加以研究，以求推陈出新，常研常新，寻找新的理论生长点，为"毛学"的研究注入新鲜血液。

第二节 新民主主义社会理论研究之历史脉络 ①

严格来说，新民主主义社会理论的研究是从明确提出这一概念正式开始的，如果把新民主主义社会理论的研究放在毛泽东思想的框架内来考察，就会发现，对这一理论体系的研究几乎与新民主主义理论的研究相始终。综观新民主主义社会理论研究的历史，大体可以分为起步时期、高潮时期和降温时期。

一、新民主主义社会理论研究的起步时期

从广义上说，国内关于新民主主义社会理论的研究从这一理论体系的创立时期就开始了，陈独秀、李大钊、毛泽东、刘少奇、周恩来、张闻天等党的早期和第一代领导人关于未来社会的设想和论述，本身就是对这一理论体系的研究和探索。但是，由于他们都没有明确提出过"新民主主义社会理论"的概念，当时的学术界并没有对其展开过系统研究。新中国成立前后的几年中，为适应建设新中国的需要，我国理论界展开了学习宣传毛泽东思想和新民主主义理论的热潮，重点研究新民主主义经济的属性、从新民主主义到社会主义的转变等问题，并取得了基本正确的研究成果。1956年随着社会主义改造的基本完成，我国进入社会主义社会以后，新民主主义社会正式终结，曾经指导我国经济、政治、文化建设取得重大成就的新民主主义社会理论也随之淡出了人们的视野。由于长期受到"左"倾思想的影响，这个理论受到人们的误判、扭曲和不公正对待，多年来研究工作几乎陷于停顿，新民主主义成为很多人的禁忌，唯恐引火烧身而避而远之，缄口不语。1978年党的十一届三中全会以后，特别是1981年十一届六中全会《关于建国以来党的若干历史问题的决议》正式恢复了"从新民主主义到社会主义的转变"②

---

① 本节以下内容为文献综述，主要是提炼学者们的观点而非引用原话，故在注明出处时不宜标注页码。

② 《十一届三中全会以来重要文献选读》（上），人民出版社1987年版，第304页。

的提法以后，为了适应改革开放的新形势，解决社会主义现代化建设过程中的重大现实问题，学术界开始对新中国成立前后实行的新民主主义制度和政策进行溯思和总结，尝试为改革开放和现代化建设事业寻找理论依据和启迪借鉴。20 世纪 80 年代初，曾有学者使用"新民主主义社会阶段的理论"的提法，并呼吁重新学习和研究新民主主义理论 ①，可以视作改革开放以来新民主主义社会理论研究之先声。总之，在"新民主主义社会理论"的概念明确提出之前，是不可能对其展开深入系统的研究的，如果说有所研究的话，也是在新民主主义理论的框架下涉及到一些相关内容。

二、新民主主义社会理论研究的高潮时期

从目前的研究成果看，"新民主主义社会理论"的概念，最早是由中国人民大学博士生王东 1985 年在进行博士论文研究时和其导师胡华教授提出来的，并在其后的博士论文写作中进行了阐述 ②，但是这一里程碑式的事件在当时的学术界并没有引起重视。1988 年在"刘少奇研究学术讨论会"上，我国著名学者于光远先生不约而同地明确提出这一命题，他认为，新民主主义论应该包括"新民主主义革命论"和"新民主主义社会论"两个组成部分，并且认为总体上看，"新民主主义革命论"并没有超出马恩列斯关于无产阶级革命和阶级斗争原理的范畴，而"新民主主义社会论"则是毛泽东思想中最具创新性和突破性的部分，所以"新民主主义社会论"相对而言更为重要。③ 以此为发端，学术界掀起了一股新民主主义社会理论研究的热潮，开启了新民主主义社会理论系统研究的新时代，而在此之前，人们几乎是在同义语的意义上使用新民主主义理论和新民主主义革命理论的。此后，以1991 年第二版《毛泽东选集》四卷本的出版、1993 年至 1999 年《毛泽东文集》八卷本的出版、1993 年纪念毛泽东诞辰一百周年、1997 年高校思想

---

① 坚松：《新民主主义理论是科学社会主义的组成部分》，《江西大学学报》（社会科学版）1980 年第 1 期。

② 参见王东：《共和国不会忘记：新民主主义社会的历史和启示》，东方出版中心 2011 年版。

③ 于光远：《"新民主主义社会论"的历史命运》，《求索》1989 年第 1 期。

政治理论课"中国革命史"改为"毛泽东思想概论"、1998年纪念刘少奇和周恩来诞辰一百周年、2003年纪念毛泽东诞辰一百一十周年等为重大契机，新民主主义社会理论的研究高潮迭起，经久不衰，涌现出一大批可喜的研究成果，这也成为"毛泽东热"的有力推进剂和不可或缺的重要组成部分。

新民主主义社会理论的研究为新时期马克思主义中国化和毛泽东思想研究注入了新的活力。进入新世纪以来，在繁荣发展哲学社会科学和实施马克思主义理论研究和建设工程的大背景下，新民主主义社会理论研究持续深入发展，特别是围绕若干重大分歧领域，研究不断向纵深发展，达到了更高的水平。

三、新民主主义社会理论研究的降温时期

但是近年来，这一领域的研究渐趋冷寂，一是表现在以此为研究对象或与此相关的国家级、省部级课题少了；二是表现在以此为主要关注对象的研究者少了，这个研究领域的一批资深专家研究焦点逐渐转移，而重点关注这一研究领域的新生代并未出现；三是表现在与此相对应，成果产出少了。究其原因，一是在新形势下，这个话题已经不再是前沿热点问题；二是经过长达二十多年长盛不衰的研究，研究成果相对丰实，可挖的空白点和理论生长点不多了，再行研究或者难度加大，或者容易陷入重复研究的怪圈；三是这个话题虽然不"热"了，但仍是难点问题，有些人看到在此研究领域内，纷争和歧异依然不少，欲超越左右，弥合纷争，确属不易，遂望而生退。

第三节　新民主主义社会理论国内研究述评

新民主主义社会理论再研究，要求我们对既往有关论者关于新民主主义社会理论的研究成果做出系统的回顾和梳理，以清楚地把握新民主主义社会理论研究的整体态势，也是进行进一步的思考和研究的必要前提。本节专述国内方面的研究成果。

一、新民主主义社会理论有无之争

关于毛泽东思想中有无新民主主义社会理论的问题，学术界曾经展开过热烈讨论，经过长期的探索、论争和弥合，人们的认识日趋统一，已基本达成共识，即认为新民主主义社会理论是新民主主义理论的重要组成部分，它和新民主主义革命理论密切联系、相辅相成，共同构成毛泽东思想科学体系的核心内容。两者之间是奠基和延伸的关系，新民主主义革命理论是新民主主义社会理论的前卫性创造，没有前者就没有后者；新民主主义社会理论是新民主主义革命理论的逻辑性演进，没有后者前者不可能成为一个严整的科学体系。但是学者们同时也认为，这两个理论体系的紧密关系，并不意味着它们之间是截然分开和泾渭分明的。相反，没有纯粹的革命理论，也没有纯粹的社会理论，两者是你中有我，我中有你的互融共生关系，革命理论中总有社会理论的影子，社会理论中总是抹不去革命理论的痕迹。在这两个理论体系中，有一定的重合或相似的内容，或者说两者之间存在一定的交集。

但是有少数论者在这个问题上仍然坚持自己的一家之言，他们不承认新民主主义社会理论的存在。比如李伟研究员认为，新民主主义社会理论不能成立，其有悖于马克思主义的革命转变理论，也有悖于毛泽东的不断革命论，这个理论是某些人"怀着不可告人的目的"编造出来的，以否定社会主义改造，进而达到否定毛泽东思想、否定社会主义制度的目的。[①] 黄爱军教授支持李伟的观点，并对质疑李伟的文章进行了批驳，论证了"独立的'新民主主义社会'不存在"、"'新民主主义社会论'未形成可以与'新民主主义革命论'并提的成熟的理论体系"，等等，从而认为新民主主义社会理论的说法"值得商榷"。[②]

沈雁昕教授似乎为了弥合这种纷争，提出了"新民主主义社会思想"的概念，认为新民主主义理论中蕴含着丰富的"新民主主义社会思想"，解答了半殖民地半封建的中国在民主革命胜利后的发展前途问题。[③] 细究沈文可

---

① 李伟：《"新民主主义社会理论"不能成立》，《探索》2008 年第 4 期。

② 黄爱军：《"新民主主义社会论"的说法值得商榷》，《探索》2010 年第 5 期。

③ 沈雁昕：《毛泽东关于新民主主义社会思想的形成和发展》，《高校理论战线》2004 年第 9 期。

以发现，其并未将"新民主主义社会思想"视为一个相对独立的理论体系，也没有将其上升到与新民主主义革命理论并列的高度。

二、新民主主义社会理论发展史（上）

关于新民主主义社会理论发展史问题，除了"放弃"问题外，论者们基本上达成了共识，普遍认为新民主主义社会理论的孕育、形成和发展经历了一个很长的历史过程，是伴随着新民主主义革命理论一起成长起来的，是中国共产党成立后二十余年立国思想演变的结果。五四时期到遵义会议之前是新民主主义社会理论的孕育时期，从党的一大的无产阶级专政、二大的真正民主共和国，到1927年关于中国非资本主义前途的讨论，初步勾画了新民主主义社会的蓝图。1922年，中共二大将民主革命与社会主义革命区别开来，成为新民主主义革命理论的发端，也为新民主主义社会理论奠定了思想基础。1926年，中共根据共产国际关于中国革命"非资本主义前途"决议的精神，提出未来之中国要实现这个前途，政治上的根本保证是无产阶级取得领导权，经济上则是限制私人资本经营"于全国国民经济有关的大产业"，而无关国计民生的产业，要让给私人去经营，但要渐渐减少私人资本剥削的程度，渐渐地经过非资本主义的过渡阶段走向社会主义。① 这些认识是新民主主义社会理论孕育阶段的重要成果。从长征胜利到《新民主主义论》的发表，是新民主主义社会理论的形成阶段。有论者分别从不同的角度阐释了从工农共和国、人民共和国，到三民主义共和国、新民主主义共和国的立国目标的发展轨迹，展现了新民主主义社会构想形成的逻辑进路。② 王永江教授从以毛泽东为核心的中国共产党的成熟、抗日战争的复杂环境和统一战线策略的调整、抗日根据地的建设实践等方面分析了新民主主义社会理论形成的根本原因、重要原因和实践基础。③ 很多论者认为，毛泽东的《新民主主义论》是新民主主义社会理论

---

① 中共中央书记处：《六大以前》，人民出版社1980年版。

② 王智，文红玉：《新民主主义社会理论的创制与放弃》，《党的文献》2000年第1期。

③ 王永江：《试析毛泽东新民主主义社会理论的形成》，《社会科学家》2007年第4期。

形成的基本标志，另有部分学者认为，新民主主义社会理论形成的基本标志，应为毛泽东的《中国革命和中国共产党》、《新民主主义论》两篇著名文献。

新民主主义社会理论形成以后，经历了充实、发展的过程，说明中国共产党人对这一问题的认识是逐步明确和深化的。论者们从刘少奇《关于修改党章的报告》、毛泽东《论联合政府》、到十二月会议的三大经济纲领，到七届二中全会的决议和第一届全国政协《共同纲领》，再到刘少奇和周恩来巩固新民主主义制度、由新民主主义走向社会主义的思想等，探讨了新民主主义社会理论形成以后的发展脉络。比如沈雁昕教授认为，随着解放战争的顺利进展，中国共产党把关注的焦点从"走什么路"集中到"建什么国"的探索上，成为推动新民主主义社会理论进一步发展的重要契机，毛泽东等人从人民民主专政的国体、人民代表大会制度的政体、多种经济成分共存的经济等方面对即将建立的新中国进行了系统规划，使新民主主义社会理论的内涵大为拓展。①

不少人认为应当充分肯定刘少奇巩固新民主主义制度的思想，譬如鲁振祥教授认为，因为这是中国共产党长期追求的立国目标的明确表达，并非主张永远停留在新民主主义社会阶段，同时这一主张在建国初期也发挥了积极作用。② 也有研究者分析了周恩来与毛泽东在由新民主主义向社会主义过渡问题上的认识差异，认为周恩来坚持边建设边过渡，建设与过渡相统一的思想，毛泽东则偏重于强调"三大改造"，即强调从生产关系层面向社会主义过渡。③

三、新民主主义社会理论发展史（下）

一般认为，从 1952 年开始，毛泽东的思想认识发生"左"倾，开始酝

---

① 沈雁昕：《毛泽东关于新民主主义社会思想的形成和发展》，《高校理论战线》2004 年第 9 期。

② 鲁振祥：《刘少奇建设新民主主义社会思想几个问题的考察》，《苏州大学学报》1999 年第 1 期。

③ 彭思铸：《周恩来坚持由新民主主义走向社会主义思想论析》，《学海1998 年第》第 2 期。

酿向社会主义过渡，而新中国成立前夕毛泽东关于新民主主义的认识即发生微妙变化。张勇教授认为毛泽东在新中国成立前夕对新民主主义社会理论从人民民主专政的内涵、社会的主要矛盾、新资本主义的提法、对待资产阶级的态度等四个方面作了重要修改。① 另有论者认为这些变化可视为"左"倾思想的前兆和发端。1953 年 6 月，毛泽东对"巩固新民主主义制度"的提法提出严厉批评，同时提出了过渡时期总路线，标志着新民主主义社会理论的放弃。这种观点和刘少奇、周恩来等人的认识并不一致，但是由于毛泽东的崇高威望和在党内的地位，最后都把思想统一到毛泽东的意见上来。到 1956 年社会主义改造完成时，新民主主义社会的理论和实践被完全放弃。王智等认为这反映了毛泽东在社会主义建设问题上的主观急躁心理，轻率中断新民主主义社会理论与实践的探索是不明智的。② 林蕴晖教授则否认过渡时期总路线的合理性，认为或迟或早提出过渡时期总路线都是照抄苏联模式，都不符合中国实际。③ 有论者认为，新民主主义社会的终结并不意味着新民主主义社会理论的放弃，时代的发展和局势的变化使新民主主义社会理论转向了社会主义建设理论，这是马克思主义中国化合乎逻辑的产物，两者之间的衔接和转换就是过渡时期总路线，过渡时期总路线是新民主主义社会理论的有机组成部分，而不是与其相对立，因为新民主主义社会作为一种过渡性质的社会形态，向社会主义的转变是历史的必然，问题只是出在时间表的安排及进度的把握上。④

　　关于放弃新民主主义社会理论的原因，杨奎松教授认为，新民主主义社会理论是中国共产党在抗日民族统一战线的历史条件下，为在战后争取自身的政治地位与领导权所制定的一种斗争策略。由于没有内在的理论和实践驱

---

① 张勇：《建国前夕毛泽东对新民主主义社会论的四个重要修改》，《北京党史》2000 年第 3 期。

② 王智：《试析新民主主义社会理论与实践中断的原因》，《毛泽东思想研究》1998 年第 3 期。

③ 林蕴晖：《新中国由新民主主义社会向社会主义社会过渡的再思考》，《教学与研究》1999 年第 12 期。

④ 柳建辉等：《"新民主主义社会论及其争论问题研究"笔谈》，《党史研究与教学》2011 年第 2 期。

动力，新民主主义社会理论的放弃就是顺理成章的事情。① 柳建辉教授认为，
这是毛泽东等人对新民主主义社会理论进行实践检验并重新认识的结果，是
对中国向社会主义的过渡问题不断探索而得出的新认识。② 崔晓麟等认为毛
泽东思想观念中对资产阶级的排斥以及新民主主义理论的不彻底性，是其放
弃新民主主义社会理论的根本原因；苏联的施压和影响、东欧人民民主的实
践与理论的影响是放弃新民主主义社会理论的外部因素。③

四、新民主主义社会的若干属性

由于毛泽东等人对新民主主义社会的若干属性表述比较模糊，为学界的
研究增加了难度。蒲国良教授认为，新民主主义社会理论是基于中国国情的
一个特殊的社会发展战略，新民主主义社会有其自身特定的经济、政治和文
化形态，是一个为向社会主义过渡准备物质基础的过程。④ 柳建辉教授认为，
新民主主义社会是符合中国实际的向社会主义过渡的中间转换形态，其本质
特征是保护和利用一切有利于国计民生的生产力。⑤ 高伯文教授认为，新民
主主义社会的历史定位是，它是中国革命胜利后向社会主义过渡的必经的一
个相当长的建设阶段。⑥ 王树荫教授经过综合分析认为，新民主主义社会的
基本特征可以概括为三点：即从静态来看，新民主主义社会是一个相对独立
的社会经济形态，有其特殊的质的规定性；从动态来看，新民主主义社会具
有过渡性质，其发展方向是社会主义；而从经济、政治、文化的作用看，社

---

①　杨奎松：《毛泽东为什么放弃新民主主义——关于俄国模式的影响问题》，《近代史研究》1997 年第 4 期。

②　柳建辉：《新中国从新民主主义向社会主义过渡的几个问题》，《中国党政干部论坛》1999 年第 11 期。

③　崔晓麟：《试析毛泽东放弃新民主主义社会理论的原因》，《学术论坛》1999 年第 3 期。

④　蒲国良：《毛泽东新民主主义社会理论的历史地位》，《中共福建省委党校学报》2006 年第 8 期。

⑤　柳建辉：《新中国从新民主主义向社会主义过渡的几个问题》，《中国党政干部论坛》1999 年第 11 期。

⑥　高伯文：《建国前后新民主主义社会理论的发展及其意义》，《党史研究与教学》1999 年第 1 期。

会主义因素在其中起着领导的作用。大多数论者认为新民主主义社会既不属于资本主义范畴，也不属于社会主义范畴，是一个有着特定社会历史内涵的全新范畴，是中国走向社会主义的特殊道路和不可逾越的历史阶段。①

郭德宏教授认为，新中国成立前后党中央一方面认为无产阶级与资产阶级的矛盾是国内的主要矛盾，另一方面又强调中心任务是恢复与发展国民经济，两者之间是矛盾的。他认为只有到社会主义改造开始后，无产阶级和资产阶级的矛盾才成为中国社会的主要矛盾。② 大多数论者认为，两者之中，主要任务的提法是正确的，而主要矛盾的提法过于牵强，这就产生了主要任务和主要矛盾的二元性矛盾。王树荫教授在梳理了各家观点后指出，中共关于新民主主义社会主要矛盾与主要任务的提法有个变化的过程，两者之间确实有过矛盾的表述，所以在一段时间内党中央曾改变了主要矛盾的提法。即便刘少奇提出的主要矛盾是与三大敌人及国民党残余势力的矛盾也难于成立，因为没有把生产力低下放在主要矛盾的视野之中。③

五、新民主主义与资本主义

关于新民主主义与资本主义的关系问题，学术界有不同的看法。胡绳先生等认为在新民主主义政权下，不能操纵国计民生的资本主义在一个相当长时期内的广大发展是有益的，是一个进步和不可避免的过程。④ 马占稳教授认为资本主义的发展受新民主主义政治经济制度的制约，处于从属地位。⑤ 黄如桐教授认为，党对资本主义的政策有两层含义：一方面需要发展资本主义，另一方面还要限制资本主义。⑥ 郑德荣先生等认为新民主主义的资本主义不是泛指中国的一切资本主义，不包括官僚资本主义，而是特指民族资本

---

① 王树荫：《新民主主义社会理论研究述评》，《毛泽东思想研究》2001 年第 3 期。

② 郭德宏：《关于新民主主义社会理论的若干问题》，《中国党政干部论坛》2000 年第 3 期。

③ 王树荫：《新民主主义社会理论研究述评》，《毛泽东思想研究》2001 年第 3 期。

④ 胡绳：《社会主义和资本主义的关系：世纪之交的回顾和前瞻》，《中共党史研究》1998 年第 6 期。

⑤ 马占稳：《毛泽东对在中国发展资本主义的认识》，《北京行政学院学报》1999 年第 6 期。

⑥ 黄如桐：《关于党的发展资本主义政策的探讨》，《真理的追求》1997 年第 2 期。

主义。① 何诚认为把利用和限制资本主义变成消灭资本主义，偏离了建国前夕和初期确定的政策。② 笔者则认为，新民主主义社会是半资半社性质的社会形态，既可能向资本主义发展，也可能向社会主义发展，发展的态势取决于中国共产党对两种"主义"的态度和政策。资本主义进步性的引力使新民主主义不得不利用资本主义，而社会主义大势所趋的前途又使中国共产党经常把批判资本主义提上议事日程，中国共产党正是在对资本主义的默许与纠结中摸索前行的。

关于新民主主义社会发展资本主义的原因，郑德荣先生等认为有以下方面：俄国的新经济政策提供了可资借鉴的成功范例；孙中山的新三民主义提供了重要的思想资料；土地革命战争时期党在对待资本主义问题上的"左"倾错误提供了历史经验教训。③ 马占稳教授认为，新民主主义制度本身就有发展资本主义的任务；中国民族资本主义比帝国主义和封建主义进步；发展资本主义不仅有利于资产阶级，更有利于无产阶级。④ 黄如军教授则认为有如下几个原因：对马克思主义社会发展规律和中国革命的新民主主义性质的理解；中国经济的极端落后；当时国内外政治形势和党所处地位的变化，等等。⑤

六、新民主主义与社会主义

关于新民主主义向社会主义的转变问题，胡绳先生认为社会主义革命从1949 年已经开始的说法不能服人，党取得政权与社会主义革命是两回事；完成从新民主主义到社会主义的过渡主要是依靠政权力量人为促成的，并不符合中国的实际。⑥ 黄如桐教授则持相反的观点，认为从无产阶级政权对社会

---

① 郑德荣，柳国庆：《毛泽东"新民主主义的资本主义"思想述略》，《党的文献》2000年第 1 期。

② 何诚：《读〈毛泽东的新民主主义论再评价〉》，《中共党史研究》1999 年第 11 期。

③ 郑德荣，柳国庆：《毛泽东"新民主主义的资本主义"思想述略》，《党的文献》2000年第 1 期。

④ 马占稳：《毛泽东对在中国发展资本主义的认识》，《北京行政学院学报》1999 年第 6 期。

⑤ 黄如军：《从新民主主义到中国特色社会主义》，《上海党史与党建》2013 年第 5 期。

⑥ 胡绳：《毛泽东的新民主主义论再评价》，《中共党史研究》1999 年第 3 期。

主义革命的极端重要性来看，我党夺取政权与社会主义革命是一回事；完成社会主义三大改造是建国以来各种社会条件发展成熟的必然结果。① 沙健孙教授也认为新中国的成立就标志着新民主主义革命的基本结束和社会主义革命的开始，因为革命的根本问题是政权问题，且三年国民经济恢复时期已开始执行某些社会主义革命任务了；中国社会主义改造是历史的必然，说社会主义改造是人为促成的缺乏理论根据。②

关于新民主主义社会理论和社会主义初级阶段理论的关系问题，学者们做了大量研究工作，亦取得了相当积极的成果。从主流观点看，倾向于二者是逻辑的衔接相续关系，很多学者从两个理论体系的诸多共鸣、后者对前者的借鉴和扬弃的视角开展研究，认为二者是融通和超越的关系。但是某些论者的研究往往走入极端，只看到二者的共性，认为社会主义初级阶段就是新民主主义社会的"复归"，主张"重回"新民主主义社会，出现了一股"现代新民主主义思潮"，理应引起深思和警惕。还有些学者把二者截然对立起来，借赞誉新民主主义社会之名来诋毁、否定社会主义初级阶段。这些观点都是错误的，关于这个问题的研究，尚需学界进行有力的整合。

七、新民主主义与民粹主义

民粹主义思潮出现在 19 世纪中叶的俄国，其主要观点是否定资本主义发展的必然性，认为通过农民的村社建设就可以过渡到社会主义，其实质是一种空想农业社会主义。胡绳先生认为，毛泽东曾经大力反对过民粹主义，但在建国后却"沾染了民粹主义色彩"，以民粹主义观点对待资本主义，从而离开了新民主主义的正确道路，急于消灭资本主义。③ 沙健孙教授却认为毛泽东认为经济文化落后国家在一定条件下可以进行社会主义革命，但从来没有像民粹主义那样认为社会主义可以建立在小生产的基础之上，毛泽东提

---

① 黄如桐：《关于〈毛泽东的新民主主义论再评价〉若干问题的讨论》，《中共党史研究》1999 年第 6 期。

② 沙健孙：《关于社会主义改造问题的再评价》，《当代中国史研究》2005 年第 1 期。

③ 胡 绳：《毛泽东的新民主主义论再评价》，《中共党史研究》1999 年第 3 期。

出的过渡时期总路线就是社会主义工业化和社会主义改造同时并举的总路线。①章德峰、彭建莆也反对胡绳的观点，认为在 20 世纪 40 年代形成的新民主主义论，不能完全套用到 50 年代中国的实际中去。中国在 50 年代进行社会主义革命，依靠社会主义而不是资本主义去解放和发展生产力，是唯一正确的选择。中国进入社会主义的情形，与民粹主义"从封建主义直接进入社会主义"的观点毫无相同之处，与民粹主义崇尚小生产，轻视社会化大生产的观点风马牛不相及。所以对毛泽东放弃新民主主义，不能理解为沾染了民粹主义的色彩。②

八、新民主主义社会理论的历史价值和局限性

关于新民主主义社会理论的历史价值，很多论者做出了积极评价，代表性的观点如下。石仲泉先生认为，从革命转变理论的角度看，新民主主义社会理论比起新民主主义革命理论可能具有更为重要的价值，它解决了实现革命转变的具体途径，从而把革命转变思想升华到一个新的理论层次。③鲁振祥教授认为，新民主主义社会理论基本指明了经济落后国家在取得革命胜利后如何建设国家并准备条件向社会主义过渡的问题，提出了无产阶级夺取政权后建设国家的新的"两步走"设想：第一步建设新民主主义，第二步过渡到社会主义，从而把马列主义关于落后国家革命后可以不经过资本主义社会而进入社会主义的理论变成了科学的实施方案。④

许多学者认为，新民主主义社会理论是中国共产党的伟大创造，同时也存在着一定的局限性。比如石仲泉先生把这种局限性概括为四点，即关于两个革命阶段转变时间的衔接的模糊性；主要矛盾与中心任务的二元性矛盾；新民主主义社会性质认识的不确定性；新民主主义社会形态的短暂性。⑤

① 沙健孙：《坚持科学地评价毛泽东和毛泽东思想》，《真理的追求》1999 年第 1 期。
② 章德峰，彭建莆：《再论中国走上社会主义道路的正确性——兼与胡绳同志商榷》，《当代世界社会主义问题》2000 年第 2 期。
③ 石仲泉：《我观毛泽东》（增订本），济南出版社 2014 年版。
④ 鲁振祥：《新民主主义理论在解放战争时期的重要发展》，《文史哲》1991 年第 4 期。
⑤ 石仲泉：《我观毛泽东》（增订本），济南出版社 2014 年版。

第四节　新民主主义社会理论境外研究述评 ①

鉴于毛泽东在世界近现代历史上的重要影响，国外学界、政界自然很重视对毛泽东和毛泽东思想的研究，其中又以资本主义和社会主义两大阵营国家的研究为主。此外，我国港澳台地区的相关研究也处于重要地位。他们的研究均取得了一些有价值的成果，但对于新民主主义社会理论的专题研究，皆远远滞后于中国大陆。

一、西方国家关于新民主主义社会理论的研究

西方国家对毛泽东及其"主义"（西方国家中右翼学者一般把毛泽东思想称为"毛主义"，带有贬义——笔者注），他们谓之"毛泽东学"，进行系统研究始于 20 世纪 50 年代前期，研究的动机主要来自外交和政治领域对华政策咨询和制定的需要，所以各种流派在这一时期的研究几乎都受到意识形态划界的影响，因此这种对毛泽东和毛泽东思想的异域勾画很难具有科学性。他们对于新民主主义社会理论的研究，主要是以"毛主义社会学"的名义进行的，但是"毛主义社会学"在"毛主义"研究中并不占重要地位。"毛主义社会学"研究在 70 年代的"国外毛泽东热"中得到发展，并且夹杂了不少"文革"的东西。在毛泽东逝世后，研究的学术化倾向才逐渐呈现出来，但是仍然受到意识形态划界的影响。80 年代和 90 年代，在西方毛泽东研究明显降温的趋势中，"毛主义社会学"却受到国内新民主主义社会理论研究热潮的影响，日趋成为专家们的长远课题。几十年以来，"毛泽东学"的研究专家以费正清、史沫特莱、史华慈、斯诺、特里尔、施拉姆、竹内实监修、麦克法夸尔等人为代表，他们对"毛主义社会学"的研究各有侧重，且结论各异，褒贬不一。总的来看，西方学者对"毛主义社会学"的研究，主要夹杂在毛泽东传记生平研究和"毛主义"的整体性研究中，专门性的研究

---

① 本节主要参考尚庆飞：《"国外毛泽东学"研究领域若干基本问题考察》，《马克思主义研究》2009 年第 9 期。

并不系统。90 年代以来，"毛主义社会学"的研究以译介、评述国内新民主主义社会理论研究的成果和状况为主，并无大的突破。所以，西方学者对新民主主义社会理论的研究，相对而言属于"毛主义"研究的薄弱环节。

二、苏东国家关于新民主主义社会理论的研究

相对于西方国家而言，苏联关于毛泽东和毛泽东思想的研究要早得多。共产国际从 1927 年开始就陆续译介毛泽东的著作，并给予较高的评价。20 世纪 30 年代还公开出版了毛泽东文集，比我国出版毛泽东选集早近十年。1935 年以后，苏联以"中国共产党领袖"的身份对毛泽东进行介绍和研究。抗日战争至建国初期，苏联学者多次撰文肯定了中国共产党的斗争经验和毛泽东的功绩，并继续译介毛泽东的著作，为扩大毛泽东思想的国际影响作出了重要贡献。二战结束以后，在苏联的影响下，东欧国家对毛泽东和毛泽东思想的研究也正式启动。中共建国以后，苏东国家对毛泽东和毛泽东思想的研究从译介为主转向了学理研究为主，取得了一定的成果。对于新民主主义社会理论的研究，和西方国家类似，主要是在毛泽东思想和新民主主义理论的框架内进行的。50 年代后期，随着中苏关系逐渐恶化，苏联对毛泽东和毛泽东思想的研究由肯定变成了批判，甚至演变成恶毒的攻击。东欧国家的相关研究大体延续了苏联的基调，也有一些自己的创见。苏联解体以后，俄罗斯对毛泽东和毛泽东思想的研究进入了反思和回顾阶段，学术化倾向也越来越浓。我国学者提出新民主主义社会理论的概念以后，俄罗斯一些学者也有所涉猎，代表性人物有尤金、格鲁贝等，但总体而言落后于西方。

三、港澳台地区关于新民主主义社会理论的研究

港澳台地区的毛泽东和毛泽东思想研究也很活跃，但不能归入"国外毛泽东研究"或"毛泽东学"之列，但它又与传统意义的"国内毛泽东研究"有实质差别。和西方"毛泽东学"研究相类似，他们的研究也不可避免地带有一定的意识形态色彩。总体而言，他们关于新民主主义社会理论的研究并没有超出西方学者的水平，亦表现在以介绍、评述国内的研究状况为主，既没有专题研究的著作问世，也没有相当规模的研究文章发表，这说明他们并

没有把新民主主义社会理论视为一个相对独立的研究领域。代表性人物有郭益耀、韦政通等。倒是一些大陆的右翼学者在港澳台地区出版的一些著作和发表的文章曾经掀起了几股旋风，其中涉及新民主主义社会理论的研究多有偏颇，往往借颂扬新民主主义为名来否定社会主义制度。代表性人物有谢韬、辛子陵等。

第五节 新民主主义社会理论研究之薄弱环节

新民主主义社会理论研究成果相对丰实，但尚存薄弱环节，一是研究投入的人力精力不少，但分歧依然很大、属于难点的问题；二是到目前为止，我国理论界涉足不深、研究尚不系统的问题。这些问题都是值得我们进一步研探之处。综观我国学者对新民主主义社会理论的研究，应当充分肯定他们做出的重要贡献，与此同时，以下几个方面的问题似为研究的薄弱环节。

一、新民主主义社会理论的科学内涵

这是本研究领域中一个最基本的问题，但是到目前为止学术界对此尚无一个公认的具有权威性的界定。有些论者只是承认这一理论体系的存在，并未从本质上去探究它。更多的论者则把作为毛泽东个人心得的新民主主义社会理论和作为中国共产党集体智慧结晶的新民主主义社会理论混为一谈，从某种程度上说这也是纷争之源。笔者把这两个重要范畴做了明确区分并概括为个人心得和集体智慧、本初发轫和阐发深化、曲折探索和严整科学、滑轨嬗变和隐性发展的关系，但能否为学术界普遍接受，还有待进一步检验。

二、新民主主义社会理论的理论渊源

新民主主义社会理论与马克思恩格斯的社会形态理论、过渡时期国家学说及东方社会理论、列宁的新经济政策和民族殖民地学说的关系到底如何，能不能从理论渊源的角度来界定它们之间的关系，学界的研究总体而言是相对模糊的，得出的结论也往往不太具有说服力。有论者强调这一理论体系的

独创性，认为新民主主义社会理论的创立受到老祖宗相关理论的一定影响，但是说理论渊源的关系未免牵强①。还有论者从近代中国政治思潮比如新三民主义的角度来追溯这一理论体系的理论渊源②，但是论证的严密性、逻辑性以及史料的翔实性都有待进一步提高。

三、关于放弃新民主主义社会理论的研究

这涉及到两个方面的问题，一是关于放弃新民主主义社会理论的评价问题，这方面的分歧最大，主要表现在放弃与未放弃之争、放弃的合理性之争、放弃的时机之争、放弃的后果之争，放弃与终结之辩，等等。二是关于过渡时期总路线与新民主主义社会理论的关系，主要有放弃论、修正论、发展论之争，总的来说相当一部分论者往往存在着把二者对立起来的倾向。还有论者把过渡时期总路线放在新民主主义社会理论的框架内进行研究，力图论证两者的统一性和前者是后者的有机组成部分，颇有新意，可称之为包含论③。但是提出的观点很明确，论证却尚显浅疏，有待系统化。所有这些，都需要学术界继续努力，力求弥合分歧，基本达成共识。

四、新民主主义社会理论与若干范畴的关系及比较研究

关于新民主主义社会理论与新经济政策的关系及比较研究问题，某些论者往往更多地看到两者的共性，忽视二者之间的本质差别。另一些论者则强调两者的差异性，对二者之间的融通之处较少论及。关于新民主主义社会理论与之后的社会主义建设理论的关系及比较研究问题，学界展开系统研究的尚不多见。关于新民主主义社会理论在社会主义建设时期的"隐性发展"问题，亦是研究的薄弱环节。关于新民主主义社会理论与过渡时期总路线的关系及比较研究问题，观点纷呈，各执己见，虽然很多学者涉足，但歧义颇

---

①　于光远：《"新民主主义社会论"的历史命运》，长江文艺出版社 2005 年版。

②　郑国瑞：《再探新民主主义社会的理论之源》，《毛泽东思想研究》2006 年第 5 期；张浩：《新民主主义社会论的源与流》，《理论月刊》2010 年第 6 期。

③　王墨君：《新民主主义与过渡时期总路线》，《历史教学》2001 年第 4 期；陈娆：《过渡时期总路线的提出是对新民主主义社会的放弃吗?》，《思想理论教育导刊》2006 年第 7 期。

大，亦属薄弱环节。

通过以上的总体回顾可以发现，改革开放以来我国学术界对新民主主义社会理论的研究在诸多方面取得了重要共识，同时不可否认的是，学术分歧和论争依然存在，研究的薄弱环节依然不少。总的说来，我国学术界关于这一理论的研究可以概括为：进展重大，分歧不少，薄弱尚存，尚付阙如。因此，我国对新民主主义社会理论的研究虽然经过长期的发展，但并不意味着已经功德圆满，这就给我国学术界提出了关于这一理论的研究如何进一步开展抑或如何在研究低潮的形势下扭转颓势的问题——或者说理论纷争如何弥合以及薄弱环节如何突破的问题。通过对新民主主义社会理论研究的外部扫描可以发现，尽管境外理论界在这一领域的研究取得了一定的有价值的研究成果，值得我们去思考、吸收和借鉴，但是从根本上说，由于他们大体上唯心主义的研究方法，加之意识形态偏见的局限性，他们的研究不一定符合新民主主义社会理论的实际，也称不上是真正科学的研究，而且他们的某些观点和论调往往居心叵测，值得我们警惕和批判。

第一章　关于新民主主义社会理论

从事新民主主义社会理论研究的逻辑前提和基础性工作就是明确新民主主义社会理论在毛泽东思想中的定位，在廓清基本概念的理论界限的基础上明确它的研究对象，进而全面把握这一理论体系的思想实质和基本内涵。所以，本书正文的研究就从这里开始。

第一节　新民主主义社会理论概述

顾名思义，新民主主义社会理论是新民主主义理论的重要组成部分，从宏观的意义上说，是毛泽东思想的有机组成部分。为了更好地从总体上把握这一理论体系，首先须对毛泽东思想和毛泽东思想的主体——新民主主义理论进行必要的梳理和回顾，在此基础上导出本书的研究对象——新民主主义社会理论。

一、毛泽东思想

"毛泽东思想是马克思列宁主义在中国的创造性运用和发展，是被实践证明了的关于中国革命和建设的正确的理论原则和经验总结，是中国共产党集体智慧的结晶。"[①] 毛泽东思想是以毛泽东为主要代表的中国共产党人，在

[①]　《十六大以来重要文献选编》（上），中央文献出版社 2005 年版，第 641 页。

中国长期的新民主主义革命和建设、社会主义革命和建设的实践中，运用马克思主义的立场、观点和方法，在总结我国革命和建设正反两方面历史经验的基础上，同各种错误倾向斗争的过程中逐步形成和发展起来的。简言之，毛泽东思想是马克思主义基本原理和中国革命和建设的具体实践相结合的产物。

毛泽东思想的形成和发展，是近现代中国社会发展的客观需要和历史产物。20世纪上半叶帝国主义战争和无产阶级革命的时代主题，是毛泽东思想形成和发展的时代背景；新文化运动的兴起和马克思主义的广泛传播，为毛泽东思想的形成和发展准备了思想理论条件；无产阶级力量的增长和工人运动的发展，以及在中国革命过程中工农联盟的建立，为毛泽东思想的形成和发展提供了阶级基础；中国共产党领导的革命和建设实践，则是毛泽东思想形成和发展的实践基础。

毛泽东思想在许多方面以其独创性理论和延展性理论丰富和发展了马克思主义，是一个博大精深的科学思想体系，它紧紧围绕中国革命和建设的主题，提出了一系列相互关联的重要理论观点。这些理论观点主要包括新民主主义革命理论、新民主主义社会理论、社会主义建设理论、军队建设和军事战略理论、政策和策略理论、思想政治工作理论、党的建设理论、外交工作理论、思想方法和工作方法理论，等等，这些都是建设中国特色社会主义的宝贵精神财富。在领导中国革命和建设过程中，以毛泽东为代表的中国共产党人把辩证唯物主义和历史唯物主义运用于党的全部工作，并从各个方面论述和丰富了马克思主义的认识论、辩证法和历史观，逐渐形成了具有中国共产党人特色的立场、观点和方法，这就是实事求是、群众路线、独立自主，这三个基本方面构成了毛泽东思想的活的灵魂。

毛泽东是中国共产党的主要代表和伟大领袖，是毛泽东思想的主要创立者，没有毛泽东，就没有毛泽东思想，就没有中国革命的胜利和中华人民共和国的建立。邓小平说："没有毛主席，至少我们中国人民还要在黑暗中摸索更长的时间。"[①] 与此同时，党的许多卓越领导人，包括刘少奇、周恩来、

---

① 《邓小平文选》第二卷，人民出版社1994年版，第345页。

张闻天、陈云等，都对毛泽东思想的形成和发展作出了不可磨灭的历史性贡献。

毛泽东思想是马克思主义中国化第一次历史性飞跃的理论成果，是中国革命和建设的科学指南，是中国共产党和中国人民宝贵的精神财富，是中国特色社会主义理论体系的理论基础，是中国共产党必须长期坚持的指导思想，在马克思主义发展史上具有重要的历史地位。

二、新民主主义理论

中国共产党在领导中国革命和建设的过程中，创造性地提出了新民主主义理论。新民主主义理论是毛泽东思想最基本的内容，或者说是毛泽东思想的主体部分，新民主主义理论的创立是毛泽东思想成熟的标志，它以中国半殖民地半封建的社会性质的国情认知为背景，以新民主主义革命理论为开篇，以新民主主义社会理论为终篇。前者主要解决的是如何推翻帝国主义、封建主义和官僚资本主义在中国的反动统治，实现民族独立和人民解放的问题，后者主要解决的是民主革命胜利后，如何进行新民主主义社会建设并向社会主义革命和社会主义社会转变的问题。这两大理论体系相对独立，自成体系，又相互融合，相辅相成，共同构成完整的新民主主义理论。

新民主主义理论的主要内容包括关于中国国情和中国革命性质的理论、新民主主义的革命道路理论、新民主主义的总路线和基本纲领理论、新民主主义革命的三大法宝理论等。

新民主主义理论认为，近代中国是一个半殖民地半封建的社会，这是最基本的国情。基于这种国情认知，中国革命虽然属于世界无产阶级社会主义革命的范畴，但是革命并不具有无产阶级社会主义革命的性质，也有别于旧式的资产阶级民主主义革命，而是新式的、特殊的资产阶级民主革命，即新民主主义革命。因为在半殖民地半封建的中国，革命的任务是反帝反封建，从客观上讲，是为资本主义发展扫清道路，而不是反对尚处于上升中的、具有历史进步意义的资产阶级。但是，新民主主义革命的前途并不是建立资产阶级专政的社会，而是建立新民主主义的社会，并以此为基础和中介过渡到社会主义社会。

新民主主义理论认为，在一个以农民为主体的半殖民地半封建国度里进行革命，必须走出一条不同于俄国十月革命的农村包围城市、武装夺取政权的道路，必须处理好土地革命、武装斗争、根据地建设之间的关系。土地革命是民主革命的基本内容，武装斗争是中国革命的主要形式，根据地建设是中国革命的战略阵地。

中国共产党在新民主主义革命时期的总路线是，无产阶级领导的，人民大众的，反对帝国主义、封建主义和官僚资本主义的革命。这条总路线反映了中国革命的基本规律，正确解决了新民主主义革命的对象、动力、领导力量等重大基本问题，丰富和发展了马克思主义关于民主革命的学说。帝国主义是中国人民第一个和最凶恶的敌人，是中国革命的首要对象。封建主义是阻碍中国社会进步的最反动势力，是中国革命的主要对象之一。官僚资本主义严重束缚了中国社会生产力的发展，是中国革命的又一对象。无产阶级是中国革命最基本的动力，是中国革命的领导阶级，农民是中国革命的主力军，是无产阶级的可靠同盟军，城市小资产阶级也是无产阶级的同盟军之一，带有两面性的民族资产阶级在大多数时期是革命的动力之一。

新民主主义的政治纲领是推翻帝国主义和封建主义的统治，建立一个无产阶级领导的、以工农联盟为基础、各革命阶级联合专政的新民主主义共和国。新民主主义的经济纲领是没收封建地主阶级的土地归农民所有，没收官僚资产阶级的垄断资本归新民主主义国家所有，保护民族工商业。新民主主义的文化纲领是实行共产主义思想指导的无产阶级领导的人民大众的反帝反封建的文化，即民族的、科学的、大众的文化。

统一战线、武装斗争和党的建设是中国共产党在中国革命中取得胜利的三个主要法宝。统一战线是中国共产党策略思想的重要内容，中国共产党在民主革命中必须牢牢把握统一战线的领导权，最根本的经验是正确处理好与资产阶级的关系。武装斗争是中国革命的特点和优点之一，在半殖民地半封建的中国，革命人民只有武装起来，以武装的革命反对武装的反革命，才能取得革命的胜利。中国共产党是掌握统一战线和武装斗争这两个武器以实行对敌冲锋陷阵的英勇战士，中国共产党要领导革命取得胜利，必须提高党的战斗力、凝聚力和影响力，不断加强党的思想建设、组织建设和作风建设。

新民主主义理论是指导中国新民主主义革命和建设的根本指针，是中华人民共和国建国的理论基础和政治基础，在马克思主义发展史和中国革命史上具有极其重要的地位。

三、新民主主义社会理论

民主主义社会的理论，在古今中外的思想史上屡见不鲜，中国共产党的新民主主义社会理论，非同凡响之处在于一个"新"字，其意有二：一是新民主主义的社会制度是新民主主义革命的产物，它有别于旧民主主义革命所要建立的资本主义的社会制度；二是新民主主义的社会虽然和苏联一样是无产阶级领导的，但又不同于苏联式的无产阶级专政的社会主义社会，而是符合中国半殖民地半封建特点的人民民主专政的新民主主义社会。

新民主主义社会理论，或称人民民主主义社会理论、新民主主义建设理论，是马克思主义中国化的伟大成果，是以毛泽东为主要代表的中国共产党人运用马克思主义的世界观和方法论考察中国的社会现实，揭示中国社会发展客观规律的伟大创造。新民主主义社会理论是以毛泽东为主要代表的中国共产党人在领导中国革命和建设的过程中，把马克思主义的过渡时期国家学说和落后国家社会发展理论与中国特殊的国情相结合，创立的关于中国在新民主主义革命胜利后建立新民主主义社会，并创造条件过渡到社会主义社会的理论体系。

新民主主义社会理论和新民主主义革命理论一起构成新民主主义理论的科学体系，如果没有新民主主义社会理论，就没有完整意义上的新民主主义理论，也就谈不上完整意义上的毛泽东思想。如果没有新民主主义社会理论的指导，我国在民主革命时期的社会建设和政权建设中，在取得新民主主义革命胜利后建设新中国的过程中就会犯"左"的或右的错误。新民主主义社会理论是毛泽东思想中极具独创性的内容，它指明了新民主主义革命的奋斗目标，指导了革命根据地和新中国的经济、政治、文化建设，创造性地解决了在中国半殖民地半封建的基础上如何经过新民主主义走向社会主义的问题，是对科学社会主义的重大发展，对保证新民主主义革命的胜利和新中国的建立有着深远影响，对马克思主义中国化做出了不可磨灭的重要贡献，我国著名学者于光远先生曾说："……关于新民主主义社会的理论却是过去马克思主义著作中从来没有涉及的。因此，我们可以毫不夸大地说，'新民主主义社会论'在马克思主义文献中是崭新的东西。毛泽东从中国社会经济文化特别落后这个基本国情出发，肯定了这样一个社会制度，这样一个社会发展阶段的存在，是一个卓越的见解。"①

新民主主义社会理论阐明新民主主义社会是个过渡性质的社会形态，是中国在民主革命胜利后在半殖民地半封建的废墟上进入社会主义社会的必由之路。这个社会的主要矛盾，先是广大人民群众和国民党反动派残余势力之间的矛盾，土地改革完成后则是无产阶级与资产阶级之间、社会主义道路与资本主义道路之间的矛盾。相应的，新民主主义社会的主要任务就是彻底完成民主革命的遗留任务、进行资本主义工商业的社会主义改造。在新民主主义实践中，贯穿始终的主要任务则是大力发展社会生产力。新民主主义社会实行公有制经济领导的多种经济成分共同发展的经济模式、无产阶级领导的各革命阶级联合专政的政治架构、马克思主义指导的民族的科学的大众的文化范式。新民主主义社会理论的核心问题是如何对待资本主义的问题，中国共产党对待资本主义态度的变化决定了资本主义的历史命运，也改变了中国历史的发展轨迹。以上这些构成了新民主主义社会理论的主要内容。

第二节　毛泽东的新民主主义社会理论和新民主主义社会理论②

新民主主义社会理论是长期以来毛泽东思想研究的热点难点问题之一，学者们在一些问题上逐渐达成重要共识，但在若干重要问题上分歧依然很大。这是改革开放新时期"百花齐放，百家争鸣"的产物，也是富于意义的思想碰撞，推动人们去探知求索，但是这种情况似乎也给新民主主义社会理

---

① 于光远：《"新民主主义社会论"的历史命运》，《求索》1989年第1期，第4页。
② 本节发表于《中共党史研究》2013第12期，人大复印资料全文转载，略有修改，原题为《新民主主义社会理论研究中两个重要范畴的考析》。

论披上了一层神秘的面纱。出现这种局面，个中原因纷繁复杂，其中一个重要的原因是，在毛泽东思想研究中，一些论者没有把"毛泽东的新民主主义社会理论"和"新民主主义社会理论"严格区别开来——这是一个严肃的科学问题，也是一个经常被人们忽视的问题。明确这两个范畴的内涵，厘清二者之间的关系，从而为新民主主义社会理论研究奠定逻辑前提，是摆在毛泽东思想研究者面前的一项重要任务。

毛泽东是毛泽东思想和新民主主义社会理论的主要创立者，他对毛泽东思想、新民主主义社会理论创立的贡献是任何人都难以望其项背的，所以很多人都理所当然地把"新民主主义社会理论"等同于"毛泽东的新民主主义社会理论"。但是，这是两个不同的范畴，虽然这两个体系之间有着很大的交集，而且交集在两个体系中都占有很大比例，非交集的部分，对于毛泽东的新民主主义社会理论而言，就是经过提炼和滤除之后所剩不多的杂质，对于新民主主义社会理论而言，非交集的部分则是党的其他领导人和理论家对这个理论体系的有益贡献。总的来说，这两个重要范畴之间是个人心得和集体智慧的关系、本初发轫和阐发深化的关系、曲折探索和严整科学的关系、滑轨嬗变和隐性发展的关系。

一、个人心得和集体智慧

在中国共产党的理论和历史研究中，"必须把领袖个人放到领袖群体之中进行比较研究和综合考察，才能准确把握个人的贡献所在，给予恰当的历史定位。"[①] 对于毛泽东及其思想理论的研究，亦当如此。如上所述，毛泽东的新民主主义社会理论和新民主主义社会理论是两个不同的范畴，研究它们之间的关系，首先要从个人和集体的关系视阈出发，才能得出科学的结论。就像毛泽东的思想和毛泽东思想具有质的规定性的差别一样，这两个范畴之间同样具有不同的质的规定性。前者属于毛泽东个人的思想，后者乃是中国共产党集体智慧的结晶。既然属于个人的思想，就会分为正确和不正确的两

---

① 鲁振祥：《建国前后新民主主义经济建设探索中的张闻天和刘少奇》，《党的文献》2000 年第 5 期，第 39 页。

部分，这是显而易见的。所以，任何个人的思想都很难称得上科学的体系，即便马克思恩格斯也是如此。马克思和恩格斯的有些观点随着时代变迁已经过时了，甚至某些观点本身就是不正确的——他们自己就曾不止一次地直言不讳承认这一点。就广义而言，马克思主义是指马克思恩格斯创立的，而由其后的马克思主义者不断丰富和发展的关于无产阶级和全人类解放的科学。既为科学，乃是指运用思维形式反映现实世界各种事物和现象的本质和规律的正确知识体系。马克思主义自然就排除了马克思恩格斯个人的各种过时的以及不正确的"主义"。所以，马克思主义和马克思的主义绝不可同日而语。同样道理，毛泽东的思想和毛泽东思想、毛泽东的新民主主义社会理论和新民主主义社会理论也是如此。

　　毛泽东的新民主主义社会理论属于毛泽东的思想的范畴，应无异议。新民主主义社会理论属不属于毛泽东思想的范畴？我们知道，新民主主义理论是毛泽东思想的主体，它包括革命理论和社会理论两个紧密联系、相辅相成的部分——且不谈学界对这种观点的歧见。所以，新民主主义社会理论是毛泽东思想的重要组成部分是题中应有之义，我们研究新民主主义社会理论应该放在毛泽东思想的框架内来进行。党的十一届六中全会通过的《关于建国以来党的若干历史问题的决议》明确指出："毛泽东思想是马克思列宁主义在中国的（创造性）运用和发展，是被实践证明了的关于中国革命（和建设）的正确的理论原则和经验总结，是中国共产党集体智慧的结晶。"① 所以，新民主主义社会理论也是"正确的理论原则和经验总结"，也是"中国共产党集体智慧的结晶"。新民主主义社会理论和毛泽东思想一样，是严整的科学体系，那些与新民主主义社会相关的模糊的、不成熟的、不正确的思想认识都应剔除在这一理论体系之外。有人大谈新民主主义社会理论的局限性，其实是把毛泽东的新民主主义社会理论和新民主主义社会理论混为一谈了——严格来说是在谈毛泽东的新民主主义社会理论的局限性。所以我们从事相关的研究，都应该在《关于建国以来党的若干历史问题的决议》（当然也包括党的六届七中全会通过的《关于若干历史问题的决议》——笔者注）的指导

---

① 《十一届三中全会以来重要文献选读》（上），人民出版社 1987 年版，第 332 页。

原则下来进行，否则就会造成思想混乱和观点纷争。这是一个底线，也是一个常识，否则，不是居心叵测就是误入歧途。当然并不是说新民主主义社会理论是完美无缺的，它和毛泽东思想一样，不是马克思主义的顶峰，更不是科学真理的顶峰。它和任何科学一样，都是人类向绝对真理无限靠近的一个环节。由于时代、历史的种种原因，它作为科学的理论体系，固然也有自己不可避免的局限性，但是这种局限性，与毛泽东的新民主主义社会理论的局限性相比还是有所区别的。

从事新民主主义社会理论研究，就要找出它的内在规定性——或曰明确它的基本内涵。这是问题的关键所在，它影响到研究的方向和进路，甚至会影响到研究的最终结论。应该说，毛泽东的新民主主义社会理论，既为"毛泽东的"理论，就是其个人的思想观点，就要与"集体智慧的结晶"区别开来，毛泽东的新民主主义社会理论是毛泽东在领导中国革命和建设的过程中，把马克思主义的过渡时期国家学说和落后国家社会发展道路理论与中国特殊的国情相结合，创立的关于中国在新民主主义革命胜利后从新民主主义社会过渡到社会主义社会的学说体系。与此相对应，如上所述，新民主主义社会理论是以毛泽东为主要代表的中国共产党人在领导中国革命和建设的过程中，把马克思主义的过渡时期国家学说和落后国家社会发展道路理论与中国特殊的国情相结合，创立的关于中国在新民主主义革命胜利后建立新民主主义社会，并从新民主主义社会过渡到社会主义社会的科学体系。它和新民主主义革命理论一起共同构成新民主主义理论。只有这样来界定这两个重要范畴，在这个框架下从事相关研究，才有助于我们厘清研究思路，澄清模糊认识，消除思想混乱，进而统一思想，进一步弥合学界的分歧。

所以，新民主主义社会理论，是中国共产党集体智慧的结晶。而毛泽东的新民主主义社会理论，顾名思义，仅仅是毛泽东个人的思想和认识——尽管是一代伟人的思想和认识，从唯物辩证的观点来看，也难免存在这样那样的不足。

二、本初发轫和阐发深化

毛泽东是新民主主义社会理论的主要创立者，而党的其他领导人和理论家则自觉不自觉地充当了阐发者的角色。所谓"阐发"，乃阐释并加以引申发挥之意。所以，党的其他领导人和理论家通过发挥自己的主观能动性，结合自己对毛泽东的新民主主义社会理论的理解和对中国社会现实的认识，在对其进行解释和宣传的同时，更从不同的侧面融入了自己的思想观点，进行了富于意义的加工、提炼和深化，从而使新民主主义社会理论在全党的共同努力下，形成了科学的理论体系。

说这两个重要范畴是本初发轫和阐发深化的关系，是指新民主主义社会理论的基本思想和主要原理大都是毛泽东最早提出的或较早论述的，毛泽东在这个理论的形成过程中起到了不可替代的奠基和引领作用。可以说，没有毛泽东的新民主主义社会理论的本初发轫，就谈不上新民主主义社会理论的阐发深化，更谈不上新民主主义社会理论的科学体系。

毛泽东最早提出了新民主主义的科学概念，也最早认识到在新民主主义革命胜利后必须建立新民主主义社会。1939年12月，他在《中国革命和中国共产党》一文中首次提出了"新民主主义"的概念，并指出新民主主义社会是一个"避免资本主义的前途"① 的社会。1940年1月在《新民主主义论》一文中首次阐述了"新民主主义的社会"和"新民主主义的共和国"的构想。这两篇著作是新民主主义社会理论的发轫之作，也是毛泽东思想成熟的主要标志。所以，没有毛泽东的伟大理论创造，就没有新民主主义社会理论。

关于新民主主义的经济成分，毛泽东较早进行了思考和探索。他在《新民主主义论》中说："大银行、大工业、大商业，归这个共和国的国家所有。……在无产阶级领导下的新民主主义共和国的国营经济是社会主义的性质，是整个国民经济的领导力量，但这个共和国并不没收其他资本主义的私有财产，并不禁止'不能操纵国民生计'的资本主义生产的发展。""这个共和国将采取某种必要的方法，没收地主的土地，分配给无地和少地的农民，实行中山先生'耕者有其田'的口号。"② 在1945年4月党的七大的政治报告《论联合政府》中又指出，中国的经济由"国家经营、私人经营和合作社经

---

① 《毛泽东选集》第二卷，人民出版社1991年版，第650页。
② 《毛泽东选集》第二卷，人民出版社1991年版，第678页。

营三者组成"①，在 1947 年的十二月会议上，毛泽东在《目前形势和我们的任务》的报告中，进一步总结了著名的新民主主义三大经济纲领，即没收封建地主阶级的土地归农民所有，没收官僚资产阶级的垄断资本归新民主主义的国家所有，保护民族工商业。

1948 年 9 月，张闻天起草的《关于东北经济构成及经济建设基本方针的提纲》，在毛泽东的三种经济成分论的基础上，提出了著名的"五种经济成分论"，即新民主主义经济主要由五种成分构成：国营经济、合作社经济、国家资本主义经济、私人资本主义经济、小商品经济（后来由毛泽东修改为个体经济——笔者注）。并明确指出："正确地认识这五种经济的性质、地位、发展方向及其相互关系，是正确地决定东北经济政策的出发点与基础。"②与此同时，刘少奇在中央政治局会议上的讲话也有类似的提法。张闻天的这份提纲受到毛泽东的肯定和重视，经中共中央委托刘少奇进一步修改后，作为解放区的经济建设方针进行宣传教育和贯彻实施。五种经济成分论是张闻天、刘少奇共同的理论贡献，构成了新民主主义经济理论的核心，并在党的七届二中全会上成为全党的共识。周恩来、陈云等人从不同角度对其作了进一步发挥，在以后的新民主主义经济建设实践中发挥了重大作用。

"由发展新民主主义经济过渡到社会主义"的设想，也是由毛泽东最早提出的。他在《新民主主义论》中说：中国革命的第一步，"决不是也不能建立中国资产阶级专政的资本主义的社会，而是要建立以中国无产阶级为首领的中国各个革命阶级联合专政的新民主主义的社会，以完结其第一阶段。然后，再使之发展到第二阶段，以建立中国社会主义的社会。"③"关于社会制度的主张，共产党是有现在的纲领和将来的纲领，或最低纲领和最高纲领两部分的。在现在，新民主主义，在将来，社会主义，这是有机构成的两部分。"④在 1948 年 9 月政治局会议上，毛泽东进一步指出："我国在经济

---

① 《毛泽东选集》第二卷，人民出版社 1991 年版，第 1058 页。
② 《张闻天选集》，人民出版社 1985 年版，第 396 页。
③ 《毛泽东选集》第二卷，人民出版社 1991 年版，第 672 页。
④ 《毛泽东选集》第二卷，人民出版社 1991 年版，第 686 页。

上完成民族独立，还要一二十年时间。我们努力发展经济，由发展新民主主义经济过渡到社会主义。"①1949 年 6 月，毛泽东在《论人民民主专政》中再次强调了"由新民主主义社会进到社会主义社会"②的思想。这里有两个含义：一、在取得全国革命胜利后，还不能直接实行社会主义，要在发展新民主主义经济的基础上，才能逐步过渡到社会主义；二、这一过渡时间约为一二十年。

对毛泽东的这些认识和设想，刘少奇、周恩来等人在充分学习和理解的基础上，进行了深入具体而卓有成效的宣传阐发和提炼深化工作。根据毛泽东的设想，刘少奇在 1949 年 7 月所作的《关于中国新民主主义的国家性质与政权性质》中说："在中国从现在起到实行一般民族资本国有化，还需要经过许多步骤，需要一段相当长的时间。……我们估计或者需要十年到十五年。"③1949 年 9 月，他在中国人民政治协商会议上指出："有些代表提议把中国社会主义的前途写进共同纲领中去，但是我们认为这还是不妥当的。因为要在中国采取相当严重的社会主义的步骤，还是相当长久的将来的事情，如在共同纲领上写上这一个目标，很容易混淆我们在今天所要采取的实际步骤。"④ 所以《共同纲领》没有写上社会主义前途的问题。1950 年 4 月，在全国统战工作会议上，周恩来提出："按照《共同纲领》不折不扣地做下去，社会主义的条件就会逐步具备和成熟。"⑤

新中国成立后，毛泽东的新民主主义社会理论进一步展开和深化，刘少奇和周恩来分别提出了"巩固新民主主义制度"和"由新民主主义走向社会主义"的思想。1951 年 3 月，刘少奇在《共产党员标准的八项条件》草案中第一次明确提出"巩固新民主主义制度"的口号。他说："中国共产党的最终目的，是要在中国实现共产主义制度。它现在为巩固新民主主义制度而斗争，在将来要为转变到社会主义制度而斗争，最后要为实现共产主义制度

---

① 《毛泽东文集》第五卷，人民出版社 1996 年版，第 146 页。
② 《毛泽东选集》第四卷，人民出版社 1991 年版，第 1476 页。
③ 《建国以来刘少奇文稿》第 1 册，中央文献出版社 2005 年版，第 7 页。
④ 《刘少奇选集》上卷，人民出版社 1981 年版，第 435 页。
⑤ 《周恩来统一战线文选》，人民出版社 1984 年版，第 169 页。

而斗争。"① 同年 7 月，刘少奇在马列学院作报告时系统阐述了"巩固新民主主义制度"的思想，要点如下：一、新民主主义社会是一种过渡性质的社会；二、新民主主义阶段将经历大概十五到二十年时间，这个阶段的中心任务是发展生产力，"一切以经济建设为中心"；三、反对过早地"动摇、削弱直至否定私有制"和采取社会主义步骤；四、"社会主义与半社会主义性质的经济，比重要逐步增大，私人资本主义经济的比重，个体经济的比重，要相对缩小"，以便逐步地过渡到社会主义。②

1952 年 1 月，周恩来在《"三反"运动和民族资产阶级》中论及资本主义时说："凡有利于国计民生的私人经济事业，就容许发展；凡不利或有害于国计民生的私人经济事业，就不容许发展；凡能操纵国计民生的经济事业，就应由国家统一经营。这是《共同纲领》规定了的。只有这样，中国经济的发展道路才能由新民主主义走向社会主义。"③ 同年 6 月，他在全国统战部长会议上又指出，我们今天进行的是新民主主义建设，要在"明确为社会主义而奋斗"的基本原则下，使"新民主主义的经济发展起来。"④ 1954 年 9 月，他在政府工作报告中总结新中国成立以来重要成绩时说："……这一切都为有计划地进行经济建设和逐步过渡到社会主义社会准备了必要的条件。"⑤ 周恩来的名言"从新民主主义开步走，为我们自己和我们的子孙打下万年根基。"⑥ 就是他由新民主主义走向社会主义思想的生动写照。

刘少奇等人的这些思想对新中国的经济建设作出了卓越贡献并表现出独到的思想建树。仅刘少奇一人在新中国成立前后的几年内，有关建设新民主主义的论著、讲话就有几十篇，加上周恩来、陈云等人的著述，大大丰富了新民主主义社会理论。虽然后来这些思想受到"左"倾思想的干扰而未能执行下去，但是实践和时代的发展从正反两方面验证了它的真理性和科学性。

---

① 《建国以来刘少奇文稿》第 3 册，中央文献出版社 2005 年版，第 174 页。
② 《建国以来刘少奇文稿》第 3 册，中央文献出版社 2005 年版，第 537—547 页。
③ 《建国以来重要文献选编》第 3 册，中央文献出版社 1992 年版，第 18 页。
④ 《建国以来重要文献选编》第 3 册，中央文献出版社 1992 年版，第 232 页。
⑤ 《建国以来重要文献选编》第 5 册，中央文献出版社 1993 年版，第 585 页。
⑥ 《周恩来选集》下卷，人民出版社 1984 年版，第 30 页。

囿于篇幅所限，本书只从经济的角度来说明这两个范畴的本初发轫和阐发深化的关系。其实，在新民主主义政治和文化方面，毛泽东同样发挥了奠基和引领作用，其基本思想大都是毛泽东最早提出或较早论述的。说毛泽东的新民主主义社会理论和新民主主义社会理论之间是本初发轫和阐发深化的关系，其实也包括毛泽东本人的阐发和深化，在 1952 年之前，他和其他领导人一样，也对新民主主义社会问题进行了理性思考和多方面展开。刘少奇、周恩来等人包括毛泽东本人对毛泽东的新民主主义社会理论的阐发和深化，使其发展为严整的科学体系。

三、曲折探索和严整科学

毛泽东没有提出过新民主主义社会理论的概念，党的其他领导人也没有提出过，甚至在他们的著作和党的文献中也找不出严格意义上的"新民主主义社会理论"的字眼，这个概念是学者们总结提炼出来的，这也是它广受争议的根源之一，有些人根本就不承认有所谓的"新民主主义社会理论"。它不像马克思主义、毛泽东思想那样，党的文献已经给它作了经典的定义并为理论界广泛接受。毛泽东的新民主主义社会理论的形成和发展，由于受到毛泽东个人主观认识和国内外时局变化等客观原因的影响，经历了一个曲折探索的过程，表现在毛泽东关于新民主主义社会的若干理论观点几经变化，甚至出现过前后矛盾的情况。

在新民主主义社会的性质上，毛泽东在 20 世纪 40 年代前期曾多次阐明新民主主义是新资本主义的观点（毛泽东的这种观点主要是受到张闻天的影响。在当时的形势下，这种提法是正确的，只是在新民主主义社会性质上的观点值得商榷——笔者注），如"我们要建立的新民主主义社会，它的基本性质仍是资本主义的"[1]，"现在我们建立新民主主义社会，性质是资本主义的，但又是人民大众的，不是社会主义，也不是老资本主义，而是新资本主义，或者说是新民主主义。"[2]

---

[1] 《毛泽东文集》第三卷，人民出版社 1996 年版，第 56 页。

[2] 《毛泽东文集》第三卷，人民出版社 1996 年版，第 110 页。

这种认识到了新中国成立前夕发生了变化。毛泽东在 1948 年 9 月中央政治局会议上说："我看这个名词（指新资本主义——笔者注）是不妥当的，因为它没有说明在我们社会经济中起决定作用的东西是国营经济、公营经济，这个国家是无产阶级领导的，所以这些经济都是社会主义性质的。"所以，"我们的社会经济的名字还是叫'新民主主义经济'好。"[①] 即是说，毛泽东此时已把新民主主义社会纳入了社会主义体系，到了 1953 年 12 月，毛泽东在党的过渡时期总路线宣传提纲中又指出："我国新民主主义社会是属于社会主义体系的和逐步过渡到社会主义社会去的过渡性质的社会。"[②] 这种认识无疑是正确的，但是毛泽东在这个问题上却陷入了反复和矛盾之中，他批评"确立新民主主义社会秩序"的提法是有害的，是妨碍社会主义事业发展的："有人在民主革命成功以后，仍然停留在原来的地方。他们没有懂得革命性质的转变，还在继续搞他们的'新民主主义'，不去搞社会主义改造。这就要犯右倾的错误。"这就又把新民主主义和社会主义对立开来。到了 1958 年 3 月的成都会议上，他把新民主主义秩序直接说成是"实行资本主义民主秩序，发展资本主义"，[③] 等等。

以上问题既说明了毛泽东关于新民主主义社会性质观点的策略性，也说明了他在这个问题探索上的曲折性和不确定性。相对而言，刘少奇、周恩来等人的认识则明确一些。在毛泽东明确把新民主主义纳入社会主义体系以后，他们就在这个框架下开展研究，分别提出了"巩固新民主主义制度"和"由新民主主义走向社会主义"的思想，主张充分利用资本主义有利于国计民生的一面发展社会生产力，以比较稳妥的方式经过一个较长时期的建设和发展过渡到社会主义。后来新民主主义社会提前终结导致了一些后遗症长期得不到有效解决，从一个侧面验证了刘少奇、周恩来等人观点的正确性。

关于新民主主义社会的标志问题，毛泽东的认识也经历了一个曲折的过程。抗日战争时期，毛泽东曾说："判断一个地方的社会性质是不是新民主

---

① 《毛泽东文集》第五卷，人民出版社 1996 年版，第 139 页。

② 《建国以来重要文献选编》第 4 册，中央文献出版社 1993 年版，第 697 页。

③ 鲁振祥：《关于新民主主义社会理论的若干问题》（上），《阵地与熔炉》1992 年第 5 期，第 32、33 页。

主义的，主要地是以那里的政权是否有人民大众的代表参加以及是否有共产党的领导为原则。因此，共产党领导的统一战线政权，便是新民主主义社会的主要标志。"① 就全国而言，毛泽东则认为，如果共产党人参加了联合政府，就意味着实行了新民主主义的改革，这些思想显然具有模糊认识的性质。直到后来，随着时局的转换和实践经验的积累，在中共领导集体的共同努力下，才明确新民主主义社会的标志，是公有制经济领导的多种经济成分共同发展的新民主主义经济、无产阶级领导的各革命阶级联合专政的新民主主义政治、马克思主义指导的民族的科学的大众的新民主主义文化的有机统一，而不能单独以某一方面作为它的主要标志。

在对待资本主义的态度问题上，毛泽东曾经多次强调发展资本主义的必要性。如在《论联合政府》中说："拿资本主义的某种发展去代替外国帝国主义和本国封建主义的压迫，不但是一个进步，而且是一个不可避免的过程。……我们的资本主义是太少了。"② 毛泽东在解说这个报告时说，这个报告"是确定了需要资本主义的广大发展，……资本主义的广大发展在新民主主义政权下是无害有益的。"③ 但是到了 1948 年 9 月中央政治局会议时，毛泽东的认识发生了变化，他说："现在点明一句话，资产阶级民主革命完成之后，中国内部的主要矛盾就是无产阶级和资产阶级之间的矛盾。"④ 到了中共七届二中全会，他进一步把这种观点写进全会的决议中，指出工人阶级与资产阶级之间"限制和反限制，将是新民主主义国家内部阶级斗争的主要形式。"⑤ 按照这种观点，就会出现主要矛盾与主要任务的二元性矛盾，因为主要矛盾就是主要任务所要解决的问题，但是当时的主要任务是发展生产，繁荣经济，迅速恢复被战争破坏的国民经济。

在这个问题上，最先发现问题的是刘少奇，他在视察天津时发现，那里存在着严重的试图立即消灭资产阶级的"左"倾现象，阻碍了社会生产的正

---

① 《毛泽东选集》第二卷，人民出版社 1991 年版，第 785 页。

② 《毛泽东选集》第三卷，人民出版社 1991 年版，第 1060 页。

③ 《毛泽东文集》第三卷，人民出版社 1996 年版，第 275 页。

④ 《毛泽东文集》第五卷，人民出版社 1996 年版，第 145 页。

⑤ 《毛泽东选集》第四卷，人民出版社 1991 年版，第 1432 页。

常进行，在其他一些城市这种情况也在发展。1949 年 7 月，刘少奇在一份书面报告指出，无产阶级与资产阶级的矛盾是新民主主义社会主要矛盾的说法，"我们认为是不正确的；因为一个政权如果以主要的火力去反对资产阶级，那便是或开始变成无产阶级专政了。这将把目前尚能与我们合作的民族资产阶级赶到帝国主义那一边去。"① 并认为在长时期内，主要的矛盾和斗争仍然是与三大敌人及国民党残余势力的矛盾与斗争，工人阶级在向资产阶级作必要的和适当的斗争时，还要实行必要的和适当的妥协与联合。毛泽东接受了刘少奇的观点，也认为如果不克服此种错误，就是犯了路线错误，对民族资产阶级"是采用既团结又斗争的政策，以达团结它共同发展国民经济之目的。"② 但是到了 1952 年，毛泽东的思想又发生了明显转变，不再赞成继续把民族资产阶级当作中间力量。他说："在打倒地主阶级和官僚资产阶级以后，中国内部的主要矛盾即是工人阶级与民族资产阶级的矛盾"③。随后开展的社会主义改造，终于使民族资产阶级退出了历史舞台。这些事实足以说明，毛泽东没有很好地解决新民主主义社会主要矛盾的理论问题，从而在对待资本主义的态度等问题上，认识出现了反复。

对待资本主义的态度问题是新民主主义社会理论的核心问题，对这个问题的认识关乎新民主主义社会理论的历史命运。毛泽东在这个问题上的反复说明了他在对待资本主义问题上，利用与批判之间的心理斗争和矛盾纠结，并逐渐由利用、限制逐渐发展到拒斥、消灭资本主义的心路变迁。

在新民主主义社会的过渡时间上，毛泽东也是语焉不详，他在不同场合讲到这个问题时，分别用了一二十年、十到十五年、二三十年、较长的历史时期等提法。但是到了 1953 年，毛泽东便明确宣布了过渡时期总路线，发动了社会主义改造，仅仅用了七年时间就终结了新民主主义社会。虽然在此问题上党的其他领导人也存在着模糊认识，却保持着相对清醒的头脑，比如 1944 年 8 月，博古在同约翰·谢伟斯谈到新民主主义社会时就指出，因为

---

① 《建国以来刘少奇文稿》第 1 册，中央文献出版社 2005 年版，第 7 页。
② 《毛泽东文集》第六卷，人民出版社 1999 年版，第 49 页。
③ 《毛泽东文集》第六卷，人民出版社 1999 年版，第 231 页。

中国经济太落后的缘故，"我们可以确信，它将多于三十年或四十年，而且可能要一百多年。"① 另据历史当事人李锐回忆，刘少奇曾认为《共同纲领》的有效期至少为50年。② 周恩来在论述由新民主主义走向社会主义时，避免使用明确的数字来表述新民主主义社会的时限。从目前的研究来看，当初对新民主主义社会时限的一般估计一二十年显然是不够的，毛泽东等人低估了新民主主义社会充分发展的重要性。

在过渡时期总路线问题上，毛泽东也同样经历了一段曲折探索的历程。尽管过渡时期总路线把社会主义工业化与社会主义改造相并列，甚至还将两者分别喻为"主体"和"两翼"。但在实际工作中，却一门心思抓"改造"，把"改造"放在了中心位置，毛泽东在一次讲话中甚至直截了当地说："总路线也可以说就是解决所有制的问题。""总路线就是逐步改变生产关系。"③虽然从现在看来，我们仍把过渡时期总路线理解为建设与改造同时并举的总路线，因为在生产力未受破坏的基础上实现了社会主义改造，但是作为总路线"主体"的社会主义工业化远远没有实现，这就把总路线的建设与改造两大任务割裂开来，出现了"主体不主，两翼不翼"的情况，把"主体"和"两翼"颠倒了过来。比较而言，周恩来在这个问题上坚持边建设边过渡的思想值得我们肯定，他在主持制定第一个五年计划时曾说："首先集中主要力量发展重工业，建立国家工业化和国防现代化的基础；相应地培养技术人才，发展交通运输业、轻工业、农业和扩大商业；有步骤地促进农业、手工业的合作化和对私营工商业的改造。"④ 他还明确指出所有这些都是为了保证在发展生产的基础上逐步提高人民的物质文化生活水平。在执行第一个五年计划期间，周恩来也多次强调了发展生产的重要性，并在实际工作中努力排除干扰，积极发展生产，确保了第一个五年计划的顺利完成。在周恩来那里，总

---

① [美] 约瑟夫·W.埃谢里克：《在中国失掉的机会》，国际文化出版公司，1989年版，第265页。转引自刘晶芳等：《"新民主主义社会论及其争论问题研究"笔谈》，《党史研究与教学》2011年第2期，第11页。

② 李锐：《李锐反"左"文选》，中央编译出版社1998年版，第74页。

③ 《毛泽东文集》第六卷，人民出版社1999年版，第301、305页。

④ 《建国以来重要文献选编》第4册，中央文献出版社1993年版，第353页。

路线不仅要解决生产关系问题，更要解决生产力的问题，"一化三改"是个有机联系的统一整体，不可偏废任何一方。

综上所述，毛泽东对新民主主义社会理论的探索确实经历了一个曲折的过程，而作为中国共产党集体智慧结晶的新民主主义社会理论，在毛泽东曲折探索的基础上，则构成了一个严整的科学体系。在这个逻辑视野中，毛泽东在若干重大问题上的认识是非常明确的，这也是新民主主义社会理论之成为严整科学的逻辑前提，他的有些思想变化是随着实践发展而愈益深化和正确的。作为"严整科学"的新民主主义社会理论是以"曲折探索"的毛泽东的新民主主义社会理论为前提的。毛泽东在一些问题上存在着不明确的认识，是客观存在的事实和人的思维发展的客观规律，也是他的曲折思想探索和艰辛理论创造的反映。承认这一点，丝毫不会贬低他在新民主主义社会理论创立中的主要地位。

四、滑轨嬗变和隐性发展

过渡时期总路线是新民主主义社会理论的有机组成部分，因为新民主主义社会的发展趋势是社会主义，新民主主义属于社会主义的体系，所以从新民主主义社会过渡到社会主义是历史的必然，过渡时期总路线的提出是题中应有之义。我们说毛泽东的新民主主义社会理论的滑轨嬗变，问题不是出在过渡时期总路线本身，而是在其提出的时机上和实际执行上出现了问题。

毛泽东等人在新民主主义社会存续时限上的共识是一个较长的历史时期，一般认为是一二十年。然而就在三年国民经济恢复时期以后，毛泽东受到取得重大成绩的鼓舞，以及国际形势变化的影响，"左"倾思想开始发展，改变了既往的观点。1952年9月，毛泽东在中共中央书记处会议上提出，我们现在就要开始向社会主义的过渡，而不是十年或者以后才开始过渡。1953年6月就提出了过渡时期总路线，开始了社会主义改造。这一做法打断了新民主主义社会的正常发展进程，实际上是在否定新民主主义社会继续存在的逻辑性，也可以理解为毛泽东抛弃了自己多年坚持的新民主主义社会理论。这就是毛泽东以过渡时期总路线的提出为契机，在新民主主义社会理论问题上的滑轨嬗变。

即便是由他定夺的过渡时期总路线也未能在实践中按照原计划真正得到贯彻，表现出明显的急躁心理。他说，党在过渡时期的总路线和总任务，是要在"一个相当长的时期内"，"逐步实现"国家的社会主义工业化和三大社会主义改造。实际上在短短三年的时间内就完成了三大社会主义改造，实现了社会生产关系的变革，而实现社会生产力质变的社会主义工业化却没有同步实现，也没有实现"逐步实现"。由于生产关系变革得太快太急留下了一些后遗症，加上其他一些原因，使毛泽东在去世时都没有看到社会主义工业化。这是毛泽东在新民主主义社会理论问题上又一次滑轨嬗变。

自毛泽东提出过渡时期总路线以后，在他的讲话和著作中，新民主主义及相关的字眼基本上就绝迹了，新民主主义社会的话题也逐渐淡出历史舞台，甚至成为人们的禁忌。那么，新民主主义社会理论是否从此就湮灭在历史的尘埃中了呢？探究我国社会主义建设的曲折历程可以发现，在社会主义建设的某些时期、某些方面，由于历史的惯性，更由于这个理论本身与中国国情的适用性，新民主主义社会理论仍然在发挥些许作用，甚至得到一定的发展，只不过不再使用新民主主义的字眼罢了。笔者不揣浅陋，权将其视为新民主主义社会理论的隐性发展，此乃一家之言，正确与否，还需广大专家学者进一步探讨。兹举三例。

在党的八大上，陈云提出了"三个主体、三个补充"的思想，即国家经营和集体经营是主体，一定数量的个体经营为补充；计划生产是主体，一定范围的自由生产为补充；国家市场是主体，一定范围的自由市场为补充。这个思想受到大会的肯定，并写进了决议中。这是长期领导经济工作的陈云对市场和计划关系认识的一种突破，也是对社会主义改造中暴露出的种种问题的一种反思和纠正，成为探索适合中国特点的经济体制的重要步骤。仔细分析可以发现，陈云之"个体经营""自由生产""自由市场"确与新民主主义时期并无本质区别，区别之处仅在于处在社会主义条件之下。这何尝不与新民主主义社会理论中多种经济形式并存的政策有融通之处？何尝不是在社会主义条件下新民主主义社会经济纲领的进一步延伸？

同年12月，毛泽东本人也提出："可以消灭了资本主义，又搞资本主义。"① 并形象地将其喻为"新经济政策"。这种形式上的悖论其实暗含着逻辑上的真理性，是否可以理解为对过早消灭资本主义的一种理性邃思？是否可以理解为已被抛弃的新民主主义社会理论的真理之伟力的不自觉的发挥？

陈云和毛泽东的这些正确思想，实际上并未得到真正贯彻，而是随着"大跃进"和人民公社化运动的开展，"左"倾错误愈演愈烈，被当作"资本主义的尾巴"无情地割掉了。

由于提早结束新民主主义社会，暴露了很多弊端和问题。更由于"左"倾错误的发展，我国经济建设出现了前所未有的困难。特别是在广大农村地区，农业生产力遭到严重破坏，农民的生活水平普遍下滑。在这种形势下，从广大人民群众到党的领导人，都在为摆脱困境积极探索。于是，"包产到户"应运而生。

包产到户是农民的发明，从农业合作化时期的"昙花一现"，到"大跃进"时期的"生而夭折"，再到国民经济调整时期的"花开花落"，历尽坎坷。刘少奇、邓小平、邓子恢等人在坚持社会主义的前提下，对包产到户的实验进行了调查研究和经验总结，热情赞扬并支持农民的创造精神，并上升到理论的高度，使其具备了一定的理论形态。特别是邓子恢形成了一整套理论主张，诸如包产到户不影响所有制，仍是集体经济，只是方法问题；不是倒退回去，是一种改革；能体现按劳分配原则；符合农村生产力发展水平，有助于提高农民的生产积极性；合乎多快好省的原则；不是单干，和工厂一样，是实行生产责任制，等等。

虽然由于"左"倾思想的发展，包产到户的努力三起三落，理论探索也遇到很大的阻力，但是毕竟局部的试验取得了明显成效，理论探索的成果也载进了史册，成为新民主主义社会理论的有益补充和社会主义建设思想的有机组成部分。

怎样从中国的国情出发，看待包产到户与新民主主义社会理论的关系呢？笔者认为，农民们在困境中力图从历史中寻找答案，对新民主主义时期土地改革成果产生了顾恋情绪，而党的领导人在探索社会主义建设过程中，

---

① 《毛泽东文集》第七卷，人民出版社1999年版，第170页。

由于没有现成的经验可循，便试图从新民主主义社会理论中寻找活力元素，来解决当时的困难和问题。刘少奇等人在终结了新民主主义的实践以后，虽然对新民主主义社会理论的探索受到重大影响，但是并没有放弃对真理的追求。可以说，农民群众和部分领导人都有着强烈的新民主主义情结。其次，包产到户是集体经济条件下合乎当时农业生产力发展水平、生产效率较高的农业经营形式，和社会主义改造前私有经济条件下的个体经营虽然本质上不同，但形式上相似，可以说借鉴了新民主主义时期的很多做法。第三，包产到户的三次兴起，因为社会有需要，所以才发展起来，皆发端于农民的自发势力——对某些公有制程度过高做法的不满、对"一大二公"的人民公社的抵制、对天灾人祸的本能自救，同时也得益于部分领导人的肯定和支持。其根源在于生产关系和现实生产力水平的严重脱节，在于新民主主义社会理论逻辑力量的显现、合乎规律的阵发。这是对包产到户与新民主主义社会理论之间关系的深中肯綮的解释。

刘少奇、邓小平、邓子恢等人对新民主主义社会理论的隐性发展，从历史的眼光来看，充分体现了他们作为伟大的马克思主义者的求实精神和政治勇气。新民主主义社会理论并没有也不应该随着新民主主义的实践的终结而立即终结，就像列宁的新经济政策一样，新民主主义社会的终结只能说明作为社会历史发展的一环，那个社会发展阶段终结了，并不能说明这个理论本身的终结。作为一个严整的科学体系，新民主主义社会理论中某些与中国国情相适应的部分是不会终结的，它表现在党的一些领导人对这个理论的继续思考及其隐性发展，从某种意义上说，也表现在它对中国特色社会主义理论体系的巨大启迪和借鉴作用，并推动着中国共产党后来提出了社会主义初级阶段理论。党的十八届三中全会在《关于全面深化改革若干重大问题的决定》中指出："全面深化改革，必须立足于我国长期处于社会主义初级阶段这个最大实际"[1]，从这个实际出发，提倡积极发展国有资本、集体资本、非公有资本等交叉持股、相互融合的混合所有制经济，支持非公有制经济健康发展。可见，在社会主义条件下，新民主主义社会理论中关于多种经济成分

---

① 《十八大以来重要文献选编》（上），中央文献出版社 2014 年版，第 512 页。

并存的政策具有很强的生命力。所以，新民主主义社会理论作为马克思主义理论宝库的一颗珍珠，作为马克思主义发展史上的一座丰碑，在一定的历史时期内是不会"终结"的。

以上主要从经济方面来分析毛泽东的新民主主义社会理论和新民主主义社会理论的关系问题，在政治和文化领域，以上的关系界定基本上也是适用的。论证这两个范畴的关系，并非要把它们对立起来，事实上，作为逻辑前提和理论预设，毛泽东的新民主主义社会理论为新民主主义社会理论搭建了基本框架，填充了大部分的内容，没有前者就没有后者，毛泽东思想也远远不会是现在这个样子。论证这两个范畴的关系，主要目的在于从学术上探究事物的本质和规律，努力向科学的真理靠近，丝毫不会动摇毛泽东作为中国共产党和中华人民共和国主要缔造者的地位，也丝毫不会贬损他在马克思主义发展史上的光辉形象。

在廓清毛泽东的新民主主义社会理论和新民主主义社会理论这两个基本范畴的理论界限的基础上，本书的研究对象才得以明确，本书研究的对象是中国共产党集体智慧视域中的新民主主义社会理论，不是毛泽东个人心得视域中的新民主主义社会理论，本书各个部分的叙述以及得出的基本结论，都是以此为前提的。

第二章　新民主主义社会理论形成的
思想历史条件

　　和任何科学理论一样，新民主主义社会理论不是凭空产生的，也不是某个天才思想家闭门造册的结果，它的形成必须具备一定的思想条件和社会历史条件。总的来说，马克思恩格斯的过渡时期国家学说和落后国家社会发展道路理论是新民主主义社会理论形成的理论基石，列宁的新经济政策是新民主主义社会理论形成的历史参照，新民主主义社会理论的形成，也得益于对孙中山的新三民主义的吸收借鉴。中国半殖民地半封建社会的国情是新民主主义社会理论形成的历史背景，几个革命阶级的统一战线是新民主主义社会理论形成的阶级基础，而不断取得胜利的新民主主义革命则是新民主主义社会理论形成的革命保证。马克思主义认为，任何理论都不能脱离实践而存在，新民主主义社会理论是在理论与实践的互动中形成并不断发展的，中国共产党大革命时期领导工农运动和参加国民政府的早期尝试、苏维埃革命根据地建设的可贵探索、抗日民主根据地治理的伟大创造、解放区执政的成功实践为新民主主义社会理论的形成提供了难得的必备的实践条件。

第一节　新民主主义社会理论形成的思想条件

　　新民主主义社会理论是马克思恩格斯过渡时期国家学说和落后国家社会发展道路理论中国化的重要成果，又是对列宁新经济政策的借鉴和参照的结果，同时也是在中国深厚的文化土壤中生长出来的，有着浓郁的中国颜色和中国味道，三者缺其一都不会形成完整意义上的新民主主义社会理论，所以，新民主主义社会理论是东西方文化交融汇合的产物。中国共产党人对马克思恩格斯过渡时期国家学说和落后国家社会发展道路理论的认知和理解，对列宁新经济政策的观察和判断，是一种跨文化的有益阅读；而对于孙中山新三民主义的吸收借鉴，则是一种本土文化的强力熏陶。以全方位扫描的视角追溯新民主主义社会理论之源，有助于我们打破理论视野的局限，科学地把握它的实质。

一、理论基石：马克思恩格斯的过渡时期国家学说和落后国家社会发展道路理论

马克思主义是中国共产党的指导思想，中国共产党在理论创造过程中，非常重视马克思主义的理论指导作用，可以说，中国化马克思主义的若干重大理论观点，都与马克思主义有着千丝万缕的联系，新民主主义社会理论也不例外，它是建立在马克思恩格斯的过渡时期国家学说和落后国家社会发展道路理论的基石之上的。

新民主主义社会理论，就是解决中国如何从半殖民地半封建社会过渡到社会主义社会的理论，从特定的意义上说，亦可谓之中国过渡时期国家理论。这一理论体系作为马克思主义中国化的重要理论成果，自然与马克思恩格斯的过渡时期国家学说紧密相关。两位革命导师密切结合自己的革命实践和所处的社会历史条件，创造性地提出了过渡时期国家学说。

在马克思恩格斯那里，过渡时期国家学说就是关于无产阶级革命推翻资产阶级专政以后如何进入社会主义社会的理论。1848 年 12 月，马克思恩格斯在《共产党宣言》中从政治、经济两个方面明确了过渡时期国家的任务，即争得民主和发展生产力，他们指出："工人革命的第一步就是使无产阶级上升为统治阶级，争得民主。""把一切生产工具集中在国家即组织成为统治阶级的无产阶级手里，并且尽可能快地增加生产力的总量。"[①]1852 年 3 月，

---

① 《马克思恩格斯选集》第 1 卷，人民出版社 1995 年版，第 293 页。

马克思在致约·魏德迈的信中论述无产阶级专政时指出："这个专政不过是达到消灭一切阶级和进入无阶级社会的过渡"①，这句话指明了从资本主义社会不能直接进入共产主义社会（那时候马克思恩格斯还未对社会主义和共产主义做出明确区分——笔者注），而要经过一个过渡时期，这个过渡时期的国家必须采取无产阶级专政的形式，才能保证共产主义的发展方向。1875年5月，马克思在《哥达纲领批判》中进一步指出："在资本主义社会和共产主义社会之间，有一个从前者变为后者的革命转变时期。同这个时期相适应的也有一个政治上的过渡时期，这个时期的国家只能是无产阶级的革命专政。"②

关于过渡时期国家中如何对待资产阶级的问题，马克思恩格斯曾经设想，除了用暴力剥夺他们的生产资料外，在一定条件下"和平赎买"未尝不是一件好事，1847年11月，恩格斯在《共产主义原理》中首次提出了"和平赎买"的设想，在谈到能否用和平方式废除私有制的问题时说："但愿如此，共产主义者当然是最不反对这种办法的人。"恩格斯更加明确地指出了剥夺剥夺者的三种方式，除了没收之外，还可以采取竞争和赎买的方法："一部分用国家工业竞争的办法，一部分直接用纸币赎买的办法，逐步剥夺土地所有者、工厂主、铁路所有者和船主的财产。"③ 和平赎买设想在1871年的巴黎公社革命中得到初步尝试，巴黎公社曾发布一项法令，规定成立仲裁委员会负责裁决逃亡业主归来后"将工场最终盘给工人协作社的条件及协作社应付业主的赎金数额。"④ 马克思后来称赞这是一项伟大的措施，认为公社"非常英明"。1872年，马克思在阿姆斯特丹群众大会上的演说中说，我们也不否认在有些国家，工人可能用和平手段达到自己的目的。马克思还说："正是为了易于过渡到社会主义，保存大生产的组织是很重要的；如果（作为一种例外，当时英国是一种例外）将来种种情况迫使资本家和平屈服，

---

① 《马克思恩格斯选集》第4卷，人民出版社1995年版，第547页。
② 《马克思恩格斯选集》第3卷，人民出版社1995年版，第314页。
③ 《马克思恩格斯选集》第1卷，人民出版社1995年版，第239、240页。
④ 罗新璋：《巴黎公社公告集》，上海人民出版社1978年版，第214页。转引自朱民：《简论马克思主义"和平赎买"理论的发展》，《苏州丝绸工学院学报》1992年第12期，第81页。

在赎买的条件下文明地有组织地转到社会主义，那就给资本家付相当多的钱，向他们赎买，这种思想是完全可以容许的。"①1894年11月，恩格斯在《法德农民问题》中指出："我们决不认为，赎买在任何情况下都是不容许的；马克思曾向我讲过（并且讲过好多次！）他的意见：假如我们能赎买下这整个匪帮，那对于我们最便宜不过了。"②

过渡时期国家的一个关键问题是如何对待农民，特别是如何对待小农（马克思恩格斯所谓之小农，大致相当于我国的贫下中农——笔者注），如何把小农经济引导到社会主义的问题。马克思恩格斯认为，小农经济是一种落后的生产方式，是注定要灭亡的，它不但阻碍着生产力的进步，而且也陷自己于贫困潦倒的境地。马克思指出，小农"这种生产方式是以土地和其他生产资料的分散为前提的。它既排斥生产资料的积聚，也排斥协作，……排斥社会生产力的自由发展。"③ 小农生产方式的分散性和孤立性决定了其经济地位的脆弱性，"小生产者是保持还是丧失生产条件，取决于无数偶然的事故，而每一次这样的事故或丧失，都意味着贫穷化"④。恩格斯也指出："正是以个人占有为条件的个体经济，使农民走向灭亡。"因为"大规模的资本主义经济将排挤掉他们陈旧的生产方式"，所以"如果他们要坚持自己的个体经济，那么他们就必然要丧失房屋和家园"。⑤ 所以马克思恩格斯主张必须对小农进行改造，而合作化正是这种改造的唯一正确的道路。恩格斯说过："至于在向完全的共产主义经济过渡时，我们必须大规模地采用合作生产作为中间环节，这一点马克思和我从来没有怀疑过。"⑥"我们要挽救和保全他们的房产和田产，只有把它们变成合作社的占有和合作社的生产才能做到。"⑦ 为了使合作化健康发展，他们还提出了合

---

① 转引自《列宁选集》第4卷，人民出版社1995年版，第498页。
② 《马克思恩格斯选集》第4卷，人民出版社1995年版，第503页。
③ 《马克思恩格斯文集》第5卷，人民出版社2009年版，第872页。
④ 《马克思恩格斯文集》第7卷，人民出版社2009年版，第677页。
⑤ 《马克思恩格斯文集》第4卷，人民出版社2009年版，第526页。
⑥ 《马克思恩格斯文集》第10卷，人民出版社2009年版，第547页。
⑦ 《马克思恩格斯文集》第4卷，人民出版社2009年版，第525页。

作化改造必须遵循绝对不能剥夺小农和坚持自愿的原则。恩格斯指出："当我们掌握了国家政权的时候，我们决不会考虑用暴力去剥夺小农（不论有无赔偿，都是一样），像我们将不得不如此对待大土地占有者那样。我们对于小农的任务，……不是采用暴力，而是通过示范和为此提供社会帮助"①，使他们懂得合作化的好处，"如果他们还不能下这个决心，那就甚至给他们一些时间，让他们在自己的小块土地上考虑考虑这个问题。"②"我们预见到小农必然灭亡，但我们无论如何不要以自己的干预去加速其灭亡。"③"我们不会违反他们的意志而强行干预他们的财产关系。"④ 马克思也说，无产阶级在夺取政权后，应当促进土地的私有制向集体所有制过渡，"但是不能采取得罪农民的措施，例如宣布废除继承权或废除农民所有权"⑤。

　　鉴于历史条件的限制，马克思恩格斯都未能对这些设想作更加深入系统的论述，未能来得及指导民族殖民地国家中民族民主革命胜利后的社会发展问题。但是这些光辉思想毕竟为后来马克思主义的进一步发展奠定了理论基石。中国共产党对民族资产阶级实行和平赎买政策、引导农民走合作化道路的社会主义改造理论，如果追根溯源的话，可以从马克思主义创始人过渡时期国家学说中找到充分的理论依据。需要明确的是，马克思恩格斯关于过渡时期国家的学说只具有一般原则的意义，他们设想的从资本主义社会向共产主义社会过渡，是以西欧发达资本主义社会为蓝本的。在这些国家，社会生产力高度发达，绝大部分生产资料掌握在资产阶级手里，实行资产阶级专政。在这样的基础上，无产阶级夺取政权后便可直接进行向社会主义的过渡。新民主主义社会理论是中国共产党在马克思恩格斯始创的过渡时期国家学说的理论基石上，汲取了其原则性内核，根据中国半殖民地半封建的社会性质和生产力落后的特点加以拓展和创新的产

---

　　①　《马克思恩格斯文集》第4卷，人民出版社2009年版，第524页。
　　②　《马克思恩格斯文集》第4卷，人民出版社2009年版，第526页。
　　③　《马克思恩格斯文集》第4卷，人民出版社2009年版，第524页。
　　④　《马克思恩格斯文集》第4卷，人民出版社2009年版，第526页。
　　⑤　《马克思恩格斯文集》第3卷，人民出版社2009年版，第404页。

物，是中国化的过渡时期国家学说。

马克思恩格斯特别强调了过渡时期国家中无产阶级专政的极端重要性，新民主主义社会理论则主张无产阶级领导的各革命阶级联合专政，文字表述虽然不同，但其精神实质是一致的。西方社会阶级分化比较简单，主要的阶级只有无产阶级和资产阶级，社会的主要矛盾也是两大阶级之间的矛盾，所以马克思恩格斯提出了革命胜利后要实行无产阶级专政。中国的情况则有很大不同，实行无产阶级领导的各革命阶级联合专政，是由中国特殊的社会历史条件和新民主主义革命的特点决定的，也是中国共产党人反对教条主义斗争和总结革命正反两方面经验教训的结果。无产阶级领导中国革命取得了胜利，决定了其在新民主主义国家政权中居于领导和支配的地位，无产阶级"请"其他几个参加革命的阶级来一起"专政"，是顺理成章的事情，因为这几个阶级都是无产阶级和中国革命的追随者和拥护者。无产阶级领导的各革命阶级联合专政，用毛泽东的话说就是"人民民主专政"，与无产阶级专政并无本质区别。毫无疑问，新民主主义国家的国体继承了马克思主义创始人关于无产阶级专政的思想。

为新民主主义社会理论奠定理论基石的，还有马克思恩格斯关于落后国家社会发展道路的理论，主要包括革命阶段论和不断革命论。（有很多论者认为，马克思恩格斯关于落后国家跨越资本主义卡夫丁峡谷的构想也是新民主主义社会理论的理论基础之一，实际上跨越资本主义卡夫丁峡谷的构想传入我国较晚，中译本从50年代中期到70年代初期才相继在我国发表，毛泽东等人当初创立和发展新民主主义社会理论时根本不知道跨越资本主义卡夫丁峡谷的构想。——笔者注）

马克思恩格斯在指导德国1848年民主革命时指出，德国和英法两国的情况不同，比它们落后的多，德国革命的任务是消灭封建专制制度，为资本主义发展扫除障碍，也就是说德国革命是资产阶级民主主义性质的革命。他们指出，要消灭资产阶级的财产关系，是不能够通过保存封建财产关系来实现的，所以资产阶级革命是无产阶级革命的前提，所以尽管无产阶级和资产阶级处于对抗地位，但无产阶级为加速自身革命运动的发展计，应当积极参加这个革命。在德国，"共产主义者为了本身的利益必须帮助资产阶级尽快地取得统治，以便尽快地再把它推翻。"①

马克思恩格斯还明确指出，资产阶级民主革命的胜利，只是完成了第一阶段的革命任务，无产阶级不能只停留在这个阶段，而是要坚持不断革命，推动资产阶级革命向社会主义革命转变。他们在《共产党宣言》中说："共产党一分钟也不忽略教育工人尽可能明确地意识到资产阶级和无产阶级的敌对的对立，以便德国工人能够立刻利用资产阶级统治所必然带来的社会的和政治的条件作为反对资产阶级的武器，以便在推翻德国的反动阶级之后立即开始反对资产阶级本身的斗争。""德国的资产阶级革命只能是无产阶级革命的直接序幕。"② 这就指出了落后国家要经历资产阶级民主革命和社会主义革命两个阶段，而且这两个革命阶段要不间断地进行的思想。正是马克思恩格斯的革命阶段论和不断革命论的观点，才使得俄国的马克思主义者进而中国的马克思主义者认识到资产阶级民主革命和社会主义革命的区别和联系，认识到民主主义社会和社会主义社会的区别和联系，从而为新民主主义社会理论的创立奠定了理论基石。

马克思恩格斯的不断革命论给予中国共产党人以明确的启迪，它要求中国共产党人在资产阶级民主革命胜利以后，不能停滞不前，而要不间断地开展社会主义革命。由于中国的资产阶级民主革命具有自己的特殊性，即它是由无产阶级领导的、革命胜利后建立的国家也是无产阶级居于领导地位的，所以在这种条件下的社会主义革命就不能不具有中国自己的特色，即和平式的以改造为主要手段的社会主义革命、建设与革命融为一体的革命，这是中国共产党人对马克思主义不断革命论基本原理的创造性发挥。

综上所述，马克思恩格斯关于过渡时期国家理论和落后国家社会发展道路理论为新民主主义社会理论的形成提供了最初的一般原则意义上的而又十分必要的理论基石，以毛泽东为主要代表的中国共产党人正是在这个基础上，密切结合中国的革命和社会实际，实现了新民主主义社会理论的独特创造。

---

① 《马克思恩格斯文集》第 1 卷，人民出版社 2009 年版，第 692 页。
② 《马克思恩格斯文集》第 2 卷，人民出版社 2009 年版，第 66 页。

二、历史参照：列宁的新经济政策

从一般意义上说，列宁的新经济政策属于马克思恩格斯过渡时期国家学说的范畴，但是由于这个理论在实践中的成功运用，我们把它作为新民主主义社会理论的历史参照来论述。列宁的新经济政策是马克思主义俄国化的重要成果，是列宁晚年在领导苏俄社会主义建设的过程中对马克思主义的重大发展和创新。由于苏联和共产国际在中国革命中的重要影响，使得列宁主义和马克思主义一样在中国得到了广泛传播，更由于中俄两国的国情在很多方面相同或相似，使得同样作为社会建设理论的新经济政策对新民主主义社会理论产生了直接的、重大的启迪和借鉴作用。而列宁新经济政策的成功实践，也给新民主主义社会理论的创立提供了难得的历史参照。

十月革命胜利后，鉴于恶劣的国内外政治、经济形势，使列宁和布尔什维克党在苏俄实行"战时共产主义政策"，这种政策在当时特殊的环境下产生了巨大作用，使年轻的苏维埃政权取得了国内战争和反抗多国武装干涉的胜利，站稳了脚跟。列宁也曾设想通过"战时共产主义政策"直接过渡到社会主义。但是这种政策的实行损害了广大民众的利益，特别是广大农民的利益，引起他们的强烈不满，特别是到战争结束之后，这种不满情绪迅速蔓延，一时间工农联盟和苏维埃政权面临着空前危机。面对残酷的现实，列宁逐渐认识到，"用无产阶级国家直接下命令的办法在一个小农国家里按共产主义原则来调整国家的产品生产和分配"[1]，单纯依靠行政手段和激发民众的政治热情的方法直接过渡到社会主义是根本行不通的。在一个经济文化落后的小农国家里，试图一个冲锋就进入社会主义完全是空想，必须在一个相当长的历史时期用迂回过渡的办法来实现这一目标，必须重新审视资本主义的地位和作用，充分利用既有的资本主义的生产力来恢复和发展经济，作为小生产和社会主义的中间环节。在这种情况下，"新经济政策"应运而生，1921 年 3 月，列宁以高度的政治敏锐性和巨大的理论勇气，果断实行"革命的退却"，宣布放弃"战时共产主义政策"，实行"新经济政策"。这是一种密切结合俄国实际的采用改良的、渐进的、迂回的办法实现从小农国家向

---

① 《列宁选集》第 4 卷，人民出版社 1995 年版，第 570 页。

社会主义过渡的新型理论，与其说是临时性的反危机措施，毋庸说是建设社会主义的基本纲领。列宁指出，在经济文化十分落后的条件下，俄国要经过一系列的中间环节，要走过许多级阶梯的"盘山路"，才能到达社会主义。他说，无产阶级的目的就是进入社会主义社会，但是，"这个目的不是一下子可以实现的，这需要一个相当长的从资本主义到社会主义的过渡时期"①，这是因为：改组生产是一件困难的事情，根本改变生活一切部门是需要时间的，惯于按小资产阶级方式、资产阶级方式经营的巨大习惯势力，必须经过长期坚忍的斗争才能克服。列宁还指出："在资本主义和共产主义之间有一个过渡时期，这在理论上是毫无疑义的。这个过渡时期不能不兼有这两种社会经济结构的特点或特性。"过渡时期的"社会经济的基本形式就是资本主义、小商品生产和共产主义。这些基本力量就是资产阶级、小资产阶级（特别是农民）和无产阶级。"②

新经济政策的主要内容就是以粮食税代替余粮征集制，使农民有所剩余，提高农民的生产积极性；在土地国有化基础上发展农民的个体经济，农村雇工和租佃合法化，允许农产品自由买卖；在国家保持经济命脉的情况下实行中小企业的非国有化，把大工业企业联合成托拉斯和辛迪加，实行经济核算；在一定程度上允许和鼓励私人资本在工商业和其他领域中的自由发展，同时大力发展国家资本主义，鼓励发展合作社经济，构建多种经济成分并存的经济体制；恢复货币流通，实行币制改革，取消苏维埃纸币，发行稳定的货币切尔文卢布；从产品的国家垄断和有计划分配退回到调节商业、利用市场上来，发展自由贸易；取消义务劳动制，按照产品的质量和数量支付劳动报酬；允许外国资本进入，实行对外租让制和对内租赁制，等等。

在新经济政策中，列宁特别强调了落后国家必须充分利用资本主义以大力发展生产力的思想。列宁认为，要实现社会主义，创造高于资本主义的劳动生产率和生产力水平，必须利用资本主义建立现代化大生产的物质技术基础。他在《论粮食税》中说："没有建筑在现代科学最新成就基础上的大资

---

① 《列宁选集》第 3 卷，人民出版社 1995 年版，第 835 页。
② 《列宁选集》第 4 卷，人民出版社 1995 年版，第 59、60 页。

本主义技术,……社会主义就无从设想。"① 在《苏维埃政权的当前任务》中说:"社会主义能否实现,就取决于我们把苏维埃政权和苏维埃管理组织同资本主义最新的进步的东西结合得好坏。"② 列宁还说,社会主义并没有偏离人类的文明大道,它必须批判地吸收资本主义创造的一切积极成果,那种认为"资本主义是祸害"的观点是片面的,他十分形象地指出:"同社会主义比较,资本主义是祸害。但同中世纪制度、同小生产、同小生产者涣散性引起的官僚主义比较,资本主义则是幸福。"③ 早在 1905 年列宁在《社会民主党在民主革命中的两种策略》中就十分英明地指出:"除了使资本主义向前发展以外,妄想在任何其他方面替工人阶级寻找出路,都是反动的。在像俄国这样一些国家里,工人阶级与其说是苦于资本主义,不如说是苦于资本主义发展得不够。因此,资本主义的最广泛、最自由、最迅速的发展,同工人阶级有绝对的利害关系。"④ 列宁还明确指出:"开发资源、建立社会主义社会的真正的和唯一的基础只有一个,这就是大工业。如果没有资本主义的大工厂,没有高度发达的大工业,那就根本谈不上社会主义,而对于一个农民国家来说就更是如此。"⑤ 所以,在经济文化落后的国家发展经济的过程中片面排斥资本主义是不行的,要容许资本主义同社会主义实行"经济竞赛"。

所以,既然认可资本主义在社会主义前阶存续的必要性,就不可避免地认可资本主义的价值规律、市场、利润等经济手段,这就在事实上接近提出了社会主义商品经济的观点。列宁指出,在现有的经济基础和经济关系的条件下,试图完全禁止、堵塞一切私人的商品生产和交换的发展,是完全错误的,看起来商业和社会主义风马牛不相及,"但正是这类矛盾在实际生活中能把人们从小农经济经过国家资本主义引导到社会主义。"⑥ 列宁号召大家要研究市场、支持市场、发展市场,非但如此,列宁还认为,在国有企业内部

---

① 《列宁选集》第 3 卷,人民出版社 1995 年版,第 525 页。
② 《列宁选集》第 3 卷,人民出版社 1995 年版,第 492 页。
③ 《列宁选集》第 4 卷,人民出版社 1995 年版,第 510 页。
④ 《列宁选集》第 1 卷,人民出版社 1995 年版,第 556 页。
⑤ 《列宁全集》第 41 卷,人民出版社 1986 年版,第 301 页。
⑥ 《列宁选集》第 4 卷,人民出版社 1995 年版,第 570 页。

也要贯彻商业原则，计算成本和利润，讲求经济效益，只有让国有企业真正融入市场，才能创造高于资本主义的生产效率。

合作社思想在新经济政策中占有重要地位，列宁认为，合作社制度是俄国农村走向社会主义的根本道路，如果全体农民参加了合作社，就意味着社会主义在俄国变成了现实，他说："由于我们国家制度的特点，合作社在我国具有非常重大的意义。""在我国的条件下合作社往往是同社会主义完全一致的"。①

列宁指出，我们要用合作社制度引导农民联合起来，彻底改造他们，形成"文明的合作社工作者的制度"，而这将是一个长期的经济发展和文化革命的过程，"因为改造小农，改造他们的整个心理和习惯，这件事需要花几代人的时间。"②"为了通过新经济政策使全体居民人人参加合作社，这就需要整整一个历史时代。在最好的情况下，我们度过这个时代也要一二十年。"③

新经济政策是马克思主义过渡时期国家理论和落后国家社会发展道路理论在俄国的重大发展和创新，但是由于列宁的过早离世，使得这一创造性思想没有得到系统阐发，也没有得到彻底的贯彻。但是，短短几年的实践证明，新经济政策是完全正确的，它帮助年轻的苏维埃政权渡过了难关，奠定了向社会主义过渡的基础。正是因为新经济政策在苏俄的成功实践，才使中国共产党人对它发生了浓厚兴趣，并在创立和发展新民主主义社会理论的过程中产生了直接影响。中国共产党关于过渡时期长期性、关于利用资本主义积极性、关于多种经济成分并存、关于合作社等的思想观点，都能从新经济政策中溯及原型，并且结合中国的实际作了创造性发挥，使马克思主义过渡时期国家理论和落后国家社会发展道路理论臻于成熟。所以说，新民主主义社会理论基本上解决了列宁开始涉猎但未能最终解决的关于落后国家向社会主义过渡的理论。

---

① 《列宁选集》第 4 卷，人民出版社 1995 年版，第 772 页。

② 《列宁选集》第 4 卷，人民出版社 1995 年版，第 447 页。

③ 《列宁选集》第 4 卷，人民出版社 1995 年版，第 770 页。

三、吸收借鉴：孙中山的新三民主义

新民主主义社会理论是为了解决近现代中国的重大现实问题而产生的，它深深植根于中国肥沃的文化土壤中，这就使得它与同期或稍前的中国进步的政治思潮有着千丝万缕的联系。新民主主义社会理论鲜活的生命力，除了得益于马克思主义丰富营养的汲取，列宁主义和煦阳光的普照之外，与近代中国进步政治思潮汩汩水分的滋养也是分不开的，这其中，孙中山的新三民主义发挥着最重要的和无可替代的作用。

孙中山的新三民主义是 20 世纪上半叶中国最重要的政治思潮之一，它不但激荡着当时的思想文化界，也对中国的革命形势和历史走向产生了广泛而深刻的影响。孙中山先生曾周游欧美列国，对资本主义的种种罪恶和弊端深有洞悉，对革命胜利后走西式资本主义道路还是很有疑虑的，提出并发展了具有中国特点的三民主义。新三民主义是在孙中山领导资产阶级民主革命屡遭失败之后，在俄国十月革命和五四运动的影响下，在共产国际的帮助下，在年幼的中国共产党的热情推动下，适应社会历史发展的新形势，在改造旧三民主义的基础上形成的一个具有反帝、反封建内涵的思想体系。

在新民主主义之前，中国最先进的思想理论就是孙中山的新三民主义。1924 年 1 月，孙中山在中国国民党一大中重新解释了三民主义，赋予其以新的时代内涵和革命内容，并在事实上形成了联俄、联共、扶助农工的三大革命政策，从而把旧三民主义改造为新三民主义。它是国共两党都能接受的革命指导方针，因而成为第一次国共合作的政治基础，并推动了国民革命不断取得胜利。它在新民主主义的孕育、发展和形成过程中，起到了直接的吸收借鉴作用。同样道理，作为新民主主义的重要内容，新民主主义社会理论的孕育、发展和形成，也离不开对新三民主义的吸收借鉴。具体来说，孙中山的新三民主义在以下几个方面对新民主主义社会理论产生了深刻影响。

首先是新民族主义。其第一要义是反对帝国主义。孙中山在领导中国革命的过程中，逐渐认清了帝国主义勾结利用封建军阀侵略中国的实质，在国民党一大宣言中一改过去对帝国主义的妥协附和政策，严正指出："列强之帝国主义如怒潮骤至，武力的掠夺与经济的压迫，使中国丧失独立，陷于半殖

民地之地位。"①"……可知中国内乱，实有造于列强"②，"其为祸之酷，不止吾国人政治上之生命为之剥夺，即经济上之生命亦为之剥夺无余矣。"③ 所以他认为，当时之中国频濒临国灭种的境地，必须祭出"民族主义"的旗帜来拯救危亡，做不到这一点，民权、民生等一切都无处谈起。所以民族主义的首要意义在于"中国民族自求解放"，"国民党之民族主义，其目的在使中华民族得自由独立于世界"，"盖民族主义对于任何阶级，其意义皆不外免除帝国主义之侵略。"④ 具体在对外政策上，他明确喊出了废除不平等条约，取消帝国主义在华特权的最强音："一切不平等条约，如外人租借地、领事裁判权、外人管理关税权以及外人在中国境内行使一切政治的权力侵害中国主权者，皆当取消，重订双方平等、互尊主权之条约。""中国与列强所订其他条约有损中国之利益者，须重新审定，务以不害双方主权为原则。"⑤ 由此可以看出，在孙中山的新三民主义中，新民族主义着重突出了反帝的内容，反帝思想开始成为孙中山革命思想的重要内容，新民族主义较之旧民族主义有了明显的进步，已经具有了新的时代内涵，是孙中山民族主义思想合乎时代需求的发展。

在如何反帝的问题上，孙中山初步找到了反帝的力量和方法（当然也包括反封建的力量），提出了联合苏联和世界上一切被压迫民族共同进行反帝斗争，结成国际反帝统一战线的思想，以及把反帝与武装斗争相结合的思想。更为重要的是，孙中山看到了民众的伟大力量，他认为，欲求"中国民族之解放"，"其所恃为后盾者，实为多数之民众，若知识阶级、若农夫、若工人、若商人是已"⑥，"盖惟国民党与民众深切结合之后，中国民族之真正的自由与独立始有可望也。"⑦

新民族主义的第二个含义是"中国境内各民族一律平等"，和旧民族主

---

① 《孙中山选集》（下），人民出版社 2011 年版，第 609 页。
② 《孙中山选集》（下），人民出版社 2011 年版，第 610 页。
③ 《孙中山选集》（下），人民出版社 2011 年版，第 610—611 页。
④ 《孙中山选集》（下），人民出版社 2011 年版，第 614 页。
⑤ 《孙中山选集》（下），人民出版社 2011 年版，第 618、619 页。
⑥ 《孙中山选集》（下），人民出版社 2011 年版，第 614 页。
⑦ 《孙中山选集》（下），人民出版社 2011 年版，第 615 页。

义的表述含糊不清不同的是，孙中山在国民党一大宣言中明确指出了这一点并作了系统阐发。民族平等是孙中山人人平等思想的自然延伸，在维护民族团结和国家统一方面意义重大。孙中山并探索性地提出了通过"民族自决"的途径实现这一目的的设想。年幼的中国共产党深受孙中山新民族主义的影响，也曾提出过民族自决和联邦制的主张，后来随着实践的发展和对中国国情认识的深化，逐渐形成了自己的民族区域自治的政策主张。反对民族压迫，主张民族平等，维护民族团结，是新三民主义的民族主义和新民主主义民族观的共同之处。

新三民主义的第二条，即谓"民权主义"。用现在的话说就是建设民主政治。新民权主义的核心内容，诚如国民党一大宣言所指出的，于间接民权之外，要"复行直接民权，即为国民者不但有选举权，且兼有创制、复决、罢官诸权也。"① 所谓"直接民权"，是相对于"间接民权"而言的，就是民众不能只享有抽象的间接权力，更重要的是直接参政，通过履行选举权、创制权、罢免权等参与管理国家事务，从而把广大民众的民主权利落到实处。

孙中山的民权主义并不是从西方国家抄袭而来，相反他认为，西方之民主制度，有其固有之积弊："近世各国所谓民权制度，往往为资产阶级所专有，适成为压迫平民之工具。"所以他设想以"立法、司法、行政、考试、监察五权分立"之制"以济代议政治之穷，亦以矫选举制度之弊。"② 虽然孙中山的五权分立思想不一定适合中国的国情，但是也折射出他对西方的所谓自由、民主颇有微词，进而尝试探索中国自己的民主政治之道。他提出民权"为一般平民所共有，非少数者所得而私也"③ 的著名主张，所以孙中山的新民权主义中最突出的特点就在于它的"平民性"或曰"人民性"。所谓"一般平民"，在孙中山那里首先是指民族资产阶级，因为他认为民族资产阶级是中国革命的领导阶级，还要包括工人和农民，这从它的"扶助农工"的革命政策中便可推晓，还包括与工农阶级渊源深厚的小资产阶级，这些阶级构

---

① 《孙中山选集》（下），人民出版社 2011 年版，第 615 页。
② 《孙中山选集》（下），人民出版社 2011 年版，第 615、616 页。
③ 《孙中山选集》（下），人民出版社 2011 年版，第 616 页。

成了中国社会最广大的民众。"非少数人所得而私"是指政权不能由少数资本家、地主、军阀、政客所把持，民权不能变成这些人压迫平民的工具。他认为，有睹于西方社会和我国封建制度"少数人所得而私"的前车之鉴，须由这些最广大的民众"共有"民权，只有这样，才能造成杜绝"少数人所得而私"的先决条件。

孙中山所设想的这种民权国家，与"各革命阶级联合专政"的新民主主义国家确有异曲同工之妙。毛泽东在《论人民民主专政》中有过精彩的论述："除了谁领导谁这一个问题以外，当作一般的政治纲领来说，这里所说的民权主义，是和我们所说的人民民主主义或新民主主义相符合的。只许为一般平民所共有、不许为资产阶级所私有的国家制度，如果加上工人阶级的领导，就是人民民主专政的国家制度了。"① 所以，"各革命阶级联合专政"的国家观从"一般平民所共有"的国家观中吸取了合理内核，在实践上则更符合中国的实际，实为青出于蓝而胜于蓝。

孙中山之新民权主义亦有专政之意，他说："盖民国之民权，唯民国之国民乃能享之；必不轻授此权于反对民国之人，使得藉以破坏民国。……而凡卖国罔民以效忠于帝国主义及军阀者，无论其为团体或个人，皆不得享有此等自由及权利。"② 易言之，孙中山的新民权主义不仅强调"一般平民"得享民权，而且申明剥夺"反对民国之人"、"卖国罔民以效忠于帝国主义及军阀者"的民主权利，意即要对他们实行专政。这与新民主主义社会理论的"人民民主专政"理论又颇为相通。可以说，人民民主专政理论借鉴了孙中山的新民权主义是显而易见的。

新三民主义之新民生主义也对新民主主义社会理论产生了重大影响。受苏俄和中国共产党的影响，孙中山对工农阶级有了更为深刻的认知。在关于新民生主义的阐释中，他花了相当篇幅力陈农夫工人之苦，诸如："全国各阶级所受痛苦，以农民为尤甚。""中国工人之生活绝无保障。"③"中国以内，

---

① 《毛泽东选集》第四卷，人民出版社 1991 年版，第 1477 页。
② 《孙中山选集》（下），人民出版社 2011 年版，第 616 页。
③ 《孙中山选集》（下），人民出版社 2011 年版，第 616 页。

自北至南，自通商都会以至于穷乡僻壤，贫乏之农夫，劳苦之工人，所在皆是。"① 鉴于此，他认为国民党宜"为农夫、工人而奋斗"，谋拯救农夫工人之道："反抗不利于农夫工人之特殊阶级"②，这些所谓"不利于农夫工人之特殊阶级"主要就是地主阶级和资产阶级。因此，"国民党之民生主义，其最要之原则不外二者：一曰平均地权；二曰节制资本。"③ 对于"平均地权"，孙中山认为由国家通过对私有土地"必要时依报价收买之"给农民耕种，实现"耕者有其田"的方法来实现。对于"节制资本"，孙中山认为"凡本国人及外国人之企业，或有独占的性质，或规模过大为私人之力所不能办者，如银行、铁道、航路之属，由国家经营管理之"，以期实现"使私有资本制度不能操纵国民之生计"④。孙中山后来还具体提出了"节制资本"的几种途径，比如限制私人资本经营范围、向私人资本征税、制定劳工法保障工人权利等。

孙中山的平均地权和节制资本的理念在旧中国并不具有现实性，但毕竟代表了广大人民群众的愿望和要求，顺应了中国社会历史发展的潮流，因此为中国共产党人所肯定。中国共产党日后的土地革命政策和对资本主义利用和限制的政策，从某种意义上说，都是从新民生主义中汲取了合理因素进一步发展而来。关于土地问题，新三民主义和新民主主义都把解决土地问题当做反封建的重要内容，都认识到解决土地问题调动农民参加革命的重要性，毛泽东把新民主主义经济三大纲领之一的"没收地主的土地，分配给无地和少地的农民"归结到"实行中山先生'耕者有其田'的口号"的名义下。⑤ 关于对待资本主义问题，毛泽东曾经指出，中国的经济，一定要走"节制资本"的路，绝不能让少数资本家操纵国计民生。他在中共七届二中全会的讲话中明确指出："孙中山的节制资本的口号，我们依然必须用和用得着。""认为可以抛弃'节制资本'的口号，这是完全错误的"⑥。

---

① 《孙中山选集》（下），人民出版社 2011 年版，第 617 页。

② 《孙中山选集》（下），人民出版社 2011 年版，第 617 页。

③ 《孙中山选集》（下），人民出版社 2011 年版，第 616 页。

④ 《孙中山选集》（下），人民出版社 2011 年版，第 616 页。

⑤ 《毛泽东选集》第二卷，人民出版社 1991 年版，第 678 页。

⑥ 《毛泽东选集》第四卷，人民出版社 1991 年版，第 1431、1432 页。

1925 年 3 月，孙中山与世长辞，未能来不及看到新三民主义在中国的胜利，践行新三民主义的任务理应落到他的继任者蒋介石身上，但是蒋介石在统一中国的过程中，外受帝国主义的帮扶，内受大地主大资产阶级的支持，逐渐沦落为帝国主义的代理人、大地主大资产阶级的政治代表，不可能真正践行新三民主义。蒋介石虽经常以承继总理遗教自居，大谈特谈所谓的"三民主义"，但是他的那一套"三民主义"是被阉割篡改的三民主义，实际上是背叛了孙中山新三民主义的"伪三民主义"。这个任务历史地落在顺应历史潮流的中国共产党身上，新三民主义和中国共产党民主革命纲领的诸多一致性，使它成为很多共产党人的崇高信仰，也使它影响了整整一代中国共产党人。以毛泽东为代表的共产党人在和"伪三民主义"的斗争中，批判地继承了孙中山新三民主义的思想真谛和合理内核，结合对马克思主义的理解和运用，逐渐形成了自己的"三民主义"，这就是新民主主义的思想体系。

新民主主义以历史的眼光对新三民主义作出客观评价，在克服其局限性的基础上，成功实现了对其的超越。毛泽东指出："孙中山的三民主义比我们的新民主主义差，新民主主义的确比三民主义更进步，更发展，更完整。"[1]"我党的新民主主义纲领，比之孙先生的，当然要完备得多；特别是孙先生死后这二十年中中国革命的发展，使我党新民主主义的理论、纲领及其实践，有了一个极大的发展，今后还将有更大的发展。"[2]

在领导中国革命的实践中，毛泽东在不同场合阐述了中国共产党人对新三民主义的肯定态度。1937 年 3 月，他在和史沫特莱的谈话中指出："我们老早就是信仰三民主义的，……现在的任务是必须为真正实现革命的三民主义而奋斗，这就是说，以对外抗战求得中国独立解放的民族主义，以对内民主自由求得建立普选国会制、民主共和国的民权主义，以改善人民生活求得解除大多数人民痛苦的民生主义。"[3]5 月，毛泽东在《中国共产党在抗日时期的任务》中说，我们的民主革命纲领，与国民党一大所宣布的三民主义纲

---

[1] 《毛泽东文集》第三卷，人民出版社 1996 年版，第 321 页。

[2] 《毛泽东选集》第三卷，人民出版社 1991 年版，第 1061 页。

[3] 《毛泽东文集》第一卷，人民出版社 1993 年版，第 491 页。

领，"基本上是不相冲突的。因此，我们不但不拒绝三民主义，而且愿意坚决地实行三民主义"①。1945年4月，他在党的七大政治报告中对新三民主义和新民主主义的关系问题做了精辟分析，指出："对于中国共产党人，为本党的最低纲领而奋斗和为孙先生的革命三民主义即新三民主义而奋斗，在基本上（不是在一切方面）是一件事情，并不是两件事情。因此，不但在过去和现在已经证明，而且在将来还要证明：中国共产党人是革命三民主义的最忠诚最彻底的实现者。"②

我们可以看到，新三民主义在中国共产党人建立新民主主义社会理论的过程中，发挥了不可替代的吸收借鉴作用，在新民主主义社会理论发展史上占有非常重要的地位。

综上所述，马克思恩格斯的过渡时期国家学说、列宁的新经济政策、孙中山的新三民主义，分别为新民主主义社会理论的形成提供了理论基石、历史参照和吸收借鉴。三者的有机结合共同构成了新民主主义社会理论形成的思想条件，在近代中国独特的社会历史条件下，在中国共产党领导革命和社会建设的实践中，通过中国共产党人的创造性发挥，了具有中国特色的马克思主义社会理论——新民主主义社会理论。

通过以上分析，联系到当前我国的社会现实，可以得出以下几点启示和思考。

第一，联系现实，认真研读马列原著，为社会主义现代化建设寻找灵感和依据。马克思去世已经一百多年了，列宁离开我们也将近一百年的时间了，有人怀疑他们的"主义"是否已经过时了？我们知道，真理是永远不会过时的，只会随着人类实践的发展而发展，随着人们探索未知世界的深化而深化。他们的个别论断已经过时了，但是作为真理的马列主义基本原理，是永远不会过时的。毛泽东思想、中国特色社会主义理论体系就是马列主义基本原理在新的时代和实践条件下发展和深化的产物。马列主义虽然产生于19世纪和20世纪初期，但是在21世纪的今天，仍然对我国社会主义

---

① 《毛泽东选集》第一卷，人民出版社1991年版，第259页。
② 《毛泽东选集》第三卷，人民出版社1991年版，第1061页。

现代化建设起着巨大的指导作用。在 20 世纪上中期，马列主义指导中国的革命和建设取得了胜利，产生了毛泽东思想，在改革开放和实现中华民族伟大复兴的新时期，马列主义基本原理依然放射着真理的光辉，指导我们的事业继续前进，产生了中国特色社会主义理论体系。马列主义是个博邃的理论宝库，需要我们一代接续一代地学习、探索和挖掘，才能真正掌握其精神实质，这就要求我们认真研读马列主义原著，密切结合我国社会主义现代化建设的实际，活学活用马列主义，就像形成新民主主义社会理论那样，从学习、研究马列主义中为社会主义现代化建设寻找灵感和依据，形成新的观点、理论和思想，持续推动马克思主义中国化，进一步充实、丰富中国特色社会主义理论体系，为早日实现中华民族伟大复兴的中国梦提供新的理论指导。总之，老祖宗不能丢，丢了就丧失根本。同样道理，也要以同样的态度对待毛泽东思想，充分挖掘毛泽东思想宝库的理论价值和现实意义。总之，只有真正做到把马克思主义的基本原理和当代中国的具体实际相结合，理论联系实际，历史联系现实，才能为中国特色社会主义的不断发展提供思想源泉和理论支撑。

第二，广纳百川，充分借鉴各种先进文化的精华，丰富中国特色社会主义理论体系思想宝库。马克思主义是个开放的理论体系，充分借鉴吸收古今中外先进文化的精华是由其科学性决定的。我们不但要认真研读马列原著，刻苦学习毛泽东思想和中国特色社会主义理论体系，还要以博大宽广的胸襟，回溯历史，放眼世界，认真研究、甄别各种思潮和文化，错误的要坚决反对、批判，正确的要及时借鉴、吸收，为我所用。如果不是这样，新民主主义社会理论就很难与孙中山的新三民主义联系起来，形成科学的理论体系。只有这样，才能与时俱进，不断丰富和发展中国特色社会主义理论体系。中国特色社会主义理论体系是马克思主义中国化的重要理论成果，不但秉承了马列主义的基本原理，还具有鲜明的中国特色、中国风格和中国味道，为中国广大人民群众所喜闻乐见，这也是其具有强大生命力和号召力关键之所在。现在我们充分重视国学的作用，充分挖掘中华民族优秀传统文化的现代价值和意义，不但有效抵制了西方所谓"普世价值"的渗透和侵蚀，还极大提高了中国人民的文化自信。当然，西方文化并非都是坏的，国家在促进中外文化交流方面做了不少工作，取得了一定成绩。在不同文化的碰撞、交流和融合中，中国的文化软实力明显增强。总之，这些工作为中国特色社会主义理论体系的持续发展、不断丰富发挥了应有的作用。

第三，正本清源，坚决反对历史虚无主义，维护马克思主义的指导思想和历史地位。研究新民主主义社会理论形成的思想条件，只是从一个侧面梳理中国化马克思主义的来龙去脉和前世今生，以正本清源，论证中国共产党指导思想的合理性和科学性，也是为了反击当今社会一度盛行的历史虚无主义思潮。他们大搞反毛化、非毛化、祛毛化，无视历史事实，刻意淡化毛泽东的历史功绩，却鸡蛋里挑刺，故意夸大毛泽东的一些失误和错误并大肆渲染。有的断章取义，故意歪曲毛泽东的个别论断和词句，有的无中生有，捏造历史事实，故意贬低毛泽东和毛泽东思想，诸如此类。一段时期以来，这种"潮流"有大行其道之势，对毛的攻击和谩骂呈加重化、公开化趋势，这种情况不能不引起我们的警惕和重视。他们妄图采取偷梁换柱的手法，通过否定毛泽东和毛泽东思想，来否定中国革命，否定中国共产党的光辉历史，进而否定党的领导和社会主义制度，为他们吹捧的西方"民主政治"搭桥铺路。如果任其发展，后果不堪设想，若不采取措施加以应对，可以预计，以后党的其他领导人和中国特色社会主义理论体系也会面临相似的历史命运。党中央国务院取缔了一批政治立场不坚定甚至反动的报刊杂志和网站，查处了一批反党反毛分子，封杀了一批反党反毛分子的微博账号，有力打击了这股反动思潮，赢得了思想文化战线斗争的主动权，也一定程度上解决了广大人民群众的思想混乱问题。但是意识形态阵地的争夺还很激烈，意识形态领域的斗争只能加强，不能削弱，这项工作一定要不折不扣的持续下去，才能取得预期的良好效果。

第二节　新民主主义社会理论形成的社会历史条件①

马克思主义认为："不是从观念出发来解释实践，而是从物质实践出发

---

① 本节发表于《理论月刊》2016 年第 9 期，略有增删。

来解释各种观念形态。"① 这就要求我们，开展科学研究不能只在观念和理论的框框里兜圈子，要从这种思想观念产生的那个时代的社会生产力和生产关系的对立统一中，从那个时代的社会生活实践中，以及社会各阶级的现实冲突和关系变动中，去观察和阐释这个思想观念的发生和发展。亦即任何思想理论都不是凭空产生的，都是一定社会历史条件的产物。回溯时代背景，还原阶级基础，重现革命图景，是正确认识新民主主义社会理论形成和发展的基础。所以，在新民主主义社会理论研究中，透析那段新民主主义革命的历史，找出新民主主义社会理论背后的物质原因，亦即再现新民主主义社会理论形成的社会历史条件，是开展新民主主义社会理论系统性研究不可或缺的前卫性研究之一。

一、时代背景：半殖民地半封建社会的历史怪胎

新民主主义社会理论是马克思主义发展史上的伟大创造，是世界殖民地半殖民地国家人民反帝反封建的民族民主革命的思想武器之一，但是这个理论只在中国产生，只在中国付诸实践，具有鲜明的中国特色，这是因为它是近代中国特定的时空背景的独特产物。所以，对它的理解应该放在这个特定的时空背景下作历史地分析，才能得出科学的结论。

新民主主义社会理论产生的最大的社会历史前提就是当时中国半殖民地半封建的社会性质，这是当时世界上少有的社会形态，既不同于鸦片战争前的封建社会，也不同于西方的资本主义社会和其他的殖民地社会，它是世界历史特别是中国历史发展的一个怪胎。近代中国有形式上和名义上的政府和主权，实际上政治、经济、文化等都受到帝国主义列强的控制和奴役，并且随着时间的推移而日益加深。西方列强的入侵在客观上使近代资本主义经济在中国有了一定的发展，使传统的自给自足的自然经济开始解体，但是，"帝国主义列强侵入中国的目的，决不是要把封建的中国变成资本主义的中国。帝国主义列强的目的和这相反，它们是要把中国变成它们的半殖民地和殖民地。"② 所以资本主

---

① 《马克思恩格斯选集》第 1 卷，人民出版社 2012 版，第 172 页。
② 《毛泽东选集》第二卷，人民出版社 1991 年版，第 628 页。

义始终没有成为中国经济的主要形式。在中国社会经济生活中占据优势地位的，仍然是落后的封建主义经济。

帝国主义通过不断发动侵略战争，迫使清政府签订一系列丧权辱国的不平等条约，从而逐渐操纵了中国的内政外交，帝国主义侵略势力日益成为统治中国的决定性力量，是阻碍中国社会发展和进步的决定性因素，所以，"帝国主义是中国人民的第一个和最凶恶的敌人"[1]，是近代中国一切灾难和祸害的总根源。20 世纪以后，帝国主义对中国的控制进一步加强，使中国半殖民地化程度进一步加深，中华民族面临着亡国灭种的危机，救亡图存的斗争成为中国人民的头等大事，反对帝国主义，追求民族解放和独立成为中国新民主主义革命的中心内容，与此相对应，先进的中国人追求建立的新民主主义社会也具有鲜明的反对帝国主义的性质。

中国的封建地主统治阶级在和帝国主义的较量中败下阵来，为了维持既得的政治经济利益，他们日渐屈服于帝国主义侵略势力，成为帝国主义的在华代理人。他们和帝国主义侵略势力狼狈为奸，互相勾结，大量出卖民族利益，共同统治和奴役中国人民，是近代中国最反动、最腐朽的力量，成为帝国主义统治和奴役中国人民的社会基础。落后的封建地主经济同买办资本和高利贷资本的剥削结合在一起，保持着顽强的生命力，成为近代中国最主要的经济形式，阻碍着中国近代化的步伐，所以封建阶级的统治成为中国社会进步和发展的巨大障碍，因此，反对封建主义的专制统治，争取民主自由是中国新民主主义革命的重要内容，与此相对应，先进的中国人追求建立的新民主主义社会也具有鲜明的反对封建主义的性质。

国民党确立了在中国的统治以后，我国半殖民地半封建的社会性质并没有改变。相反，"以蒋介石为首的国民党政府对外依附于帝国主义，对内代表大地主、大资产阶级的利益。"[2]沦落为帝国主义在中国的新的代理人，不仅封建压迫继续存在，半殖民地化程度进一步加深，而且在买办资产阶级的基础上逐渐形成了以蒋宋孔陈四大家族为代表的庞大的官僚资产阶级，在中

---

①　《毛泽东选集》第二卷，人民出版社 1991 年版，第 633 页。

②　宋士昌：《科学社会主义通论》第 3 卷，人民出版社 2004 年版，第 306 页。

国形成了官僚资本主义。官僚资本主义是国家权力和私人财产制度相结合，以追求超过自身创造能力之外的财富为目的的一种资本主义形态，它不是在正常的生产发展基础上形成的，而是官僚资产阶级利用超经济特权，通过掠夺广大劳动人民和兼并民族工商业发展起来的，它的集权性、垄断性、暴利性、买办性、封建性和落后性等特点，使它不但不能成为社会经济发展的动力，而且成为社会经济发展的严重障碍，是中国人民积贫积弱的根源之一。所以，反对官僚资本主义，"没收官僚资本归人民的国家所有，是新民主主义革命的任务之一。"① 与此相对应，先进的中国人追求建立的新民主主义社会也具有鲜明的反对官僚资本主义的性质。

帝国主义、封建主义和官僚资本主义是结合在一起的，他们交织成为一个利益共同体，为了维护他们的反动统治，他们联合起来了，共同镇压中国人民的反抗。它们是压在中国人民头上的"三座大山"，给中华民族带来了深重灾难。只有推翻这"三座大山"，才能改变旧中国半殖民地半封建的社会性质，进入新的新民主主义社会，并为进入更高级的社会主义社会奠定基础。

半殖民地半封建社会的国情——帝国主义、封建主义和官僚资本主义勾结在一起共同奴役中国人民，是新民主主义革命发生发展的时代背景，也是新民主主义革命理论的孪生物——新民主主义社会理论发生发展的时代背景，新民主主义社会理论就是在新民主主义革命的过程中，在中国人民追求建立美好社会的过程中，逐渐形成和发展起来的。

二、阶级基础：几个革命阶级的统一战线

在"三座大山"的重压下，中华民族处于水深火热的深重灾难之中时，在救亡图存、追求民族解放和国家富强成为 20 世纪上半叶中国人民头等大事的时候，进步的社会各阶级走到一起，结成革命统一战线，是新民主主义革命理论赖以产生的阶级基础，也是新民主主义社会理论赖以产生的阶级基

---

① 罗平汉：《中国共产党执政历程》第 2 卷（1949—1976），人民出版社 2011 年版，第 104 页。

础，同时也是新民主主义社会理论中无产阶级领导的各革命阶级联合专政的政治架构的逻辑前提。

顾名思义，社会理论是研究社会的，而社会是由人组成的，社会的人依据经济政治地位的不同又分为几个阶级。在社会的阶级中，总有一个或几个阶级在社会中占据主导地位，决定着社会的性质和形态，这些阶级或阶级集团就构成社会的阶级基础。封建社会的阶级基础是地主阶级，资本主义社会的阶级基础是资产阶级，这些阶级在相应社会形态的建立中都发挥着积极的推动作用，在相应社会形态建立后，这些阶级又在其中居于主导和统治的地位，发挥着骨干和支撑作用，致力于它的巩固和维持。同样道理，新民主主义社会，作为一种社会形态，即便是过渡性质的过渡形态，也有自己的阶级基础。那么，这个社会的阶级基础是什么呢？或者说哪个或哪些阶级催生了这个社会呢？我们知道，新民主主义社会脱胎于半殖民地半封建社会，这个社会既具有传统封建社会的特征，又由于帝国主义的巨大影响而具有资本主义的因素，这就使得它的阶级构成不像封建社会和资本主义社会那样简单明了，整个社会划分为两大对立的阶级。半封建的性质使它延续了地主阶级和农民阶级的存在，半殖民地的性质使它产生了新的资产阶级和无产阶级，由于中国国情的特殊性和复杂性，资产阶级又分为一定程度上对立的大资产阶级和民族资产阶级，另外还有具有明显中国特征的城市小资产阶级，在每一个阶级中，还分化为若干阶层，等等。

半殖民地半封建中国阶级构成的多样性和复杂性，以及它们之间错综复杂的关系，使得任何一个阶级都不能统治中国而必然结成阶级联盟——正义的联盟或反动的联盟。若干阶级结成联盟才能扩大势力，借以实现对整个国家和社会的有效统治，在中国，就是由地主阶级、大资产阶级、外国资产阶级结成反动的联盟才得以实现对中国的统治的，它们联合起来对其他阶级实行剥削和压迫，借以实现自己的利益，它们是这个社会的阶级基础。这个统治阶级联盟的性质也决定了近代中国社会的半殖民地半封建的性质。

和其他阶级社会一样，半殖民地半封建的中国也存在着严重的阶级对立和阶级斗争。这个社会上的被压迫阶级，如无产阶级、农民阶级、城市小资产阶级等，对社会现实强烈不满，无时无刻不在为改变自己的社会地位而采取各种各样的方式进行斗争，包括自发的和自觉的各种斗争，并憧憬建立符合自己利益和要求的新的社会形式。由于和上述同样的原因，在这些被压迫阶级中，没有任何一个阶级能独立完成推翻旧社会，建立新社会的历史任务，社会地位相同或相似的这些阶级就结成阶级联盟，借以实现对统治阶级的有效斗争并最终推翻之。联盟，从褒义的意义上说，亦谓之统一战线，它是以阶级联合为主体的同时吸纳有共同利益和追求的一定群体的斗争集团。

综上所述，以统一战线为表现形式的无产阶级、农民阶级、城市小资产阶级的联盟，便构成了新民主主义社会的阶级基础。在半殖民地半封建社会，它们为实现新民主主义社会而斗争，建立了新民主主义社会以后，它们又为巩固这个社会而斗争。在它们的斗争过程中，需要有科学理论的指导，才能引导斗争走向胜利。这个科学理论，就是关于无产阶级和全人类解放的学说——马克思主义，或者更确切地说，就是马克思主义关于在中国建立新民主主义社会的科学理论——新民主主义社会理论。马克思主义认为，任何一种社会科学理论都有其阶级基础，即都有一定的为之服务的阶级前提和阶级对象，新民主主义社会理论的阶级基础是什么呢？前已述及，新民主主义社会的阶级基础是几个革命阶级的统一战线，所以，谋求建立这个社会的、代表这个革命统一战线利益的科学理论——新民主主义社会理论——的阶级基础，自然也是几个革命阶级的统一战线。在不同的历史时期，这个革命统一战线的范围会有所变化，但是，始终不变的是这个统一战线的主体部分，即无产阶级、农民阶级和城市小资产阶级，这三个阶级便是新民主主义社会理论的阶级基础。也就是说，无产阶级、农民阶级、城市小资产阶级在中国社会的存在和发展，是新民主主义社会理论产生的阶级条件，新民主主义社会理论始终是为这三个阶级服务的。至于民族资产阶级，由于不具有稳定性，不构成这个理论的阶级基础。

在这三个基本阶级中，它们的地位是不同的，无产阶级在这个联盟中居于领导地位。由于无产阶级革命性、纪律性最强，具有其他阶级所不具备的优点，使它成为新民主主义革命的发起者和领导者，也是新民主主义社会建设的发起者和领导者。无产阶级领导地位的确立，不但是其自身力量壮大和政治上成熟的结果，也是历史实践检验的结果，在中国近代史上，农民阶级和资产阶级都曾领导过中国革命，但都归于失败，实践证明它们的社会改造方案行不通，无产阶级是历史地接过领导中国革命的重任的。

农民阶级资格最老，它是随着中国封建社会的建立与地主阶级一起形成的，它在中国社会结构中所占比例最大，占了中国人口的 80% 以上，但是，由于这个阶级所固有的小生产者的狭隘性，不是新的生产力的代表，提不出先进的革命理论和社会改造方案，尽管它是中国社会的主体，也有强烈的革命要求，却无力承担领导中国革命的重任。那么，农民阶级的历史任务是，在无产阶级领导下，结成巩固的工农联盟，积极参加新民主主义革命并取得最后的胜利，建立新型的民主社会，改变自己被压迫受剥削的命运。

和其他阶级相比，城市小资产阶级是个成分十分庞杂的阶级，他们既是小私有者，又是小生产者，自食其力是其典型特征，一部分人也有一定的轻微剥削。作为劳动者，在思想上倾向于无产阶级，作为私有者又倾向于资产阶级，常常在二者之间摇摆不定。和无产阶级、农民阶级一样，它们也受到帝国主义、封建主义和官僚资本主义的压迫，因此具有一定的革命性，一般不反对革命，这也是无产阶级能够与其结成统一战线的前提条件，但由于其革命的不坚定性，需要无产阶级加以团结和积极引导，才能结成可靠的同盟。

新民主主义社会理论的成长过程，就是中国各革命阶级成长成熟的过程，也是中国革命统一战线的形成和发展的过程。在中国共产党创立初期，曾提出依靠无产阶级一个阶级的力量实现革命任务，但是残酷的斗争现实使它很快认识到这仅仅是一种幻想。在共产国际和苏联的帮助和指导下，中国共产党认识到建立革命统一战线的必要性，并在实践中推动建立了以国共合作为基础的国民革命联合阵线，这是无产阶级、农民阶级、城市小资产阶级和民族资产阶级联合的革命统一战线。在国共两党的共同领导下，以国民革命联合阵线为基础，掀起了一场轰轰烈烈的国民大革命。这四个阶级的大联合，使国民革命具有空前广泛的群众基础，并取得了空前的胜利，沉重打击了帝国主义和封建主义。后来由于资产阶级右翼的叛变和中共党内右倾机会主义的错误，导致了革命的失败。国民革命成功的经验和失败的教训，都推动着中国共产党的理论建设不断进步，在这一时期，新民主主义社会理论开始酝酿。

国民革命失败后，中国共产党开创了独立领导中国革命的新时期，中国革命进入了工农民主统一战线时期。在这一时期，民族资产阶级暂时退出了革命阵营。这是因为，中共党内犯了关门主义错误，把民族资产阶级右翼的叛变视为整个民族资产阶级的叛变，从而把整个民族资产阶级都排除在革命阵营之外，并把其作为革命的对象加以斗争。尽管如此，由无产阶级、农民阶级和城市小资产阶级组成的工农民主统一战线开展的土地革命斗争和苏维埃政权建设还是取得了巨大成就。

为了适应抗日战争的新形势，中国共产党及时调整了阶级政策和统一战线的方针，积极推动了抗日民族统一战线的建立，这是一个"包括工人、农民、城市小资产阶级、民族资产阶级、开明绅士、其他爱国分子、少数民族和海外华侨在内"① 的最广泛的民族革命统一战线。抗日民族统一战线的建立，有力地支撑了抗日战争的进行，并经过艰苦卓绝的斗争，最后取得了伟大的胜利。这个统一战线内部又联合又斗争的复杂形势，推动了中国共产党的成熟，也推动了抗日民主根据地建设的实践和理论的成熟。

解放战争时期，随着时局的变化，革命统一战线又发生了新的分化组合。"为了实现新民主主义革命的任务，中国共产党创造并坚持了无产阶级与农民阶级、小资产阶级、民族资产阶级的统一战线，为革命取得胜利提供了重要保证。"② 地主阶级、大资产阶级则成为革命的对象。以这四个阶级的联合为基础，在中国共产党的领导下，取得了解放战争的伟大胜利，新民主主义的政权建设和社会建设的实践和理论进一步深入发展，为新中国的建立做了充分的准备。

三、革命保证：不断取得胜利的新民主主义革命

从一般意义上说，社会是革命的产物，有什么样的革命就会创造什么样的社会，有什么样的革命行动就会产生什么样的社会理想。新民主主义社会

---

① 《毛泽东选集》第四卷，人民出版社 1991 年版，第 1213 页。

② 《江泽民文选》第二卷，人民出版社 2006 年版，第 410 页。

理论的逻辑演进历程，是与中国新民主主义革命的历史紧密相连的，没有新民主主义革命的发生，就不可能产生新民主主义社会理论。新民主主义革命每前进一步，新民主主义社会理论就向前推进一步，随着革命进程的不断推进，新民主主义社会理论也日臻成熟。没有新民主主义革命的胜利，就没有新民主主义社会理论的科学体系，所以不断取得胜利的新民主主义革命是新民主主义社会理论发生发展的革命保证。

1919年爆发的五四运动成为新民主主义革命的开端，1921年7月中国共产党宣告正式成立，新民主主义革命从此有了无产阶级政党的领导。1924年国民党一大后，国共两党实现合作，在两党的共同领导下，国民革命如火如荼，取得了北伐战争的伟大胜利，基本推翻了北洋军阀的反动统治，追求建立反帝反封建的中华共和国的革命胜利在望。但是国民党右派对工农运动的蓬勃发展极端恐惧，接连发动"四一二"反革命政变和"七一五"反革命政变，背叛了革命，加之中国共产党中央犯了右倾机会主义错误，对国民党右派的疯狂进攻步步退让，没有采取必要的补救措施，导致了国民大革命失败。在这一时期，与不成熟的革命政党与革命实践相联系，新民主主义社会理论处于早期酝酿阶段。

南昌起义打响了中国共产党武装反抗国民党反动统治的第一枪，在领导人民群众开展土地革命战争的过程中，以毛泽东为代表的中国共产党人开辟了"农村包围城市，武装夺取政权"的中国革命新道路，创建了大大小小几十块农村革命根据地，成立了中华苏维埃共和国中央人民政府，并成功粉碎了国民党军队的数次"围剿"。六届四中全会以后，"形成了在党中央统治长达四年之久、给党和革命造成巨大损失的第三次'左'倾冒险主义错误。"[①]中央红军第五次反"围剿"失败后，被迫进行长征。经过艰苦卓绝的斗争，胜利到达陕北，找到了中国革命的新的战略阵地。土地革命战争后期，日本帝国主义加紧了对中国的侵略，再一次加剧了中国的民族危机，国内的阶级关系发生了重要变化，中国共产党适时地提出了抗日民族统一战线的政策，为推动建立国共两党的第二次合作、共同抗击日本侵略者做出了巨大努力，

---

① 《毛泽东著作选读》上册，人民出版社1986年版，第442页。

1936 年西安事变和平解决后，国共两党第二次合作初步形成。在这一时期，中国共产党在领导苏维埃政权建设的实践基础上，对社会建设理论进行了积极探索，新民主主义社会理论逐渐孕育，并在土地革命战争后期初具雏形。

以七七事变为标志，中国人民进入了艰苦卓绝的八年全面抗日战争时期，这场战争是以国共两党合作为基础，有社会各阶级、各族人民、各党派、各阶层爱国人士和海外侨胞广泛参加的全民族抗战，是世界反法西斯战争的重要组成部分。在战略防御阶段，国民党表现出一定的抗日积极性，由国民党军队担负的正面战场是抗击日军的主战场，在广大爱国官兵的英勇抗击下，粉碎了日本三个月灭亡中国的企图。但是由于国力悬殊，敌强我弱，战局异常不利，大片国土沦丧。中国共产党提出了一条全面抗战路线，共产党领导的八路军、新四军深入敌后，发动和依靠广大人民群众，开辟了敌后战场，有力地配合了正面战场的作战。1938 年 10 月，抗日战争进入战略相持阶段后，日本帝国主义调整了侵华方针，逐渐将其主要兵力用于打击共产党领导的八路军和新四军，对敌后抗日根据地接连发动残酷的大扫荡，根据地军民在异常艰苦的条件下奋力抗击日本侵略者，敌后战场逐渐成为抗日战争的主要战场。面对共产党领导的人民革命力量日益壮大，国民党蒋介石集团的反共倾向也日益增长，先后掀起了三次反共高潮。中国共产党坚持"发展进步势力，争取中间势力，孤立顽固势力"的方针，粉碎了国民党的反共高潮，巩固和发展了抗日根据地。到了 1944 年，共产党领导的敌后军民发起局部反攻，与此同时，国民党正面战场却出现了大溃败的局面。1945 年上半年，八路军、新四军向日军发动大规模攻势，巩固和扩大了解放区，打通了许多解放区之间的联系，全面反攻的条件日趋成熟。在世界反法西斯同盟的重大打击下，8 月 15 日，日本宣布无条件投降，抗日战争胜利结束，这是一百多年来中国人民反对外敌入侵第一次取得完全胜利的民族解放战争。在这一时期，中国共产党"从政治、经济、文化等方面建立起完全不同于殖民地的沦陷区和半殖民地半封建的国民党统治区的新民主主义社会，将土地革命战争时期建立新民主主义社会的尝试变成现实，"① 从而在社会建设

---

① 李金铮：《近代中国乡村社会经济探微》，人民出版社 2004 版，第 587 页。

和政权建设理论的探索上取得重大进展，新民主主义社会理论正式形成，并在抗日战争后期臻于成熟。

抗日战争的胜利，并没有给饱经战乱的中国人民带来和平民主。国民党统治集团表面上与中国共产党进行和谈，背地里却积极准备进行内战，1946年6月底，国民党反动派悍然撕毁停战协定和政协决议，发动了对解放区的全面进攻。解放区军民在中国共产党的领导下，英勇地进行自卫，开始了伟大的人民解放战争。中国共产党放手发动群众，调动一切积极因素，建立广泛的人民民主统一战线，和国民党反动派展开了生死较量。人民解放军采取集中优势兵力，各个歼灭敌人，以歼灭敌人有生力量为主要目标的军事方针，先后粉碎了国民党的全面进攻和重点进攻。同时，在中国共产党的领导下，国统区人民反饥饿、反内战、反迫害的民主爱国运动也逐步高涨，形成了反对国民党反动统治的第二条战线，使蒋介石集团处于全国人民的包围之中。从1947年7月起，人民解放军由战略防御转入战略进攻，以主力打到外线去，将战争引向国民党统治区，在外线大量歼敌。从1948年9月至1949年1月，人民解放军和国民党军队展开了战略决战，先后进行了辽沈、淮海、平津三大战役，基本歼灭了国民党军队主力，至此胜局已定。为早日结束战争，中国共产党和国民党政府举行和平谈判，但是国民党政府拒绝在和平协定上签字，暴露了其真内战假和平的面目。人民解放军遂发起渡江战役，一举摧毁了国民党苦心经营的"长江防线"，4月23日占领南京，宣告了延续22年之久的国民党反动统治的覆灭。随后，人民解放军继续向中南、西北、西南各省胜利进军，到9月底，全国大陆大部分地区获得解放，1949年10月1日，中华人民共和国宣告成立。至此，中国人民在共产党的领导下从根本上推翻了帝国主义、封建主义和官僚资本主义在中国的反动统治，取得了新民主主义革命的伟大胜利。在这一时期，随着土地改革运动的成功开展和解放区建设经验的积累，新民主主义社会理论得到进一步展开和深入发展。

在中国共产党的领导下，中国的新民主主义革命经历了一个曲折而不断取得胜利的过程，每一个革命阶段都追求自己理想的社会状态，在国民革命时期，追求建立反帝反封建的中华共和国，在土地革命时期，憧憬实现工农阶级专政的苏维埃共和国，在抗日战争时期，以阶级大联合为基础的民主共和国是人们奋斗的目标，解放战争的胜利，使得人民民主专政的共和国成为现实。在不同的历史阶段，中国人民革命追求的国家政权形式虽然不同，但都属于新民主主义社会的范畴，都是新民主主义社会理论在不同历史时期的主要表现形式。

综上所述，新民主主义社会理论的发生、发展，与中国特定的社会历史条件息息相关，半殖民地半封建社会的历史怪胎是新民主主义社会理论形成的时代背景，中国革命统一战线的形成和发展是新民主主义社会理论形成的阶级基础，不断取得胜利的新民主主义革命则是新民主主义社会理论形成的革命保证。这些社会历史条件有机地结合在一起，形成中国那个特定年代的特定的历史合力，构成新民主主义社会理论的必备前提，共同催生了新民主主义社会理论。

第三节　新民主主义社会理论形成的实践条件 ①

中国革命是在新民主主义革命理论的指导下取得胜利的。中国共产党人在革命过程中，总要对革命胜利后的社会进行制度设计，绘制自己的社会蓝图。非但如此，还要在自己控制的区域和影响所及之处进行实践尝试和先期探索，他们的成功经验和失败教训都是宝贵的财富。因为共产党人坚信这样一个真理，正确的认识总是来源于实践，并接受实践的检验，从实践到认识，再从认识回到实践，如此往复以至无穷，实践的发展推动着理论的发展。这就要求我们，开展科学研究不能只在观念和理论的框框里兜圈子，要从这种思想观念产生的那个时代的社会实践中，去观察和阐释这个思想观念的发生和发展。所以，在新民主主义社会理论研究中，透析那段新民主主义革命的历史，找出新民主主义社会理论背后的物质原因，是开展新民主主义社会理论系统性研究不可或缺的前卫性研究之一。

---

① 本节发表于《理论学刊》2016 年第 6 期，略有增删。

新民主主义社会就是在新民主主义社会理论的指导下建立起来的具有中国特色的新型社会形态，新民主主义社会逐步建立的过程，就是中国共产党对中国革命和中国社会的认识不断加深，从而不断完善新民主主义社会理论并加以实践的过程。新民主主义社会理论的产生、形成和发展，与科学的马克思主义的指导密不可分，同时，也与中国共产党在新民主主义革命时期社会建设和政权建设的伟大实践密不可分。所以中国共产党很重视根据地和解放区的政权建设和社会建设，这不仅是战争胜利的后勤保障，也是治国理政的实际演练，所以他们在夺取全国政权之前，已经积累了十分宝贵和丰富的治国理政经验——这和俄国布尔什维克十月革命胜利后面临的情况截然不同。更为可贵的是，以毛泽东为代表的中国共产党人善于把它上升到理论的高度，这就是新民主主义社会理论。与新民主主义革命的不同阶段相对应，中国共产党对治国理政的摸索和践行大致可以分为以下几个时期。

一、中国共产党大革命时期领导工农运动和参加国民政府的早期尝试

中国共产党对治国理政的尝试最早可以追溯到大革命时期。在共产国际和苏联政府的帮助下，国共两党实行合作，开展了轰轰烈烈的国民大革命，无产阶级的先进代表中国共产党开始在中国的政治舞台上发挥出应有的威力。

大革命时期，中国共产党集中精力开展工人运动和农民运动，建立了很多工农组织，某些工农组织发挥了局部政权的职能，在一定程度上具有临时政权的色彩，这些工农组织可以视为中国共产党人接触政权建设、摸索治国理政经验的先河。

中国共产党在领导工人运动的过程中，非常重视工人组织的建设，一大后即成立了领导工人运动的总机关中国劳动组合书记部。1922年5月，中国共产党在广州领导召开了第一次全国劳动大会，有力地指导了工人运动的开展。国民革命期间，各地纷纷建立了各级工会组织，1925年5月，中华全国总工会宣布成立，推动了工人运动的进一步发展。中共中央和上海党组织领导了震惊中外的反对帝国主义的五卅运动，在各级工会的领导下，工人

运动蓬勃发展，一定程度上打击了资本家的残酷剥削，有力地维护了工人阶级的利益。特别是随着北伐战争的胜利推进，工人运动在湘鄂赣地区得到更大规模的发展，至 1926 年 12 月，全国工会会员由北伐前的 100 万人增加到近 200 万人，大革命高潮时期高达 280 余万人。在中国共产党的领导下，武汉、长沙等地的工会组织了大规模的罢工，提出了增加工资、减少工时、废除包身工制等合理要求。这些斗争大多都取得了胜利，并有力配合了北伐战争的进军。有些工会还建立了自卫和治安性质的武装——工人纠察队，保卫着各级工会的正常运行和工人群众的生命财产安全。有些工会组织一定程度上执行了革命政权机关的某些职能，比如香港罢工委员会等。1927 年 1 月武汉、九江工人和市民在党的领导下夺回了英租界，迫使英帝国主义与武汉国民政府签署协定，将租界正式交还中国，这是中国人民反帝斗争史上的一次重大胜利。1926 年 10 月至 1927 年 3 月，在北伐胜利进军的配合下，中国共产党领导上海工人阶级先后进行了三次武装起义，并取得了第三次武装起义的胜利。工人阶级的斗争由罢工发展到武装起义，标志着大革命时期工人运动发展的顶峰。上海工人阶级在第三次武装起义胜利后成立了统一战线性质的上海市民代表大会、上海市民政府，这是在党的领导下最早由民众在大城市建立的革命民主政权，为党积累了初步的执政经验。

与轰轰烈烈的工人运动相得益彰的是雨后春笋般的农民运动。在中国共产党的领导下，农民运动在革命势力所及地区轰轰烈烈地开展起来，为了适应农民运动迅速发展的需要，澎湃、毛泽东等人在广州、武汉等地开办了数期农民运动讲习所，为开展农民运动培养了大批骨干力量。农民运动斗争的矛头直指土豪劣绅、贪官污吏和封建宗法制度，斗争中农民们建立了自己的组织——农民协会。在国民革命影响较大的地区，普遍成立了村、乡、区、县各级农民协会，1927 年 3 月，在党的领导下成立了中华全国农民协会。据统计，1927 年 1 月，在农民运动的中心地区湖南，农民协会会员达 200 万人，全国农民协会会员将近 1000 万人。在"一切权力归农会"的口号下，在一些地主政权被摧毁的地区，农民协会就成了乡村唯一的权力机关。农民协会颁布了一些具有法律意义的"训令"、"布告"等，他们销毁债券，废除债务，开展减租减息运动。在一些地区还建立了自己的武装——农民自卫军、农民梭镖队等，他们摧毁地主反动武装，打垮地主基层政权，在某些地方还分配了地主的土地，这些都带有明显的政权工作性质。诚如中共中央在1927年7月的一份通告称："农民协会已经不是一种职业组织"，"农民协会在现时就是乡村中的贫苦农民和其他小资产阶级的革命的政治联盟、农民政权。这是农村政权的一个正确形式"①。农民协会和农民武装的建立，推动了农民运动的进一步发展，保卫了农民运动的胜利果实。农民的革命运动有力地冲击了农村地主阶级的封建统治秩序，动摇了几千年来封建地主阶级的统治根基。农民运动为中国共产党在大革命失败后领导开展土地革命奠定了深厚的群众基础。

中国共产党在大革命时期并没有创建自己的革命根据地，但是参加了广州、武汉国民政府。1925年底，第二次东征后，广东国民政府任命共产党员周恩来为广东东江各属行政委员，负责惠州等地25个县的行政工作。周恩来主政东江期间，在中共潮汕地区党组织的配合下，为治理东江做了很多工作，如解散旧议会，实行各界人民代表会议制度；积极发动群众，保护和促进工农运动；废除苛捐杂税；解散地方民团、肃清军阀余孽等，这些开创性的工作为东江革命根据地的巩固做出了重要贡献。国民政府迁都武汉后，一些共产党员在各级国民政府中担任了重要职务，比如苏兆征担任了武汉国民政府劳工部部长的职务、谭平山担任了武汉国民政府农政部部长的职务、董必武参加了湖北省政府的领导工作，林祖涵、李富春参加了江西省政治委员会，等等。在湖南的一些县，县农会、县工会及其他革命团体的代表参加了县务会议或公法团联席会议，实际上形成了群众团体联合掌握政权的局面。在江西，共产党员则担任了几个县的县长。一些共产党员在参加国民政府工作的实践中，得到了实际锻炼，为以后的革命根据地政权建设准备了干部和人才，积累了一定的经验。

但是，大革命时期的中国共产党对于参加政权的重要性认识不足，中共中央曾发出党内指示，提出"要'严厉取缔党中机会主义做官热的倾向'，

---

① 《第一、二次国内革命战争时期土地斗争史料选编》，人民出版社1981年版，第151页。

限令担任九江、永修等县县长的共产党员立即辞职；并强调'此后我们的人力务全用在民众方面，万勿参加政府工作'"①，这在一定程度上对国民革命的深入发展造成负面影响。

中国共产党在国民政府中发挥着重要作用，但是这一政权的领导权并不掌握在无产阶级手中，其性质是"无产阶级在不同程度上参加了的，小资产阶级、资产阶级以及一部分地主阶级联合的，带有不同程度的新民主主义色彩的专政。"② 在这样一个阶级成分复杂、政治观点各异的大杂烩式的政权组织中，无产阶级要想实现自己的政治目标和历史使命，其难度可想而知。当风起云涌的工农革命运动触及到反动阶级利益的时候，反动阶级背叛革命、拿起屠刀向无产阶级和中国共产党大开杀戒已经成为不可避免的事情。由于中国共产党的幼稚、弱小，更由于中国共产党思想上、政治上、组织上的不成熟，犯了右倾机会主义错误，轰轰烈烈的国民大革命失败了，中国共产党被迫走上了武装反抗国民党反动派，独立自主地开展土地革命的道路。但是，中国共产党领导的带有某种政权色彩的工人协会、农民协会的斗争，以及中国共产党人参加国民政府各级政权工作的实践，开了中国共产党治国理政工作之先河，为探索建立新民主主义社会、领导新民主主义国家积累了最初的经验，是一笔不可多得的宝贵财富。

二、中国共产党苏维埃革命根据地建设的可贵探索

土地革命战争时期，中国共产党开创了农村包围城市、武装夺取政权的革命新道路，建立了大小几十块革命根据地。中国共产党吸取了国民革命失败的教训，非常重视革命根据地的政权建设，1927 年 11 月，成立了湘赣边第一个红色政权——茶陵县工农兵政府，随着井冈山革命根据地的巩固和扩大，湘赣边陆续建立了各级政权，1928 年 5 月，湘赣边统一的工农兵苏维埃政府成立，成为中国共产党领导的第一个省级政府。在井冈山革命根据地

---

① 张启华：《中国共产党思想理论发展史》上卷，人民出版社 2011 年版，第 33 页。

② 《关于废除伪法统》，《人民日报》1949 年 2 月 16 日，转引自王东：《共和国不会忘记：新民主主义社会的历史和启示》，东方出版中心 2011 年版，第 49 页。

的带动下，1930 年前后，各根据地相继召开工农兵代表大会，成立工农民主政府（又称苏维埃政府），各级政权的建立有力地保障了革命战争的进行。革命形势的发展要求建立全国统一的政权，1931 年 11 月，中华苏维埃第一次全国代表大会在瑞金召开，宣布成立中华苏维埃共和国，颁布了《中华苏维埃共和国宪法大纲》、《土地法》、《劳动法》等重要法律，选举产生了中央执行委员会，中央执行委员会下设行政机关——人民委员会，组成了中央革命军事委员会，毛泽东担任中华苏维埃共和国临时中央政府主席。

中华苏维埃共和国是仿照苏联的苏维埃国家形式建立的工人阶级、农民阶级、城市小资产阶级的工农民主专政的政权，对人民实行广泛的民主："所有工人、农民、红军兵士及一切劳苦民众都有权选派代表掌握政权的管理"①，它实行工农兵代表大会制度的民主集中制原则和县级以下直接选举和县级以上间接选举相结合的民主选举制度，实行议行合一的原则和中央高度集权的管理体制，保证了政府机构的有效运转和办事效率。中华苏维埃政府制定了文教、财经、劳动、婚姻等方面的法律和政策，保障了工农群众的民主权利。特别是苏维埃政权执行了一条正确的土地革命路线，没收地主阶级的土地，分给无地和少地的农民所有，实现了农村生产关系的根本性变革，荡涤了封建主义的余孽，极大地解放了农村的生产力。各级苏维埃政府成立后，积极发动群众，发展生产，改善人民生活，支援革命战争。苏维埃政府引导农民结成互助组，耕田队提高农业生产效率，组织农民开垦荒地，兴修水利，因地制宜发展手工业和近代工业，积极发展对外贸易，施行免费教育，创建各种高级专门学校等，这些政策和做法有力地保障了广大人民群众的权益，受到广大人民群众的热烈欢迎，也激发了他们参军参战，保卫根据地的积极性。苏维埃政府一系列的政策措施具有鲜明的反对封建主义的色彩，成为新民主主义社会政治、经济、文化体制的雏形，有些已和后来的新民主主义政策和做法非常相似。

中华苏维埃共和国是中国共产党独立领导政权建设的初步尝试，在各个

---

① 《中华苏维埃共和国宪法大纲》（1931 年 11 月 7 日），《建党以来重要文献选编》第 11 册，中央文献出版社 2011 年版，第 160 页。

方面还很不完善、很不健全。这个政权在险恶的战争环境下生存和发展，以保障革命战争的顺利进行为中心任务，带有明显的战时体制的特点，这就限制了政权社会职能的发挥，很多好的政策都未能真正贯彻下去。中国共产党没有丰富的社会治理经验，党政不分、以党代政的问题很突出，苏维埃政府的作用受到一定限制。加上中国共产党在这一时期还没有充分认识到马克思主义中国化的重要性，忽视了中国的实际情况，过多地采取苏联的经验做法，使得苏维埃政府很多工作并没有取得应有的成效。正如毛泽东所说："我们的工农民主共和国是一个国家。但是今天，还是一个不完全的国家。"①

尽管如此，中华苏维埃共和国的建立还是具有重大的历史意义的，它是中国共产党人独立自主地创建人民政权的开端，诚如毛泽东所说，它"开辟了人民政权的道路，因此也就学会了治国安民的艺术。……所有这些，都是党的重大进步和重大成功。"②它为以后抗日民主根据地和解放区的治理和建设，为新民主主义社会的建立从正反两方面提供了一定的经验和教训，新民主主义社会理论正是在这个实践的基础上逐渐孕育的。

三、中国共产党抗日民主根据地治理的伟大创造

抗日战争时期，中国共产党领导的抗日民主根据地虽然隶属于国民政府，但实行的却是与国民党统治区不同的新民主主义的制度。新民主主义社会理论的基本内容都是在抗日战争时期提出的，中共在抗日民主根据地的社会治理实践为新民主主义社会理论的最终形成做出了关键性贡献。

九一八事变后，中华民族和日本帝国主义的矛盾逐渐上升为主要矛盾，国内矛盾逐渐退居次要地位，国内阶级关系发生了新的变化，中国共产党的革命战略和策略也与时俱进，做了重大调整，相应地，关于社会建设和国家政权的理论也随之向前发展，提出了"民主共和国"的口号。毛泽东指出，民主共和国"包括无产阶级、农民、城市小资产阶级、资产阶级及一切国内

---

① 《毛泽东选集》第一卷，人民出版社 1991 年版，第 230 页。

② 《毛泽东选集》第二卷，人民出版社 1991 年版，第 611 页。

同意民族和民主革命的分子",是"这些阶级的民族和民主革命的联盟。"①

抗日战争开始后,中国共产党在敌后建立了抗日民主根据地,逐渐摸索出一套比较完整的建设新民主主义社会的政治、经济、文化政策并付诸实施,使抗日民主根据地成为政治民主、经济发展、文化进步的社会。"各抗日根据地建立的共产党领导的统一战线政权和实行的各项新民主主义政策,表明根据地已经开始改变了半殖民地半封建的社会性质,成为新民主主义社会。"②

中国共产党高度重视抗日民主根据地的政权建设,继陕甘宁边区之后,晋察冀、晋西北等敌后抗日根据地相继建立了省级政权,县、乡、村政权也得到进一步发展。各级政权的建立和发展,有力地保证了抗日斗争的进行,也有力地保证了抗日民主根据地政治、经济、文化的发展。抗日民主根据地的政权结构包括立法(参议会)、行政(政府)和司法(法院)机关。参议会是抗日民主根据地的民意代表机关和权力机关,设边区(省)、县两级,由人民选举产生,各级参议会选集产生各级政府,各级政府必须执行各级参议会的决议。在抗日民主政权中,最具代表性的就是陕甘宁边区政府。陕甘宁边区地处大后方,整个抗战期间很少受到战火波及,政局比较稳定,又是中共中央所在地,所以政权建设最为完善,是整个抗日民主根据地的试验区和光辉榜样,对其他根据地的政权建设起到了示范和推动作用。和土地革命战争时期的苏维埃政府有所不同的是,陕甘宁边区政府除了也带有一定的战时体制特点外,更多地具备了社会管理职能,正规政权的特征更加明显,突出表现就是加强法制建设,相继颁布了各种法令和条例,规范社会秩序,保障人权和民主自由权利。各根据地在陕甘宁边区的带动和帮助下,法制建设也取得一定的进展。

抗日民主政权最大的特点就是实行"三三制"原则,即在各级抗日民主政权的人员分配上,共产党员、非党进步分子、中间派及其他分子各占三分之一。实践证明,实行"三三制"原则,最广泛地团结了各抗日阶级、阶层、

---

① 《毛泽东选集》第一卷,人民出版社1991年版,第260页。

② 《中国共产党历史》上卷,中共党史出版社1991年版,第569页。

党派和团体，实现了最大限度地一致对外、抗击日本侵略者的目标。为了节省人力、物力、财力，减轻人民负担，中共中央接受党外人士李鼎铭的意见，实行精兵简政。通过精兵简政，克服了财政经济的严重困难，进一步密切了党和人民群众的联系。为了增强战斗力，巩固和扩大抗战的胜利果实，在党的领导下，在广大根据地开展了轰轰烈烈的拥政爱民、拥军优属运动，通过这项运动，进一步加强了党政军民之间的团结。

抗日根据地的经济建设是中国共产党领导抗日军民独立坚持长期敌后抗战的重要环节，对于改善人民生活，巩固抗日民主政权，从而有效地支援抗战，发挥着重要作用。根据地非常重视发展农业生产，实行了一些有利于农业发展的政策，如实行减租减息，这项政策是中国共产党在抗战时期处理土地问题、调节阶级关系和生产关系的基本政策，既改善了农民的生活，又照顾到地主、富农的利益，对于巩固和扩大抗日民族统一战线，巩固和发展抗日民主根据地发挥了极为重要的作用。根据地实行保护、鼓励私营工商业发展的做法，在协调阶级关系方面，实行劳资两利的政策，既保护工人权益，改善工人待遇，又照顾到资本家、雇主的合法利益。在金融方面，各根据地政府先后成立银行，发行货币，积极打击日钞、伪钞，打击日伪的巧取豪夺，逐步建立起统一的本币市场，对于消除混乱局面、活跃市场、稳定物价、保护和推进生产建设事业、改善人民生活、支持敌后抗战，都起了积极的作用。为了度过严重的财政经济困难，根据地军民积极响应党中央"自己动手、丰衣足食"的号召，掀起了轰轰烈烈的大生产运动，从毛泽东、朱德等党的高级领导人到广大人民群众，党政军学齐上阵，积极开展生产自救，"发展经济，保障供给"。大生产运动发扬了党的自力更生、艰苦奋斗的光荣传统，积累了经济建设的经验，培养了一批经济工作干部，更重要的是，大生产运动在保证物质生活方面，起到了决定性作用。

抗日民主根据地还大力发展文化教育事业。中共中央号召各级党组织、各级政府和部队大量吸收知识分子，以适应抗日战争的需要和促进根据地文化教育事业的发展。各抗日根据地克服困难，因陋就简，办起大批中小学，使根据地的国民教育事业的面貌发生了积极变化。此外，各根据地也很重视社会教育，举办各种夜校、冬学、识字班等，使根据地军民在思想文化上得到启蒙和提高。中国共产党创办了中国人民抗日军政大学及其他院校，为抗日战争培养了大批军政干部和技术人才，有力地支援了抗日战争。根据地非常重视新闻宣传事业，创办一批党报党刊宣传党的路线方针政策和抗日救国的方针，在全国产生了重要影响。

抗日民主根据地既是贯彻执行中国共产党新民主主义社会理论的先进阵地，又是检验和发展新民主主义社会理论的先进阵地。总的来看，中国共产党抗日战争时期的根据地建设实践，比起土地革命战争时期的根据地建设，经验更加丰富，政策更加完善，更加符合中国的实际，成效也更加明显，是中国共产党的伟大创造，对取得抗日战争的最后胜利起到了不可替代的作用。

四、中国共产党解放区执政的成功实践

解放战争时期，中国共产党领导解放区军民进行了卓有成效的社会建设和政权建设实践，积累了许多宝贵的经验，并在此基础上进行了大量的理论探索和理论创造，从而推动了新民主主义社会理论的进一步发展和成熟。新民主主义社会理论是中国共产党第一个比较完备的社会建设理论，正是在这一理论的指导下，中国共产党领导全国各族人民建立了全国性的新民主主义社会并进行了成功的新民主主义建设。

抗日战争胜利后，八路军、新四军根据中共中央指示，积极收复日、伪占领区，猛力扩大解放区。在日本投降到全面内战爆发的这段时间里，各解放区在中共中央和各级人民政权的领导下，围绕政权建设、财经工作和民兵建设，做了大量卓有成效的工作。在新解放区，在人民军队的帮助下，迅速建立了各级人民政权和工会、农会等群众团体，在一些老解放区，进一步加强基层政权建设，进行民主选举，健全领导机构，调整干部配备。为了适应战争需要，解放区各级人民政权贯彻执行中共中央发展经济、保障供给的财经工作方针，基本做到了既满足战争需求，又尽可能减轻人民负担。各解放区大力加强民兵工作，条件具备时均以县、区、乡、村为单位编成各级民兵组织，在不误农时的前提下担负起维护社会治安之任务。民兵组织成为执行

战争勤务的重要力量，并为人民军队训练了大批后备力量。总之，解放区建设工作的开展，使人民军队有了巩固的后方，获得了战胜国民党反动派的基本保证。

中共中央高度重视解放区的民族工作，根据马克思主义民族问题的学说，结合中国民族关系的实际，创造性地提出了民族区域自治的政策，这一政策首先在内蒙古地区得到贯彻实施。1947 年 5 月，内蒙古自治政府正式宣告成立，它是中国共产党领导的第一个少数民族自治政府，为各少数民族实行民族区域自治开创了先河，积累了经验。

实行土地制度改革，是加强解放区建设的中心问题。全面内战爆发后，各解放区党政组织根据中共中央《五四指示》的精神，广泛发动并依靠广大农民群众，通过没收、清算、征购、捐献等方式，进行了轰轰烈烈的土地改革运动，实现"耕者有其田"。针对部分地区土改工作不彻底以及工作中存在的偏差，诸如发动群众不充分、侵犯中农利益、干部多分地分好地影响干群关系等，中共中央及时领导了土改复查工作，巩固了土地改革的成果，基本解决了农民的土地问题。

解放战争转入战略进攻后，在总结以前土改工作经验的基础上，结合新的政治经济形势，1947 年 7 月至 9 月，中共中央工作委员会召开了全国土地会议，颁布了《中国土地法大纲》。它是抗战胜利后中国共产党公开颁布的第一个关于土地制度改革的纲领性文件，有力推动了新老解放区的土地改革运动，并在国统区产生了广泛而深刻的政治影响。全国土地会议后，在党的领导下，各解放区迅速开展了波澜壮阔的土地改革的群众运动。中共中央及时总结土改工作的经验，先后发出指示，要求对老解放区、半老解放区、新解放区的土改工作要区别对待，采取不同的策略，同时对土地法大纲的某些条文做了必要修正，使之更加符合实际。土改运动的深入开展，消灭了封建土地制度和旧的生产关系，极大改变了中国农村的社会结构，也极大加强了中国共产党和人民政府的影响力和凝聚力。亿万农民在政治上、经济上翻了身，并迸发出巨大的革命热情，他们踊跃参军参战，担负战争勤务，为夺取解放战争的最后胜利提供了源源不断的人力物力支持。针对土改运动中出现的一些"左"倾偏向，中共中央高度重视，加强调查研究，及时采取措施加以纠正，基本保证了运动的正常健康发展。

随着解放战争的顺利推进，解放军占领了越来越多的城市，接管城市就成了一项摆在中国共产党面前的严峻考验。为了适应工作重心由农村向城市转变的新形势，中国共产党加强调查研究，制定了正确的城市政策，强调要执行保护工商业政策，加强对城市的保护工作，以充分发挥城市发展生产支援战争以及繁荣经济的重要作用。中共中央及时总结了管理城市的工作经验，并向全国推广，对于纠正城市工作中存在的一些问题，更好地管理城市，维持城市稳定发挥了巨大作用。党的城市政策显示出巨大的威力，较好地解决了工业生产、市场稳定、人民生活、工人斗争等问题，得到城市各阶层人民的热烈拥护，也有力配合了全国解放战争的胜利进行，并为全国解放后管理大城市积累了丰富经验。

随着解放区面积的不断扩大，各地区陆续建立了各级人民民主政权。在党的正确领导下，各类草创的政权形式逐步朝着正规化方向发展，相继组建了大的地区性人民政府，如东北人民政府、华北人民政府、中原人民政府等，但是还没有建立全国性的政权。在政权建设的过程中，中国共产党逐渐摸索出适合中国国情的人民代表大会制度，在条件尚不具备时，首先召开各界代表会议、人民代表会议或临时人民代表大会。此外，中共中央还抓紧开展统一财政经济的工作，在这方面，华北解放区走在了前列，华北人民政府成立后，即成立华北财经委员会，经过大量艰苦细致的工作，华北解放区的财政经济逐渐走向统一，并带动其他解放区开展了统一财政经济的工作。在中共中央领导下，华北财经委员会筹备建立了统一的中国人民银行，并发行人民币，以统一各解放区的货币，并作为新中国的本位币。各级人民政府广泛发动群众，收兑和肃清了国民党政权发行的货币，使人民币逐渐占领了货币市场。随着三大战役的胜利，国民党败局已定，组建全国统一的中央人民政府的条件臻于成熟。中国共产党充分发挥人民民主统一战线的作用，1949年9月，在北京领导召开了由各民主党派、无党派民主爱国人士参加的中国人民政治协商会议，会议通过了起临时宪法作用的《共同纲领》，10月1日，中华人民共和国宣告成立，标志着新民主主义革命取得最后胜利，我国进入了新民主主义社会。

　　综上，中国共产党在新民主主义革命时期领导工农运动和参加国民政府的早期尝试、对苏维埃革命根据地建设的可贵探索、对抗日民主根据地治理的伟大创造、在解放区执政的成功实践是新民主主义社会理论得以产生、形成和发展不可或缺的实践条件，使之最终形成科学的理论体系。

第三章　新民主主义社会理论发展简史（上）

新民主主义社会理论发展史研究属于马克思主义发展史之专题史研究的范畴，是新民主主义社会理论研究不可或缺的重要内容。新民主主义社会理论发展史，就是新民主主义社会理论的逻辑演进历程和历史发展脉络，它是紧跟着或伴随着新民主主义革命理论成长起来的。新民主主义社会理论发展史，是一部马克思主义中国化的历史，是一部中国共产党的理论创新史，也是一部关于社会前途和国家命运的思想论战史，新民主主义社会理论就是这样在中国共产党的不懈探索和创新中不断发展起来的。从理论体系建构的逻辑进程来看，新民主主义社会理论经历了国民革命时期的早期酝酿、土地革命战争时期的逐渐孕育、抗日战争前期的正式形成和抗日战争后期的臻于成熟等几个阶段。本书拟就此进行简要论述。

第一节　新民主主义社会理论的早期酝酿

一、中国共产党对未来社会的初步设想

第一次世界大战后，帝国主义国家重新加紧了对中国的侵略，国内各派军阀之间的矛盾和斗争更加激烈，中国人民依旧生活在水深火热和黑暗之中，中国的出路问题成为当时迫切需要解决的重大现实问题，各种社会力量纷纷提出了自己的救国方案。早在中国共产党成立之前，上海的共产党早期组织就起草了《中国共产党宣言》，号召无产阶级团结起来，开展阶级斗争，

"用强力打倒资本家的国家"，消灭私有制，实行生产资料公有，废除旧的国家机关；宣言还提出要成立共产党来领导无产阶级夺取政权，建立无产阶级专政，"用革命的办法造出许多共产主义的建设法"①，实现共产主义社会。这是中国的共产主义者第一次比较系统地表达自己的社会理想。1921年7月，中国共产党正式成立，在中共一大的党纲中规定：无产阶级应该立即进行社会主义革命，消灭资本家私有制，"推翻资本家阶级的政权"，"建立无产阶级专政"，"承认苏维埃管理制度，把工农劳动者和士兵组织起来"②，在中国建立俄国式的社会主义社会，最终实现共产主义的社会理想，这是中国共产党对未来社会的最早设想。这说明中国共产党从建党伊始就旗帜鲜明地把实现社会主义、共产主义作为自己的奋斗目标。

年轻的中国共产党一经成立，就积极参加实际斗争，探索救国救民的方案。1922年7月，中共二大召开，党的二大明确了中国半殖民地半封建的社会性质，弄清了中国最大的国情，从而为中国共产党提出自己的革命理论和社会理论奠定了前提。中国共产党在正确认识中国国情的基础上，提出了反帝反封建的民主革命纲领："消除内乱，打倒军阀，建设国内和平"，"推翻国际帝国主义的压迫，达到中华民族完全独立"③。这就改变了一大关于进行无产阶级社会主义革命的观点，是一个巨大的进步。二大宣言提出要在推翻帝国主义和封建主义的基础上，"统一中国本部（东三省在内）为真正的民主共和国。"④这是中国共产党在目前阶段的奋斗目标。宣言同时又坚持了一大制定的最终奋斗目标，指出，中国共产党要"组织无产阶级，用阶级斗争的手段，建立劳农专政的政治，铲除私有财产制度，渐次达到一个共产主义的社会。"⑤中共二大第一次区分了民主革命纲领和社会主义革命纲领，确定了中国革命的前途是向社会主义革命转变，从而把最低纲领和最高纲领有机统一起来，这些理论成果成为新民主主义革命理论的开端，也为新民主主

① 《中国共产党历史》第1卷上册，中共党史出版社2002年版，第81页。
② 《中共中央文件选集》第1册，中共中央党校出版社1989年版，第3页。
③ 《中共中央文件选集》第1册，中共中央党校出版社1989年版，第114页。
④ 《中共中央文件选集》第1册，中共中央党校出版社1989年版，第115页。
⑤ 《中共中央文件选集》第1册，中共中央党校出版社1989年版，第115页。

义社会理论打下了思想基础。这是中共二大的巨大的历史贡献，但中共二大并未认识到无产阶级的革命领导权问题，实际上就是认为民主革命要由资产阶级来领导，革命胜利后资产阶级"从封建夺得政权"，建立资本主义社会，俟时机成熟时无产阶级再领导社会主义革命，推翻资产阶级的统治，建立社会主义社会，在目前阶段无产阶级只能处于参加和辅助资产阶级民主革命的地位，这是中共二大的不足之处，但其关于中国革命问题、关于未来社会的思想观点，是把马克思主义基本原理和中国具体实际相结合的重要成果，是党的战略方针的一次重大转变，为中国革命的胜利，为中华民族获得独立和解放指明了方向，具有重大的历史意义。

1923 年 6 月，中共三大召开之后，共产国际执委会给中共三大的指示才传到中国，错过了对中共三大给予应有的指导。这份指示指出，在国民革命运动中，"领导权应当归于工人阶级的政党"，"全部政策的中心问题就是农民问题"，中国共产党"应当力求实现工农联盟"[1]，领导农民开展土地革命。这些正确得思想观点对 1925 年 1 月召开的中共四大产生了积极影响，中共四大指出，民主革命"必须最革命的无产阶级有力的参加，并且取得领导的地位，才能够取得胜利。"[2] 无产阶级"不是附属资产阶级而参加，乃以自己阶级独立的地位与目的而参加"[3]。从而明确提出了无产阶级在民主革命中的领导权。关于工农联盟问题，大会认为，农民阶级是民主革命运动的"重要成分"，"天然是工人阶级之同盟者"[4]，如果不发动农民起来斗争，则无产阶级的领导权便不能实现，中国革命也不能成功。中共四大在党的历史上第一次提出了无产阶级的革命领导权和工农联盟问题，对于推动中国革命的发展起了积极的作用，也为以后形成无产阶级领导的、以工农联盟为基础的各革命阶级联合专政理论做了必要的理论铺垫。中共四大明确指出中国的资产阶级分为革命的"新兴的民族工业资产阶级"和反革命的"大商买办阶级"两部分的思想也是非常正确的，为以后中国共产党区别对待官僚资产阶

---

① 《中国共产党历史》第 1 卷上册，中共党史出版社 2002 年版，第 136—137 页。

② 《中共中央文件选集》第 1 册，中共中央党校出版社 1982 年版，第 274 页。

③ 《中国共产党历史》第 1 卷上册，中共党史出版社 2002 年版，第 157 页。

④ 《中国共产党历史》第 1 卷上册，中共党史出版社 2002 年版，第 157—158 页。

级和民族资产阶级提供了思想条件。中共四大再次肯定了十月革命后中国民主革命的社会主义前途，认为，中国的民族解放运动是"广大的世界革命之一部分"，是与"推翻世界资本主义建设共产主义运动相联接的"①。

在中共四大建立工农联盟精神的指导下，1925 年 5 月，全国第二次劳动大会通过了《工农联合的决议案》。决议案指出，把与农民建立巩固的联盟，引导农民参加民主革命，作为民主革命胜利的保证。同年 10 月，中共中央执委会扩大会议再次强调了巩固工农联盟问题，并把解决农民的土地问题作为巩固工农联盟的重要任务，会议认为："中国共产党应当使一般民主派知道没收土地是不可免的政策，是完成辛亥革命的一种重要职任"。②1926年 2 月，中共中央在北京召开特别会议，会议认为，"党在现时政治上主要的职任"是从各方面准备北伐，而农民是工人阶级最靠得住的同盟军，所以北伐的政纲"必须是以解决农民问题作主干"③。同年 5 月，在党的领导下，广东省第二次农民代表大会召开，出席大会的除了广东省的二百多名代表外，还有来自湖南、湖北等十几省的代表，所以这次大会实际上起到了全国农民代表大会的作用。大会认为，巩固和扩大工农组织，建立紧密的工农联盟，是当时的主要任务之一。在大会作出的《农民运动在国民革命中之地位决议案》中，更是把农民问题上升到国民革命的中心问题的高度来认识，指出："农民问题是国民革命中的一个中心问题，国民革命能否进展和成功，必以农民运动能否进展和成功为转移"，所以"半殖民地的中国国民革命便是一个农民革命"④。在这个思想指导下，中国共产党领导的农民运动在革命势力所及地区轰轰烈烈地开展了起来。7 月，中国共产党在上海举行第四届中央执委会第二次扩大会议，会议对农民运动再次给予极大重视，认为农民的政治觉悟和政治地位，必将日益发展，"将成为民族解放运动中之主要势力"，党须"取得农民运动的指导权"。⑤ 由此可以看出，中国共产党在创立

---

① 《中国共产党历史》第 1 卷上册，中共党史出版社 2002 年版，第 157 页。
② 《中国共产党历史》第 1 卷上册，中共党史出版社 2002 年版，第 196 页。
③ 《中国共产党历史》第 1 卷上册，中共党史出版社 2002 年版，第 209 页。
④ 《中国共产党历史》第 1 卷上册，中共党史出版社 2002 年版，第 197 页。
⑤ 《中国共产党历史》第 1 卷上册，中共党史出版社 2002 年版，第 213 页。

初期就认识到农民问题的重要性，并进行了积极的理论探索，这为大革命失败后中国共产党独立自主地开展土地革命战争提供了思想基础，也为新民主主义社会理论的最终形成打下了思想基础。

1926 年 7 月，共产国际执委会第七次扩大会议在《关于中国形势问题的决议》中，提出了中国革命的"非资本主义前途"的观点。中国共产党接受了这个观点，并据此提出了国民革命胜利后，"于全国国民经济有关的大产业，将要限制私人资本经营"，而"无关全体国民经济的产业"，要允许私人资本经营，且保证其一定的发展，但要"渐渐减少私人资本剥削的程度"，"渐渐地经过非资本主义的过渡阶段，渐渐地走向社会主义"①，而无产阶级的领导权则是实现这个前途的根本保证。这些论述包含着中国革命胜利后避免走资本主义道路的思想、实现社会主义目标须经过一个"非资本主义"的过渡阶段的思想，以及利用资本主义的积极性发展生产力和批判资本主义不利于国计民生的消极性辩证统一的思想，构成了新民主主义经济纲领的雏形，这些思想描绘了一幅中国过渡到社会主义的具体路径，是十分正确的，是新民主主义社会理论发展史的重要阶段性成果。

但在同年 7 月，在右倾机会主义的影响下，中共中央执委会四届二次扩大会议认为，民族革命运动应该争取的"前途"是"民族的资本主义之建设"，这显然是与争取革命的非资本主义前途的思想矛盾的，中国共产党的这种模糊认识表明大革命时期的党还很不成熟。这次会议还通过了《中国共产党与国民党关系问题议决案》，对如何争取无产阶级的革命领导权问题作了具体分析。议决案认为，中国共产党应当通过确立自己在广大人民群众中的势力，扩大在广大人民群众中的政治影响，并以广大群众的革命力量去影响国民党，充实国民党左翼，和国民党左翼加强合作，如此才能"与资产阶级争国民运动的指导"，"保证无产阶级政党争取国民革命的领导权"。②但是在如何争取领导权的问题上，并没有提出切实可行的措施，这就在国民党右派

---

① 中共中央书记处：《六大以前》，人民出版社 1980 年版，第 791 页。

② 《中国共产党历史》第 1 卷上册，中共党史出版社 2002 年版，第 199 页。

咄咄逼人的进攻下陷于十分被动的境地，并在右倾机会主义愈益发展的情势下实际上放弃了国民革命的领导权。"四一二"反革命政变发生后，共产国际发来紧急指示，要求中共迅速动员革命力量组建自己的军队，开展土地革命，但是陈独秀拒绝执行这个指示，以致错过了挽救革命的最后时机。

中共五大是在蒋介石发动"四一二"反革命政变，国民革命局部失败的严峻形势下召开的，这次大会没有提出摆脱危机的有效措施，反而继续坚持了右倾机会主义路线，同时也提出了一些正确原则。大会认为，"应该以土地革命及民主政权之政纲去号召农民和小资产阶级"，争取革命的非资本主义前途。这种认识是正确的，但是大会同时认为资产阶级已经背叛革命，民族资产阶级是中国革命的对象，提出了"工农小资产阶级之民主独裁制"的口号，这就在实际上混淆了民主革命和社会主义革命的界限，在革命的危急关头犯了关门主义错误，并在以后的土地革命战争中得到进一步发展，给中国革命造成了一定的负面影响。

总之，在建党初期，中国共产党在专注工农运动的同时，也对未来社会的发展问题做了积极的探索，其中不乏一些建设性的见解，为中国共产党的奋斗指明了方向，但也有一些模糊认识，这是与不成熟的阶级状况、不成熟的政党思想、不成熟的政党组织密切相关的。

二、党的早期领导人和理论家对中国前途和命运的思考和探索

在建党初期，中国共产党关于未来社会的有关设想是与党的早期领导人与理论家对中国前途和命运的思考与探索密切联系的，他们在不同方面、不同程度上对新民主主义社会理论的早期酝酿都做出了一定的贡献。他们辛勤探索的结晶，有的转化为党的理论，有的则以自己论著的形式表现出来。

陈独秀是中国共产党早期的主要领导人，也是著名的党的理论家，他的思想在一定的时期内代表了全党的最高水平，他关于中国前途和命运的思考和探索不免影响到全党的思想认识。关于未来社会的政权问题，陈独秀在党的三大前后认为，民主革命胜利后，"在普遍形势之下，自然是资产阶级握得政权"，至于工人阶级能否获得若干政权，"乃视工人阶级在革命中的努力

至何程度及世界的形势而决定"①，这实际上是"二次革命论"的右倾观点。直到 1926 年 9 月，陈独秀还认为："共产党取得政权，乃是无产阶级革命时代的事"，但他对"国民革命成功后之建设时期"的政权构成的认识前进了一步，改变了资产阶级"自然握得政权"的看法，他说，那时"不是无产阶级专政，并且还不是工农政府"，而是"革命的民主的民众的政权"，这种政权是以资产阶级为主导的，因为到那时，"中国的资本主义当然要发展起来，也只有到那时，真正中国的资本主义才能够自由发展"。陈独秀还进一步解释说："我们不是乌托邦的社会主义者，决不幻想不经过资本主义，而可以由半封建的社会一跳便到社会主义的社会。"②

"革命的民主的民众政权"排除了资产阶级专政，主张建立革命民众联合执政的政权，具有积极意义，但以资产阶级为领导阶级却是错误的，很显然是不坚持无产阶级的革命领导权的必然结论。陈独秀以资产阶级为领导阶级的民众政权的观点必然导致"民族资本主义自由发展"的结论，也是不正确的，显然没有认识到要限制资本主义不利于国计民生的一面。这些情况说明，陈独秀片面夸大了资产阶级的地位和作用，而对无产阶级的地位和作用认识不够。

关于未来社会的经济构成，陈独秀也进行了积极思考，并且提出了富于创见的设想。1927 年 4 月，陈独秀在一篇通讯中写道："国民革命成功后，我国的经济制度，自然是家庭的手工业与农业、小生产制、私人资本主义的大生产制、国家资本主义等，四种并行。"且"在主观上在客观上，都不必采用私人资本主义为全社会主要的生产制度，而可以采用国家资本主义以过渡到非资本主义的国家工业，即是行向社会主义的社会。"他进一步解释说，国家资本主义之经济性质，依国家之政治构造如何而定，所以"只有在工农及其他被压迫剥削阶级革命的国家而采用国家资本主义，才能够由此过渡到非资本主义的社会主义的经济建设。"③ 在这里，陈独秀显然认识到在半殖民

①《中国共产党历史》第 1 卷上册，中共党史出版社 2002 年版，第 138 页。
②《中国共产党历史》第 1 卷上册，中共党史出版社 2002 年版，第 252 页。
③《陈独秀著作选》第 2 卷，上海人民出版社 1993 年版，第 1238 页。

地半封建的基础上，实行多种经济成分并存的经济制度的重要性，而且这是一个过渡到社会主义的社会阶段。关于国家资本主义的认识，显然是受到研读列宁著作的影响，也是对西方资本主义社会的弊端观察和批判的结果。陈独秀的这些思想，虽然不太成熟和系统，也没有条件再进行深入和广泛的研究，但总体上看是正确的，代表了那个时代中国共产党人的最高理论水平，而且影响了中国共产党早期的一批领导人和理论家，可以视为新民主主义经济理论的雏形。

李大钊是另一位中国共产党早期的主要领导人和理论家，他在中国共产党内第一个提出了无产阶级领导权的思想。在1923年中共三大上，李大钊明确提出"过去和将来国民运动的领导因素都是无产阶级，而不是其他阶级。"① 后来在其他场合他又提出："现在中国是在资本帝国主义压迫之下，试看全国的资产阶级、小资产阶级、知识阶级谁能反抗？只有无产阶级。在国民革命中当先锋的亦只有无产阶级。"②"工人阶级是国民革命运动中最勇猛、最有力的先锋队"③。

李大钊也是中共党内最早重视农民问题的领导人，他一针见血地指出农民问题的主要症结在于土地问题，他说："中国今日的土地问题，实远承累代历史上农民革命运动的轨辙，近循太平、辛亥诸革命进行未已的途程，而有待于中国现代广大的工农阶级依革命的力量以为之完成。"④ 李大钊并初步提出了解决农民土地问题的方案："按耕地农有的方针，建立一种新土地政策，使耕地尽归农民，使小农场渐相联结而为大农场，使经营方法渐由粗放的以向集约的，则耕地自敷而效率益增，历史上久久待决的农民问题，当能谋一解决。"⑤ 这种耕地农有以及渐次实现集约化经营的方案，从历史的眼光看不失为一种科学的观点，显示出李大钊的远见卓识，比起孙中山的平均地权的方针更为彻底，更具现实性。

---

① 《李大钊文集》第4卷，人民出版社1999年版，第313页。
② 《李大钊文集》第4卷，人民出版社1999年版，第374页。
③ 《李大钊文集》第5卷，人民出版社1999年版，第34页。
④ 《李大钊文集》第5卷，人民出版社1999年版，第69页。
⑤ 《李大钊文集》第5卷，人民出版社1999年版，第76页。

以《平民主义》为代表，李大钊还提倡"平民主义"以重建社会新秩序，并借以建立"平民主义"的国家。他说，所谓平民主义，"就是把政治上、经济上、社会上一切特权阶级，完全打破，使人民全体，都是为社会国家作有益的工作的人"，"政治机关只是为全体人民，属于全体人民，而由全体人民执行的事务管理的工具"①。

另一位党的早期领导人和理论家瞿秋白在社会理论的探索方面亦颇有建树，他力主无产阶级在革命运动中争取领导权，反对陈独秀在这个问题上的右倾倾向。1923 年 5 月，他在《新青年之新宣言》中指出："中国的真革命，乃独有劳动阶级方能担负此等伟大使命。……即使资产阶级的革命，亦非劳动阶级为之指导，不能成就"，"无产阶级在社会关系之中，自然处于革命领袖的地位"②。9 月，他在《自民权主义至社会主义》一文中又指出："此种绝对资产阶级性的所谓'民族民权革命'却非借重国际的及国内的无产阶级不可。独有无产阶级能为直接行动，能彻底革命，……劳工阶级在国民革命的过程中因此日益取得重要的地位以至于指导权。"③1926 年 3 月，瞿秋白在《国民会议与五卅运动》一文中认为，五卅运动中资产阶级和小资产阶级的妥协性和犹豫性，足以"证明无产阶级在国民革命中取得指导权之必要。"④

瞿秋白主张国民革命的社会主义前途，1923 年 9 月，他在《自民权主义至社会主义》中便指出："劳工阶级的最后目标在社会主义，那么，到国民革命的最高度，很可以与世界革命合流而直达社会主义。"⑤1925 年 8 月，他在《中国国民革命与戴季陶主义》中说："这种中国国民革命的斗争，以无产阶级的斗争领导中国一切被压迫民众的解放运动，……就是行向共产主义的第一步。"⑥1926 年 1 月，在《国民革命运动中之阶级分化》中指出，帝国主义与无产阶级革命的时代，"弱小民族及殖民地上的幼稚的私人资本

---

① 《李大钊文集》第 4 卷，人民出版社 1999 年版，第 264 页。
② 《瞿秋白文集》政治理论编第 2 卷，人民出版社 1988 年版，第 7、8 页。
③ 《瞿秋白文集》政治理论编第 2 卷，人民出版社 1988 年版，第 221 页。
④ 《瞿秋白文集》政治理论编第 3 卷，人民出版社 1989 年版，第 429 页。
⑤ 《瞿秋白文集》政治理论编第 2 卷，人民出版社 1988 年版，第 221 页。
⑥ 《瞿秋白文集》政治理论编第 3 卷，人民出版社 1989 年版，第 331 页。

主义，便根本无继续发展之必要与可能"①，须由劳动平民组织国家有计划地发展经济，以渐进于社会主义。同年 5 月，他在《北京屠杀与国民革命之前途》一文中分析中国革命前途时指出，由于资产阶级的软弱性和妥协性，民主革命"虽然是资产阶级的，胜利却不会是资产阶级的"②，无产阶级必定掌握未来的政权。瞿秋白反对建立资产阶级专政，提出了中国革命的社会主义前途，但混淆了民主革命与社会主义革命，主张在民主革命阶段消灭私人资本主义，因而是不正确的。

在中国共产党宣告正式成立之前，毛泽东就分析、比较、推求了改造中国社会的各种方案。1921 年 1 月，毛泽东在新民学会长沙会员大会上的发言中就指出，实业救国、教育救国等"温和方法的共产主义"的社会改造方案，"永世做不到"；而"否认权力"的无政府主义也"恐怕永世都做不到"；社会改良主义的方案是"补苴罅漏的政策，不成办法"；只有"激烈方法的共产主义，即所谓劳农主义，用阶级专政的方法，是可以预计效果的，故最宜采用。"③ 这说明毛泽东早就在心目中种下了革命的种子，认识到只有改变旧的社会制度，建立工农阶级政权，才能达到社会改造的目的。

1925 年 11 月，毛泽东在《答少年中国学会改组委员会问》中指出："本人信仰共产主义，主张无产阶级的社会革命。惟目前的内外压迫，非一阶级之力所能推翻，主张用无产阶级、小资产阶级及中产阶级左翼合作的国民革命，实行中国国民党之三民主义，以打倒帝国主义，打倒军阀，打倒买办、地主阶级（即与帝国主义、军阀有密切关系之中国大资产阶级及中产阶级右翼），实现无产阶级、小资产阶级及中产阶级左翼的联合统治，即革命民众的统治。"④ 这样，毛泽东就在马克思主义发展史上对中国革命的动力、对象、目标等较早作出了探索和思考，对新民主主义社会理论的早期酝酿起到了一定的作用。1925 年冬，毛泽东在《国民党右派分离的原因及其对于革命前途的影响》一文中指出，中国国民革命"乃小资产阶级、半无产阶级、

① 《瞿秋白文集》政治理论编第 3 卷，人民出版社 1989 年版，第 465 页。
② 《瞿秋白文集》政治理论编第 4 卷，人民出版社 1993 年版，第 39 页。
③ 《毛泽东文集》第一卷，人民出版社 1993 年版，第 2 页。
④ 《毛泽东文集》第一卷，人民出版社 1993 年版，第 18 页。

无产阶级这三个阶级合作的革命"，"其目的是建设一个革命民众合作统治的国家"。①

毛泽东从 1925 年开始以主要精力领导农民运动，注重研究中国的农民问题，并写下了《中国社会各阶级的分析》（本书以发表于国民革命时期的版本为考证依据，以真实反映那个时期毛泽东的思想状况——笔者注）的光辉著作，在这篇著作中，毛泽东基本解决了中国新民主主义革命的领导者、同盟者和革命对象的问题，从而在党的历史上第一次解决了敌友问题。毛泽东指出，工业无产阶级是我们革命的"主力"，"一切半无产阶级、小资产阶级，是我们最接近的朋友"，中产阶级的左翼"可能是我们的朋友"，其右翼"可能是我们的敌人"，而"一切勾结帝国主义的军阀官僚、买办阶级、大地主阶级、反动的知识阶级即所谓中国大资产阶级"，则是我们真正的敌人。关于资产阶级，毛泽东也作了客观而全面的分析，他说，资产阶级在"受外资打击、军阀压迫感觉痛苦时，需要革命"，而当革命"对其欲达到大资产阶级地位的阶级的发展及存在感觉到威胁时，又怀疑革命"，所以他们"对民族革命仍取矛盾的态度。"② 毛泽东还把资产阶级分为实质上是反动的右翼和具有两面性的左翼。这些思想为后来新民主主义社会理论正确处理同资产阶级的关系并采取不同的政策，提供了重要的理论依据。可以认为，这篇著作是新民主主义革命理论发端和萌芽的重要标志，也为新民主主义社会理论的早期酝酿做了重要铺垫。

1926 年 1 月，毛泽东又写了《中国农民中各阶级的分析及其对于革命的态度》一文，初步运用马克思主义的阶级分析法，将农村居民分为大地主、小地主、自耕农、贫农、雇农等八个阶级，并就各个阶级对革命的态度进行了比较深入的分析，初步形成关于农村阶级分析的理论。这就为中国共产党正确制定农民政策，从而进一步形成新民主主义关于农民的理论奠定了思想基础。

---

① 《毛泽东文集》第一卷，人民出版社 1993 年版，第 25 页。

② 毛泽东：《中国社会各阶级的分析》，转引自田利军：《论毛泽东〈中国社会各阶级的分析〉的历史地位》，《四川师范大学学报》社会科学版 1994 年第 4 期，第 86、87 页。

1926 年 9 月，毛泽东发表《国民革命与农民运动》一文，指出要依靠农民"从乡村中奋起打倒宗法封建的地主阶级之特权"，"非推翻这个压榨的政权，便不能有农民的地位"①，并旗帜鲜明地指出了国民革命的中心问题就是农民问题的观点。12 月毛泽东在湖南全省第一次农、工代表大会的演说中再次强调了这个观点："国民革命是各阶级联合革命，但有一个中心问题。国民革命的中心问题，就是农民问题，一切都要靠农民问题的解决。"②1927年 3 月，毛泽东在实地调查研究获得大量第一手材料的基础上，写成《湖南农民运动考察报告》一文，报告阐述了农民斗争和国民革命的密切关系，指出："国民革命需要一个大的农村变动。辛亥革命没有这个变动，所以失败了。现在有了这个变动，乃是革命完成的重要因素"③。毛泽东进一步指出了农村斗争的基本原则和斗争方式，他说，要依靠贫农，团结中农和其他可以团结的力量，彻底摧毁地主政权和武装，建立农民协会和农民武装，"一切权力归农会"，在农会的领导下开展减租减息、分配土地的斗争。报告并尖锐批驳了党内外责难农民运动的种种谬论，讴歌了农民群众改造农村世界的伟大功绩。这篇报告是新民主主义社会理论发展史上的一篇杰作，它确立了关于农民的理论的基本原则和基本观点。

由此可见，毛泽东的前卫性写作虽然不可能提及"新民主主义"的概念，但是其用辩证分析的方法、阶级分析的方法、理论联系实际的方法来研究和解决中国的实际问题，已经为创立新民主主义理论（当然包括新民主主义社会理论）埋下了伏笔。随着实践的发展，新民主主义社会理论应运而生已经成为历史的必然。

党的早期领导人邓中夏也认识到了政权问题的重要性，他 1925 年 5 月在《劳动运动复兴期中的几个重要问题》中明确指出："我们对于国民革命，即为了取得政权而参加的"，"政权我们不取，资产阶级会去取的"，但政权不是从天外飞到我们手中的，是要从实际政治斗争中努力争取的，无产阶级

---

① 《毛泽东文集》第一卷，人民出版社 1993 年版，第 39、41 页。
② 《中国共产党历史》第 1 卷上册，中共党史出版社 2002 年版，第 226 页。
③ 《毛泽东选集》第一卷，人民出版社 1991 年版，第 16 页。

只有日益扩大自己的政治势力，才能"造就我们在政治上的深厚的基础，为将来建设'工人政府'或'无产阶级专政'预为准备"，并防范资产阶级"在革命中之妥协软化"，制止资产阶级"在革命后之政权独揽"①。这就说明了无产阶级取得政权及中国革命的非资本主义前途问题。

刘少奇一直致力于领导中国的工人运动，对中国无产阶级的革命斗争和领导权的认识也比较深刻。1923 年 8 月，他在《对俱乐部过去的批评和将来的计划》中指出，工人运动的最初步工作是要用争取增加工资、减少工时等工人的眼前利益把工人团结起来，并在斗争中提高和锻炼工人群众，不这样做，广大工人就发动不起来。但是，又应该懂得，争得这些眼前利益并不是目的，最终的目的是"实行夺取政权，用政治的力量消除社会一切阶级的压迫——人的压迫"，并"在产业公有制度底下以极大的速力发展实业，减少人类所受自然的压迫"②。1926 年 5 月，他在《工人阶级在革命中的地位与职工运动方针》一文中指出："工人阶级在'五卅'反帝国主义运动中牺牲为最大，主张最为急进，奋斗最能坚持，力量亦表现得非常伟大。在各种奋斗事实中，足以证明工人阶级在国民革命运动中之领导地位，是确凿不移的。"③

总之，在建党初期，中国共产党的有关决议和论述，以及党的领导人和理论家关于未来社会的探索和设想，是中国共产党人努力运用马克思主义研究、解决中国革命和社会问题的可贵成果。这就是：在半殖民地半封建的社会条件下，还不具备社会主义革命的条件，必须首先进行民族民主革命，推翻帝国主义、封建主义在中国的反动统治，建立各革命阶级的联合专政；在民族民主革命中，无产阶级及其政党必须争取革命的领导权，以保证无产阶级和广大人民群众的利益和革命的社会主义前途；在民族民主革命中必须建立巩固的革命统一战线，特别是建立巩固的工农联盟，等等。可以看出，这一时期对社会前途和国家命运的思考和探索，主要集中在政权问题上，而对

---

①　《中国共产党历史》第 1 卷上册，中共党史出版社 2002 年版，第 199 页。

②　刘少奇：《对俱乐部工作的回顾》(1923 年 8 月 20 日)，《建党以来重要文献选编》第 1 册，第 291 页。

③　《刘少奇选集》上卷，人民出版社 1981 年版，第 1 页。

这个政权下的经济和文化不可能做出系统的说明。这些思想认识虽然具有不系统、不深入、不确切、不完备的特点，观点之间也不尽相同，甚至还有抵牾之处，但是这些最初的理论成果为后来新民主主义革命理论、新民主主义社会理论的形成和发展提供了最初的思想材料，做了一定的理论准备，具有重要的开创性和奠基性意义。

第二节　新民主主义社会理论的逐渐孕育

新民主主义社会理论在早期酝酿的基础上，在土地革命战争时期经历了一个逐渐孕育的过程。这个历史过程，以中国共产党对其他各政治派别围绕社会前途和国家命运的政治主张的批判分析为基础，经历了土地革命战争前期的理论奠基和后期的初具雏形两个时期。

一、土地革命战争时期各政治派别围绕社会前途和国家命运的政治主张

国民革命失败后，中国社会进入一个新的发展阶段。中国何去何从？在中国建立一个什么样的社会和国家？成为社会各阶级、各派别普遍关心的问题。围绕社会前途和国家命运的问题，除中国共产党外，各主要政治派别，包括掌握全国政权的国民党新军阀集团、在政府中受到排挤的国民党左派、第三党，还有平民教育派、乡村建设派、实业救国派、职业教育派等都站在自己的立场上纷纷提出主张。他们的主张各不相同，甚至相互对立，展开了一场持久的思想交锋和理论斗争，现撷其要者加以论述。

近代以来，中国农村经济日趋凋敝，农民生活愈益困苦，农村阶级矛盾十分尖锐，引发了农村社会秩序的动荡，继而危及到国民党政权的有效统治。众多知识分子、爱国人士纷纷呼吁"救济乡村"，在严峻的社会现实面前，国民政府也不得不承认"若不设法救济，国家前途，危险将不堪设想"。1933年5月，国民政府成立农村复兴委员会，开展"农村复兴"运动，要

"调剂农村金融，增加农村生产，使农村之复兴得早实现"①。国民党的"农村复兴"运动主要包括强化社会治安，稳定社会秩序；改良农业科技，推广农业新技术，增加农业生产；减轻农民负担；整理田赋，建立新的金融秩序；发展农村教育等。这时的国民党已经蜕变为代表大资产阶级和大地主阶级的反动集团，实行敌视工农的政策，他们对共产党领导的土地革命非常恐惧，在实行疯狂军事镇压的同时，也推出了一些改良措施，意在缓和农村阶级矛盾，稳定农村社会秩序，消弭共产党土地革命的影响，实质是更好地维护封建地主阶级的反动统治。

国民党企图打着"农村复兴"运动的招牌在农村和共产党的土地革命争地盘，实践很快证明这种企图归于失败，因为"农村复兴"运动对农民的吸引力相当有限，主要根源还在于它的欺骗性，没有改变农村落后的生产关系，没有触及反动的封建地主土地所有制的根基，不能给农民带来实实在在的利益，恰恰相反，这种"农村复兴"运动正是为维护这种生产关系服务的，为地主阶级服务的。

国民革命失败后，中国共产党领导的土地革命和武装斗争推动了中国革命从失败走向复兴，但是，一部分国民党左派和退出共产党的小资产阶级革命分子，反对共产党的政策，也反对国民党新军阀的反动统治，试图在国共两党之外走出一条"新路"，这个政治派别被称为"第三党"，主要代表人物有邓演达等人。1927年11月，邓演达等人在莫斯科发表《对中国及世界革命民众宣言》，提出成立中国国民党临时行动委员会，以革命手段推翻国民党右派的反动统治，真正实行孙中山的三民主义主张，建立以农工为中心的平民政权，这一号召得到谭平山等人的积极响应，并在上海成立中华革命党开展活动。第三党主张号召平民群众组织工会、农会、学生会等群众团体，由这些群众团体按比例选出代表召开国民会议，建立"平民政权"，以实现推翻蒋介石集团独裁统治的"平民革命"的目标，并建立"平民革命军"来保卫这个政权，在"平民政权"下创造条件使中国逐步过渡到"社会主义社

---

① 杨柳：《南京国民政府的农村复兴运动》，博士学位论文，西北大学，2005年，第20页。

会"。第三党还主张在当前的条件下，先由政府收购土地，分配给无地和少地的农民耕种，实行"耕者有其田"的过渡政策，但最终目标是实现土地国有。第三党的活动在社会上产生了一定的影响，但是由于其政策主张并不符合中国半殖民地半封建社会的实际，很难得到其声称所代表的平民群众的共鸣和有力支持，因而摆脱不了最后失败的命运。

梁漱溟是乡村建设派的主要代表人物，他于 1931 年推出了"乡村建设理论"，该理论否认中国社会阶级和阶级对立的存在，否认人们之间存在根本利益的冲突，并据此认为中国不需要革命，因为"中国没有革命的决定原因"，"中国没有革命的对象，只有建设的对象"[1]，若谈革命，也只是对外革命，中国革命系由人为造成，应予以取消，所以他们极力反对中国共产党的阶级斗争理论和土地革命、武装斗争的方针。梁漱溟等人认为，中国社会的根本问题在于"文化失调"，解决问题的唯一出路即在于"乡村建设"，即建立自治的乡村基层组织，创办"乡农学校"，推进乡村文明建设。

平民教育派和乡村建设派相似，也否认中国社会阶级对立的存在，反对用暴力革命的手段解决中国的社会问题，所不同的是前者主张主要用教育的手段，后者主张主要用建设的手段来实现救国救民的目标。晏阳初是平民教育派的主要代表人物，他认为中国社会的根本问题是"愚、穷、弱、私"，其根源在于"教育不能普及"，特别是广大农民没有受教育的机会和权利，所以要用教育的手段改造农民，改造农村，进而改造国民，改造国家。具体说就是大力推广"平民教育"，"以文艺教育救愚，以生计教育救穷，以卫生教育救弱，以公民教育救私"，使"农民富有知识力，强健力与团结力"[2]。晏阳初等人幻想通过教育好占中国人口绝大多数的农民，就可以振兴中华民族，事实证明这种主张在旧中国是根本行不通的。

二、新民主主义社会理论的奠基

中国共产党以马克思主义为武器，在比较甄别的基础上，对以上这些政

---

①　杨先材等：《中国革命史》，中国人民大学出版社 1995 年版，第 259 页。

②　杨先材等：《中国革命史》，中国人民大学出版社 1995 年版，第 260 页。

治主张做了有力批判，逐渐提出了自己的关于社会前途和国家命运的思想观点，在土地革命战争前半期，中国共产党结合当时革命斗争形势的需要，主要围绕建立工农民主政权展开了思考和探索，并在实践的基础上取得了一定的理论成就，为新民主主义社会理论的形成奠定了必要的理论基础。

1927 年 8 月 7 日，在极其险恶的环境下，中共中央在汉口召开了紧急会议（即八七会议），会议清算了大革命后期以陈独秀为首的中共中央所犯的右倾机会主义错误，除了指出中国共产党在军事领导权问题上的错误外，还着重指出在农民运动问题上，中央没有给予应有的积极支持和领导，反而压制农民运动，片面强调纠正农民运动中的过火行为，会议据此确定了土地革命和武装起义的战略总方针。会议明确提出土地革命是中国民主革命的中心问题，是中国革命新阶段主要的社会经济内容，只有实行土地革命，废除帝国主义和封建买办势力反动统治基础的封建土地制度，实行"耕者有其田"的制度，解决农民的土地问题，中国革命才能得到占人口绝大多数的农民的支持和参加，开展武装斗争和建立革命政权才能有广泛的群众基础。八七会议是为了摆脱严重危机，适应现实斗争的需要召开的一次重要会议，反映了中国革命的根本要求和社会发展的前进方向。

毛泽东在会议上批评了党在过去严重忽视军事问题的错误，提出了"以后要非常注意军事。须知政权是由枪杆子中取得的"[1] 的著名论断，实际上提出了以军事斗争作为党的工作重心的问题。关于土地问题，毛泽东根据湘鄂赣粤的农村土地占有实际情况，结合自己领导农民运动的经验，指出南方各省农村的特点是小地主众多，大地主很少，并据此提出小地主问题是当前土地革命的中心问题，建议没收小地主土地，以根本取消地主土地所有制。但是共产国际代表没有采纳毛泽东的正确意见，认为实行土地国有才是解决中国土地问题的根本办法，这种认识脱离了中国的现实，因而是错误的。

八七会议的召开，基本上肃清了右倾机会主义错误在党中央的统治，制定出继续进行革命斗争的正确方针，促进了土地革命战争的兴起，从而为挽救党和革命作出了巨大贡献。

---

[1] 《毛泽东文集》第一卷，人民出版社 1993 年版，第 47 页。

八七会议后，政权问题成为中国共产党迫切需要解决的重大现实问题。中共中央认为，应在左派国民党的旗帜下组织工农暴动和建立政权，以吸引小资产阶级参加革命。中央临时政治局指示中共湖南省委，提出要建立工农民主专政的革命政权，在农村，一切权力归农民协会，在城市，一切权力归革命委员会，胜利后成立正式的"民权政府"。随着形势的发展变化，中共中央正式放弃了"左派国民党"的旗帜，在《关于"左派国民党"及苏维埃口号问题决议案》中指出："现在的任务不仅宣传苏维埃的思想，并且在革命斗争新的高潮中应成立苏维埃。"[①]

1928 年 6、7 月间，中国共产党在共产国际和苏联的帮助下，在莫斯科召开了第六次全国代表大会，这是一次在中国革命的关键时期召开的具有重大历史意义的会议，会议认真总结了大革命失败以来的经验教训，清算了右倾机会主义路线，同时也批判了在当时革命运动中盛行的"左"倾盲动错误。大会还对党内存在的重要争论问题作出了基本正确的回答，明确了国民革命失败后引起中国革命的基本矛盾一个也没有解决，中国仍然是一个半殖民地半封建的社会，现阶段中国革命依然是资产阶级性质的民主主义革命。大会改变了对革命形势仍然处于高潮的判断，认为当时的革命形势是处在两个革命高潮之间的低潮，这个时期党的总路线是争取群众，党的中心工作不是千方百计地组织暴动，而是做艰苦的群众工作，积蓄力量。大会据此提出了中国革命现阶段的口号，主要是：推翻帝国主义的统治；没收外国资本的企业和银行；统一中国，承认民族自决权；推翻军阀国民党政府；建立工农兵代表会议（苏维埃）政府；实行八小时工作制，增加工资等；没收地主阶级的一切土地归农民所有；联合世界无产阶级和苏联。六大的这些正确观点基本上统一了全党的思想，对克服"左"倾情绪，实现工作重心转变，促进中国革命的复兴起到了重要的作用。

土地革命是根据地斗争的根本内容，为了更好地指导土地革命的顺利开展，中国共产党很重视土地法律法规的制定与完善。1928 年 12 月，井冈山根据地刚刚站稳脚跟，就在毛泽东领导下，总结了一年来井冈山地区土地革

---

① 《中国共产党历史》第 1 卷上册，中共党史出版社 2002 年版，第 305 页。

命的经验，制定了《井冈山土地法》，这是中国共产党历史上第一部土地法，对于推动土地革命的深入开展起了极其重要的作用，但是这部土地法也有一些缺点，主要是规定没收一切土地进行分配，而不是只没收地主的土地，这就引起了一部分中农的不满，还规定土地所有权属于政府，农民只有使用权，并且禁止土地买卖，这也是土地私有观念根深蒂固的中国农民难以接受的。1929 年 4 月，毛泽东及时总结经验，主持制定了《兴国土地法》，明确规定"没收一切公共土地及地主阶级的土地"①，这是对《井冈山土地法》一个原则性的纠正。同年 7 月，闽西党的第一次代表大会召开，大会在邓子恢主持下通过了《土地问题决议案》，决议案在总结最新土地革命斗争经验的基础上，对《兴国土地法》做了新的发展，如：区别对待大小地主，给地主以生活出路；对富农不过分打击，只没收其多余的土地，以争取其中立；不没收中农的土地，不使其受任何损失；对大小商业采取一般的保护政策；不打乱土地平分，按照"抽多补少"的原则以乡为单位在原耕地基础上平均分配（后来又加了一条"抽肥补瘦"的原则——笔者注），等等。

经过《井冈山土地法》、《兴国土地法》、《土地问题决议案》，中国共产党的土地革命路线日趋完善，但是并没有解决农民的土地私有权问题，部分农民出现了不安心耕种的情况。1931 年 2 月，毛泽东指示江西省苏维埃政府，要求明确规定农民对土地的所有权，以充分调动农民的生产积极性。他正确地指出，这是中国"民权革命时代应该有的过程"②。

中国共产党在领导土地革命过程中，经过反复试验和不懈探索，制定了符合中国农村实际情况的土地革命路线，这就是：依靠贫雇农，联合中农，限制富农，保护中小工商业者，消灭地主阶级，变封建半封建的土地所有制为农民土地所有制。在这条土地革命路线的指导下，制定了正确的土地分配方法，即以乡为单位，按人口平均分配土地，在原耕地基础上，实行抽多补少，抽肥补瘦。

中国共产党人在领导土地革命斗争的过程中，面对一个重大的理论问题

---

① 《中国共产党历史》第 1 卷上册，中共党史出版社 2002 年版，第 357 页。
② 《毛泽东文集》第一卷，人民出版社 1993 年版，第 257 页。

和现实问题，这就是在白色政权的包围中，红色政权能否长期存在并得到发展？毛泽东在领导井冈山革命根据地斗争的过程中，初步地，然而是及时地总结了经验教训，科学地回答了这个问题。

1928年底，毛泽东写了《中国的红色政权为什么能够存在？》和《井冈山的斗争》两篇著作，这两篇著作不仅是探索中国革命新道路的经典文献，也是研究政权建设问题的经典文献，在这两篇著作中，毛泽东提出了极富创见性的思想，他根据中国社会和革命的特点，论证了红色政权能够长期存在和发展的条件，"一国之内，在四围白色政权的包围中，有一小块或若干小块红色政权的区域长期地存在，这是世界各国从来没有的事。这种奇事的发生，有其独特的原因。而其存在和发展，亦必有相当的条件。"① 毛泽东认为，中国半封建的地方性农业经济，和帝国主义对中国分而治之的间接统治的政策，使反动统治阶级内部经常发生分裂和战争，小块区域的红色政权就能够利用这种矛盾而发生、而存在并长期坚持下来。"我们只须知道中国白色政权的分裂和战争是继续不断的，则红色政权的发生、存在并且日益发展，便是无疑的了。"大革命运动的影响使得红色政权能够在小块地区发生，像湖南、广东等省的许多地方，"曾经有过很广大的工会和农民协会的组织，有过工农阶级对地主豪绅阶级和资产阶级的许多经济的政治的斗争。"② 红色政权首先发生和能够长期存在的地方，就是这些在大革命时期群众基础较好、共产党影响较大的地方。反动统治阶级内部不断的分裂和战争，决定了全国革命形势不断向前发展，所以红色政权不但能够长期存在，而且能够不断向前发展，日渐接近于全国政权的取得。另外，相当数量的正式红军的存在，是红色政权存在和发展的必要主观条件，"所以虽有很好的工农群众，若没有相当力量的正式武装，便决然不能造成割据局面"③，而共产党组织的有力量和它的政策不错误，则是最紧要的主观条件。

毛泽东及时地、科学地回答了这个问题，既同怀疑红色政权能否存在的

---

① 《毛泽东选集》第一卷，人民出版社1991年版，第48页。
② 《毛泽东选集》第一卷，人民出版社1991年版，第49页。
③ 《毛泽东选集》第一卷，人民出版社1991年版，第50页。

右倾悲观思想划清了界限，又同盲目发动武装暴动的"左"倾盲动错误划清了界限，推动了土地革命和红色政权建设的持续发展，在中国共产党历史上和新民主主义社会理论发展史上具有非常重大的意义。

1931 年 11 月，第一次全国苏维埃代表大会召开，大会颁布了《中华苏维埃共和国宪法大纲》，大纲规定了工农民主专政的政权性质："中华苏维埃共和国的基本法（宪法）底任务，在于保证苏维埃区域工农民主专政的政权达到他在全中国的胜利。""中国苏维埃政权所建立的是工人和农民的民主专政的国家。苏维埃全部政权是属于工人、农民、红军及一切劳苦民众的"[①]。大纲规定苏维埃国家采取工农兵代表会议的组织形式，全国工农兵苏维埃代表大会为中华苏维埃共和国的最高政权机关，在大会闭会期间，全国苏维埃临时中央执行委员会为最高政权机关，下设人民委员会，负责处理日常政务，大纲还规定了体现反帝反封建精神的劳动、土地、财经、军事、婚姻、文教、宗教、民族政策等。大纲是中国历史上第一部由人民代表机关颁行的宪法性文件，也是中国第一部反映劳动人民当家作主、保证劳动人民民主权利的宪法性文件，是苏维埃政权建设史上的一件大事，为以后的民主政治建设积累了一定的历史经验。

1934 年 1 月，第二次全国苏维埃代表大会召开，毛泽东在所作的大会报告中，集中论述了苏维埃的政治、经济和文化，这些思想为新民主主义社会理论的形成奠定了必要的理论基础。

关于苏维埃的政治，毛泽东指出，苏维埃政权的目的，是"推翻地主资产阶级在全国的统治，驱逐帝国主义出中国，将几万万民众从帝国主义国民党统治的压迫剥削下解放出来，阻止灭亡中国的殖民地道路，建立自由独立领土完整的苏维埃中国。"[②] 关于苏维埃政权的民主性，毛泽东说："苏维埃最宽泛的民主，首先表现于自己的选举。苏维埃给予一切过去被剥削被压迫的民众以完全的选举权与被选举权，使女子的权利与男子同等。工农劳动群众对这种权利的取得，乃是中国历史上的第一次。"苏维埃是工农民主专政

---

① 袁瑞良：《人民代表大会制度形成发展史》，人民出版社 1994 年版，第 539 页。

② 《中共党史参考资料》第 6 册，中国人民解放军政治学院党史教研室 1979 年版，第 515 页。

的政权，是民众自己的政权，所以"苏维埃的民主，还见之于给予一切革命民众以完全的集会结社言论出版与罢工的自由"①。"引进广大工农群众管理自己的国家机关，只不准占人口极少数的剥削分子的参加"②。

毛泽东还论述了苏维埃政权的集中统一领导，他指出："苏维埃中央政府的建立，使全国苏维埃运动得着总的领导机关"，必须"使中央政府在革命形势更加开展的面前，能够充分地发挥他总的发动机作用"。中央政府要"严密检查各个省苏的工作"，省苏要"加紧对于各县区工作的检查"，"乡苏市苏是苏维埃的基本组织"，"是动员群众执行苏维埃工作的直接负责机关"，因此"必须把极大的注意力，放到各村各街道的实际工作上去"。③

毛泽东关于苏维埃政治的论述，实际上提出了苏维埃政权的民主集中制原则，对于中国共产党以后探索国家政权的组织形式，做了有效的尝试，积累了丰富的经验。

关于苏维埃的经济，毛泽东肯定了几年来土地革命斗争的重大胜利，论述了土地革命的阶级路线，他指出："土地斗争的阶级路线，是依靠雇农贫农，联合中农，限制富农，与消灭地主。这一路线的正确应用，是保证土地斗争胜利发展的关键，是苏维埃每一对于农村的具体政策的基础。"④

关于革命根据地的经济构成，毛泽东指出："现在我们的国民经济，是由国营事业、合作社事业和私人事业这三方面组成的。""国家经营的经济事业，在目前，只限于可能的和必要的一部分。国营的工业或商业，都已经开始发展，它们的前途是不可限量的。""合作社事业，是在极迅速的发展中"，"合作社经济和国营经济配合起来，经过长期的发展，将成为经济方面的巨大力量，将对私人经济逐渐占优势并取得领导的地位。""我们对于私人经济，

---

① 《中共党史参考资料》第 6 册，中国人民解放军政治学院党史教研室 1979 年版，第 522—523 页。

② 《中共党史参考资料》第 6 册，中国人民解放军政治学院党史教研室 1979 年版，第 515 页。

③ 《中共党史参考资料》第 6 册，中国人民解放军政治学院党史教研室 1979 年版，第 538—539 页。

④ 《中共党史参考资料》第 6 册，中国人民解放军政治学院党史教研室 1979 年版，第 528—529 页。

只要不出于政府法律范围之外，不但不加阻止，而且加以提倡和奖励。因为目前私人经济的发展，是国家的利益和人民的利益所需要的。"①毛泽东的这些论述，实际上肯定了在中国半殖民地半封建的基础上所建立起来的社会，不可能是单纯公有的社会制度，而是一种国营事业、合作社事业和私人事业相结合的混合所有制经济的社会制度，这为以后中国共产党探索新民主主义的经济成分提供了思想素材，是五种经济成分论的先声。

毛泽东还指出："我们的经济政策的原则，是进行一切可能的和必须的经济方面的建设，集中经济力量供给战争，同时极力改良民众的生活，巩固工农在经济方面的联合，保证无产阶级对于农民的领导，争取国营经济对私人经济的领导，造成将来发展到社会主义的前提。"②

毛泽东关于苏维埃经济的论述，以及革命根据地的经济实践，说明苏维埃的经济已经不是封建经济，也不是资本主义经济，当然还没达到社会主义经济的程度，是一种特殊性质的经济结构。这种特殊的经济结构，就是后来的新民主主义经济的发端。

关于苏维埃的文化，毛泽东指出，苏维埃文化建设的中心任务，"是厉行全部的义务教育，是发展广泛的社会教育，是努力扫除文盲，是创造大批领导斗争的高级干部。"③毛泽东进一步指出，为了实现这个中心任务，必须实行苏维埃文化教育的总方针，这就是"在于以共产主义的精神来教育广大的劳苦民众，在于使文化教育为革命战争与阶级斗争服务，在于使教育与劳动联系起来，在于使广大中国民众都成为享受文明幸福的人。"④毛泽东说，在革命根据地，"一切文化教育机关，是操在工农劳苦群众的手里，工农及其子女有享受教育的优先权。"⑤毛泽东还指出，为了和国民党实行的旧文化

---

①　《毛泽东选集》第一卷，人民出版社 1991 年版，第 133 页。

②　《毛泽东选集》第一卷，人民出版社 1991 年版，第 130 页。

③　《中共党史参考资料》第 6 册，中国人民解放军政治学院党史教研室 1979 年版，第 531—532 页。

④　《建国以来重要文献选编》第 11 册，中央文献出版社 1995 年版，第 418 页。

⑤　《中共党史参考资料》第 6 册，中国人民解放军政治学院党史教研室 1979 年版，第 531 页。

作斗争，"苏维埃必须实行文化教育的改革，解除反动统治阶级所加在工农群众精神上的桎梏，而创造新的工农的苏维埃文化。"[①] 所有这些，都和国民党实行的愚民政策形成了鲜明的对比，反映了苏维埃文化的先进性。

综上所述，苏维埃的文化，就是反帝反封建的文化，就是共产主义思想指导的人民大众的文化。这种文化，已经和后来的新民主主义文化具有同质范畴的意义了，苏维埃文化的进一步发展和完善，就是新民主主义的文化了。

总之，在土地革命战争前半期，中国共产党在社会理论探索上的特点主要是：一、政权建设上仿效苏联经验。中国共产党虽然逐步探索出一条适合中国国情的革命新道路，但是在政权建设的探索上却明显滞后，没有充分认识到政权建设也要紧密结合中国的实际。反观那个时期的政权体制和运行机制，几乎全部是从苏联照抄照搬过来的，没有自己的特色，这在一定程度上影响了政权建设的推进和政权职能的发挥。二、对政权建设存在一定程度的轻视倾向。那个时期全党上下愤怒于国民党的屠杀政策，把武装斗争问题提高到最重要的战略高度来认识，甚至一度出现"左"倾倾向。对政权建设问题的认识较之大革命时期虽有长足进步，实践上也取得了重要进展，但这一时期政权建设上的缺陷也是非常明显的，主要是把政权作为武装斗争的副产品或附属物来对待，也没有处理好党政关系，以党代政、党包办一切的现象很严重，很多地方的政权几乎形同虚设，政权在人民心目中的地位也不高。三、经济上实行"左"的政策。政治上反对民族资产阶级和上层小资产阶级，反映在经济上必然损害他们的利益，这就把一部分有可能和共产党合作的中产阶级左翼排除在革命统一战线之外。四、对文化建设的探索刚刚起步。文化上主要是强调用无产阶级思想改造各种非无产阶级思想，而且主要是在军队和党员中进行，在恶劣的战争环境下，一些很好的苏维埃的文化政策并没有贯彻执行的现实条件。

对于尚不成熟的、处于革命最艰难时期的中国共产党来说，不可能对之

---

① 《中共党史参考资料》第 6 册，中国人民解放军政治学院党史教研室 1979 年版，第 531—532 页。

责备求全，只要这个党能够基本解决当时最重大最迫切的理论和现实问题，推动革命逐渐走向复兴，这个党就是伟大的。在当时的环境下，党没有条件去着力深入、系统地研究政权、经济、文化等社会问题，只能是结合武装斗争和土地革命的中心任务，做出初步的思考和探索。尽管如此，党在这一时期取得的理论成果，仍然是难能可贵的，为新民主主义社会理论的形成奠定了必要的基础。

三、新民主主义社会理论的雏形

土地革命战争后期，随着日本帝国主义加紧对中国的侵略，国内的阶级关系也随之发生变化，中国共产党的革命政策和社会政策也做出了相应调整。另外，中国共产党也进一步总结中国革命和根据地建设的经验教训，提出了一些新的政策和策略，所有这些，都使中国共产党的社会理论得到进一步发展，逐渐形成新民主主义社会理论的雏形。

1935 年 7 月，共产国际第七次代表大会在莫斯科召开，大会根据新的国际形势，要求纠正近年来在国际共产主义运动中盛行的"左"倾关门主义倾向，建立最广泛的世界反法西斯统一战线。王明在会上代表中共驻共产国际代表团作了关于建立反帝统一战线问题的发言，这是中国共产党战略方针转变的开始。8 月 1 日，根据共产国际七大的精神和国内民族危机逐渐加深的形势，中共驻共产国际代表团拟定了《中国苏维埃政府、中国共产党中央为抗日救国告全体同胞书》（即《八一宣言》），宣言分析了国际国内形势，指出中华民族已处于生死存亡的关头，抗日救国是每个同胞的神圣天职。宣言建议组织国防政府和抗日联军总司令部，集中一切国力，共同抗日。宣言顺应时代要求，适时地提出了建立抗日民族统一战线的主张，反映了广大人民群众的愿望，对于推动抗日救亡运动发挥了积极的作用。

1935 年 12 月，中共中央在瓦窑堡召开政治局会议（即瓦窑堡会议），会议通过了《关于目前政治形势与党的任务的决议》，稍后毛泽东作了《论反对日本帝国主义的策略》的报告。决议和报告分析了当前时局的基本特点是日本帝国主义正准备吞并全中国，把全中国从各帝国主义的半殖民地变为日本的殖民地，中华民族面临着亡国灭种的危险，中日民族矛盾已上升到主要矛盾，这就迫使一切不愿当汉奸亡国奴的中国人起来参加抗日战争。为建立最广泛的抗日民族统一战线，我们的任务是"不但要团结一切可能的、反日的基本力量，而且要团结一切可能的反日同盟者"①。

为推动建立抗日民族统一战线，会议适时调整了党的若干重要政策。决议把"工农共和国"的口号改为"人民共和国"的口号，以利于团结资产阶级和其他抗日力量。毛泽东指出："如果说，我们过去的政府是工人、农民和城市小资产阶级联盟的政府，那末，从现在起，应当改变为除了工人、农民和城市小资产阶级以外，还要加上一切其他阶级中愿意参加民族革命的分子。"② 为了联合富农参加革命斗争，会议作出的《关于改变对富农策略的决定》改变了原来的土地革命政策，决定指出，在新的形势下，"富农也开始参加反对帝国主义侵略及豪绅地主军阀官僚的革命，或采取同情与善意的中立态度"，所以，反对富农的策略已经不合时宜了，"我们应该联合整个农民，造成广泛的农民统一战线。"富农的财产不没收，富农的土地，除封建剥削部分外，不问自耕的与雇人耕的，均不没收，"苏维埃政府并应保障富农扩大生产（如租佃土地，开辟荒地，雇用工人等）与发展工商等的自由。"③

决议重申保护工商业和发展民族资本主义经济的政策，指出："用比较过去宽大的政策对待民族工商业资本家。在双方有利的条件下，欢迎他们到苏维埃人民共和国领土内投资，开设工厂与商店，保护他们生命财产之安全，尽可能的减低租税条件，以发展中国的经济。在红军占领的地方，保护一切对反日反卖国贼运动有利益的工商业。"④ 毛泽东在同一时期的文章讲话也指出，人民共和国"并不废除非帝国主义的、非封建主义的私有财产，并不没收民族资产阶级的工商业，而且还鼓励这些工商业的发展"，"任何民族资本家，只要他不赞助帝国主义和中国卖国贼，我们就要保护他。"我们保

---

① 《张闻天选集》，人民出版社 1985 年版，第 72 页。

② 《毛泽东选集》第一卷，人民出版社 1991 年版，第 156 页。

③ 《第一、二次国内革命战争时期土地斗争史料选编》，人民出版社 1991 年版，第 835、836 页。

④ 《中国共产党历史》第 1 卷上册，中共党史出版社 2002 年版，第 531 页。

护工人利益，"却并不反对民族资本家发财，并不反对民族工商业的发展，因为这种发展不利于帝国主义，而有利于中国人民。"①

为了适应进一步建立抗日民族统一战线的需要，中国共产党改变了对地主阶级的策略方针，将没收地主土地的政策逐渐转变为减租减息的政策。1937 年 2 月，中共中央在《致国民党三中全会电》中提出，在国民党放弃内战、独裁和不抵抗政策，同意建立抗日民族统一战线的条件下，中国共产党将"在全国范围内停止推翻国民政府之武装暴动方针"，并且"停止没收地主土地之政策"②。5 月，刘少奇在党的白区工作会议上说，我们党已经将土地革命政策"改为减租减息的政策"，这就是"实行'二五'减租，保障佃农对于土地的永佃权，增加雇工工资和改善雇工待遇"③，等等。

为了迎接新的民族民主革命高潮到来，根据共产国际的指示和逼蒋抗日的需要，中国共产党适时放弃了苏维埃的主张，并把"人民共和国"口号改为"民主共和国"的口号。因为这个口号更有利于自身争取民主，更有利于最广泛地团结包括国民党在内的各阶级、各党派共同抗日。1936 年 8 月，中共中央发出致中国国民党中央委员会并转全体国民党员的信，提出了同国民党共同建立"民主共和国"的倡议。信中说："全国人民现在热烈要求一个真正救国救民的政府，要求一个真正的民主共和国。""我们宣布：在全中国统一的民主共和国建立之时，苏维埃区域即可成为全中国统一的民主共和国的一个组成部分，苏区人民的代表将参加全中国的国会，并在苏区实行与全中国一样的民主制度。"④

1937 年 2 月，中国共产党提出，如国民党实行抗日，共产党愿将苏维埃政府更名为中华民国特区政府，在特区内实行普选的民主制度。接着，陕甘宁苏区即着手进行"更名改制"，将中华苏维埃共和国中央政府驻西北办事处改为陕甘宁特区政府，将苏维埃制改为民主共和制。

1937 年 5 月，毛泽东在中共全国代表会议上，进一步阐述了"民主共

① 《毛泽东选集》第一卷，人民出版社 1991 年版，第 159 页。
② 《中共中央文件选集》第 11 册，中共中央党校出版社 1991 年版，第 157—158 页。
③ 刘成甲：《中共党史研究论文选》下册，湖南人民出版社 1984 年版，第 89 页。
④ 《毛泽东文集》第一卷，人民出版社 1993 年版，第 428—429 页。

和国"的主张,他说,我们放弃了工农民主共和国的口号,"过去的提出和今天的放弃,都是正确的。"新的民主共和国"包括无产阶级、农民、城市小资产阶级、资产阶级及一切国内同意民族和民主革命的分子,它是这些阶级的民族和民主革命的联盟。"①"按照社会经济条件,它虽仍是资产阶级民主主义性质的国家,但是按照具体的政治条件,它应该是一个工农小资产阶级和资产阶级联盟的国家,而不同于一般的资产阶级共和国。"②

中国共产党主张与国民党合作建立民主共和国,但是并没有放弃自己的社会主义前途,毛泽东指出,我们现在所要建立的民主共和国,"它的前途虽仍然有走上资本主义方向的可能,但是同时又有转变到社会主义方向的可能,中国无产阶级政党应该力争这后一个前途。"③"共产党人决不抛弃其社会主义和共产主义的理想,他们将经过资产阶级民主革命的阶段而达到社会主义和共产主义的阶段。"④ 在这次会议的结论中,毛泽东又指出:"我们是革命转变论者,主张民主革命转变到社会主义方向去。""今天的联合资产阶级抗日派,正是走向社会主义的必经的桥梁。"⑤ 早在1936年9月,中国共产党在张闻天起草的《关于抗日救亡运动的新形势与民主共和国的决议》中也指出:"民主共和国不但能够使全中国最广大的人民群众参加到政治生活中来,提高他们的觉悟程度与组织力量,而且也给中国无产阶级及其首领共产党为着将来的社会主义的胜利而斗争以自由活动的舞台。"⑥ 在民主共和国建立后,共产党也决不放弃对苏区与原有武装力量的绝对领导,相反,党要坚持着扩大与巩固自己的政治军事力量,"保障抗日战争与民主共和国之彻底的胜利,争取社会主义前途的实现。"⑦

为了彻底战胜日本帝国主义,中国共产党很注重抗日民族统一战线的宣

---

① 《毛泽东选集》第一卷,人民出版社1991年版,第260页。
② 《毛泽东选集》第一卷,人民出版社1991年版,第263页。
③ 《毛泽东选集》第一卷,人民出版社1991年版,第264页。
④ 《毛泽东选集》第一卷,人民出版社1991年版,第259页。
⑤ 《毛泽东选集》第一卷,人民出版社1991年版,第276页。
⑥ 《张闻天选集》,人民出版社1985年版,第108页。
⑦ 《张闻天选集》,人民出版社1985年版,第111页。

传和实施。1936 年 11 月，刘少奇发表《民族统一战线的基本原则》一文，这篇文章观点鲜明，逻辑周密，系统批判了"左"倾关门主义的危害，论证了建立抗日民族统一战线的可能性和必要性，并对抗日民族统一战线作了前瞻性探讨，是党的统一战线理论的经典著作。刘少奇认为，无产阶级及其政党必须清醒地认识到，在即将形成的抗日民族统一战线中，无产阶级与资产阶级争夺领导权的斗争将是不可避免的，而资产阶级已经不可能完成民主革命的任务，只有最革命的无产阶级才能当此重任，所以中国无产阶级在民主革命中的领导权问题，是中国民主革命能否彻底胜利之中心的决定的问题。刘少奇还鲜明地指出，民族统一战线形成以后，右倾思想会逐渐成为党内的主要危险，所以中国共产党要努力克服这种危险，在抗日民族统一战线中为争夺领导权作毫不含糊的斗争。刘少奇的这些观点在抗日战争中得到了检验和证实，并有效地指导了党的抗日民族统一战线工作。

在土地革命战争后期，中国共产党关于"民主共和国"的政治主张、关于土地革命政策的初步调整、对中国民族民主革命社会主义前途的进一步阐发，以及关于抗日民族统一战线的理论，标志着中国共产党的社会理论和政权建设理论已经初具雏形，虽然这个时候还没有提出来新民主主义的概念，但是新民主主义社会理论已经厚积薄发，呼之欲出了。

第三节　新民主主义社会理论的正式形成

进入全面抗战时期以后，中国共产党人把马克思主义基本原理和中国具体实际进一步相结合，提出了马克思主义中国化的任务。马克思主义中国化的重要成果，就是形成了新民主主义理论——新民主主义革命理论和新民主主义社会理论。新民主主义理论的形成，标志着毛泽东思想的正式形成。

一、三民主义的建国方案和土地政策的调整

全面抗战时期，建立了以国共第二次合作为基础的抗日民族统一战线。抗战初期，为了团结国民党一致抗日，中国共产党高举孙中山的三民主义旗

帜，把"民主共和国"的建国主张与孙中山的三民主义密切联系起来，将其解释为以国共两党共同追求为政治基础的"三民主义共和国"。1937 年 9 月，中国共产党在周恩来起草的《中共中央为公布国共合作宣言》中指出："孙中山先生的三民主义为中国今日之必需，本党愿为其彻底的实现而奋斗。"①中国共产党要求国民党结束一党专政，实现民权政治，召开国民大会，制定宪法，"以孙中山先生的革命的三民主义、三大政策及其遗嘱，作为各党派各阶层统一战线的共同纲领"，"将现政府改造成为一个有人民代表参加的统一战线的政府。"②1938 年 2 月，毛泽东在同合众社记者的谈话中说，我们所主张的民主共和国，"大体上是孙中山先生早已主张了的，中国建国的方针应该向此方向前进。"③

　　1938 年 7 月，毛泽东在接见世界学联代表团时，描绘了"真正三民主义的中华民国"的蓝图。毛泽东说，我们要建立的这个国家，有一个独立的民主政府、一个代表人民的国会、一个适合人民要求的宪法，经济发展，实行八小时工作制，农民拥有土地，人民有言论集会结社信仰自由，民族平等，民族团结，军民团结，对外和平通商，订立互利协定，等等。"这样的国家，还不是社会主义的国家，这样的政府，也不是苏维埃政府，乃是实行彻底的民主制度与不破坏私有财产原则下的国家与政府。这就是中国的现代国家，中国很需要这样一个国家。有了这样一个国家，中国就离开了半殖民地与半封建的地位，离开了旧中国，变成了新中国。"④可以看出，毛泽东在这里对"新的民主共和国"的说明，同后来对新民主主义共和国的说明有很多相似之处，虽然还没有提出新民主主义的概念，但是已经在构建新民主主义的科学体系了。同年 10 月，毛泽东在中共六届六中全会上所作的《论新阶段》的报告中又指出："我们所谓的民主共和国就是三民主义共和国，它的性质是三民主义的"，⑤我们的"真正三民主义的中华民国"要为实现民族

---

① 《周恩来选集》上卷，人民出版社 1980 年版，第 77 页。

② 《毛泽东选集》第二卷，人民出版社 1991 页。年 376、377 页。

③ 《毛泽东文集》第二卷，人民出版社 1993 年版，第 102 页。

④ 《毛泽东文集》第二卷，人民出版社 1993 年版，第 134 页。

⑤ 《中共中央文件选集》第 11 册，中共中央党校出版社 1991 年版，第 633—634 页。

独立、民权自由和民生幸福而奋斗。

毛泽东对三民主义民主共和国的未来发展问题，在不断思考的基础上也作了多次的阐述、描绘和说明。1938 年 5 月，毛泽东在一次谈话中说，中国现阶段的任务是要完成民族民主革命，"驱逐日本帝国主义，建立自由平等的民主共和国。"① 而中国将来阶段的任务是要完成社会主义革命，建立更先进的社会主义共和国。在一定的条件下，中国可能和平地走到社会主义，不一定要经过欧美那样的资本主义发展阶段，也不一定需要十月革命那样的流血革命。1939 年 5 月，毛泽东又指出："这种民主革命是为了建立一个在中国历史上所没有过的社会制度，即民主主义的社会制度，这个社会的前身是封建主义的社会（近百年来成为半殖民地半封建的社会），它的后身是社会主义的社会。"②

全面抗战爆发后，中国共产党进一步调整土地政策，1937 年 8 月，中共中央在《关于南方各游击区域工作的指示》中，要求"停止没收地主土地财产"，"尽可能利用一切合法的斗争方式，求得群众生活的改善（如增加工人雇农的工资，改良待遇，减租、减息，减税）。"③ 在同月召开的中共中央政治局扩大会议（洛川会议）上，正式把减租减息作为抗日战争时期土地政策的基本方针，并写进了《抗日救国十大纲领》。减租减息是适应抗日战争时期新形势的正确政策，既削弱了封建剥削制度，改善了农民生活，又照顾到地主的利益，使农民和地主各得其所，有利于建立和巩固最广泛的抗日民族统一战线。

抗日战争进入战略相持阶段后，日本帝国主义改变了对华策略，对国民党统治集团加紧进行拉拢和诱降活动，加之共产党领导的人民革命力量不断发展壮大，引起国民党的恐惧，使国民党日趋对日妥协，积极反共。1939年 1 月，国民党五届五中全会确定了"溶共"、"防共"、"限共"、"反共"的方针。形势的发展变化使中国共产党在国家问题上的政治主张有所变化，逐

---

① 《毛泽东文集》第二卷，人民出版社 1993 年版，第 135 页。

② 《毛泽东选集》第二卷，人民出版社 1991 年版，第 559 页。

③ 《中共中央文件选集》第 11 册，中共中央党校出版社 1991 年版，第 300—301 页。

渐凸显无产阶级的革命领导权及其在"民主共和国"中的领导地位，淡化了对国民党的冀求。5 月，毛泽东在《五四运动》一文中指出，中国民主革命的完成，要依靠"工人阶级、农民阶级、知识分子和进步的资产阶级，就是革命的工、农、兵、学、商，而其根本的革命力量是工农，革命的领导阶级是工人阶级。"[1]

综上所述，在抗日战争初期，中国共产党对未来国家政权的设计，是真心实意地要同国民党共弃前嫌，合作建国的，并为此相应地对若干政策，特别是土地革命政策做了重大调整，但是实践证明，国民党亡共之心不死，和共产党的合作仅是一种策略性的权宜之计，这就推动了中国共产党在对未来国家政权的设计上作出进一步的思考和调整。

二、新民主主义社会理论的系统论述

1939 年 12 月，毛泽东发表了《中国革命和中国共产党》的著作，在马克思主义发展史上第一次创造性地提出了"新民主主义"的概念，成为新民主主义革命理论和新民主主义社会理论的标志性著作之一。他指出："现时中国的资产阶级民主主义的革命，已不是旧式的一般的资产阶级民主主义的革命，这种革命已经过时了，而是新式的特殊的资产阶级民主主义的革命。""我们称这种革命为新民主主义的革命。""所谓新民主主义的革命，就是在无产阶级领导之下的人民大众的反帝反封建的革命。"[2]

在这篇著作中，毛泽东还没有提出来新民主主义社会的概念，但是他提出了新民主主义革命的政治和经济目标，实际上初步描绘了新民主主义社会的蓝图。他说，新民主主义革命，"和历史上欧美各国的民主革命大不相同，它不造成资产阶级专政，而造成各革命阶级在无产阶级领导之下的统一战线的专政。""中国现阶段的革命所要造成的民主共和国，一定要是一个工人、农民和其他小资产阶级在其中占一定地位起一定作用的民主共和国。换言之，即是一个工人、农民、城市小资产阶级和其他一切反帝反封建分子的革

---

[1] 《毛泽东选集》第二卷，人民出版社 1991 年版，第 559 页。

[2] 《毛泽东选集》第二卷，人民出版社 1991 年版，第 647 页。

命联盟的民主共和国。"①"在政治上是几个革命阶级联合起来对于帝国主义者和汉奸反动派的专政，反对把中国社会造成资产阶级专政的社会。它在经济上是把帝国主义者和汉奸反动派的大资本大企业收归国家经营，把地主阶级的土地分配给农民所有，同时保存一般的私人资本主义的企业，并不废除富农经济。"②

　　为了说明新民主主义和孙中山新三民主义的一致性，毛泽东引用了孙中山的著述加以佐证："近世各国所谓民权制度，往往为资产阶级所专有，适成为压迫平民之工具。若国民党之民权主义，则为一般平民所共有，非少数人所得而私也。"③ 这就把新民主主义和新三民主义有机地契合起来，使新民主主义成为反对国民党一党专政、维持半殖民地半封建社会的利器。

　　在这篇著作中，毛泽东对资本主义这个敏感问题表明了态度，他说："这种新民主主义的革命也和社会主义的革命不相同，它只推翻帝国主义和汉奸反动派在中国的统治，而不破坏任何尚能参加反帝反封建的资本主义成分。"④ 推翻帝国主义和封建主义的革命，"有时还有资产阶级参加，即使大资产阶级背叛革命而成了革命的敌人，革命的锋芒也不是向着一般的资本主义和资本主义的私有财产"⑤，"在革命胜利之后，因为肃清了资本主义发展道路上的障碍物，资本主义经济在中国社会中会有一个相当程度的发展，是可以想象得到的，也是不足为怪的。资本主义会有一个相当程度的发展，这是经济落后的中国在民主革命胜利之后不可避免的结果。"⑥

　　关于中国革命的前途，毛泽东指出："中国现时的革命阶段，是为了终结殖民地、半殖民地、半封建社会和建立社会主义社会之间的一个过渡的阶段"，"一方面是替资本主义扫清道路，但在另一方面又是替社会主义创造前

---

① 《毛泽东选集》第二卷，人民出版社 1991 年版，第 648、649 页。
② 《毛泽东选集》第二卷，人民出版社 1991 年版，第 647 页。
③ 《毛泽东选集》第二卷，人民出版社 1991 年版，第 648 页。
④ 《毛泽东选集》第二卷，人民出版社 1991 年版，第 648 页。
⑤ 《毛泽东选集》第二卷，人民出版社 1991 年版，第 646 页。
⑥ 《毛泽东选集》第二卷，人民出版社 1991 年版，第 650 页。

提。"① 既然现在中国的革命是新民主主义革命而非旧民主主义革命，而中国革命又处在社会主义向上高涨、资本主义向下低落的国际环境中，"那末，中国革命的终极的前途，不是资本主义的，而是社会主义和共产主义的，也就没有疑义了。"毛泽东还指出："中国革命的全部结果是：一方面有资本主义因素的发展，又一方面有社会主义因素的发展。这种社会主义因素是什么呢？就是无产阶级和共产党在全国政治势力中的比重的增长，就是农民、知识分子和城市小资产阶级或者已经或者可能承认无产阶级和共产党的领导权，就是民主共和国的国营经济和劳动人民的合作经济。所有这一切，都是社会主义的因素。加以国际环境的有利，便使中国资产阶级民主革命的最后结果，避免资本主义的前途，实现社会主义的前途，不能不具有极大的可能性了。"②

1940 年 1 月，毛泽东在陕甘宁边区文化协会第一次代表大会上作了《新民主主义论》的讲演（原题目为《新民主主义的政治与新民主主义的文化》——笔者注），稍后发表。在这篇著作中，毛泽东明确指出，目前的中国革命，是新式的特殊的资产阶级民主革命，亦即新民主主义革命，这种革命所要建立的社会既不是资产阶级专政的资本主义社会，也不是无产阶级专政的社会主义社会，而是"新民主主义社会"，即"以中国无产阶级为首领的中国各个革命阶级联合专政的新民主主义的社会"③。在此基础上，毛泽东系统阐述了新民主主义的政治、经济和文化，并指出，新民主主义的政治、经济和文化相结合，就是新民主主义共和国。这篇著作构筑了新民主主义社会理论的基本内容，标志着新民主主义社会理论的正式形成。

关于新民主主义的政治，毛泽东在分析了民族资产阶级不能完成中国民主革命的反帝反封建的两大基本任务后指出，领导中国新民主主义革命的任务已经历史地落在无产阶级的身上，在无产阶级的领导下，"中国无产阶级、农民、知识分子和其他小资产阶级，乃是决定国家命运的基本势力。这

---

① 《毛泽东选集》第二卷，人民出版社 1991 年版，第 647 页。
② 《毛泽东选集》第二卷，人民出版社 1991 年版，第 650 页。
③ 《毛泽东选集》第二卷，人民出版社 1991 年版，第 672 页。

些阶级，或者已经觉悟，或者正在觉悟起来，他们必然要成为中华民主共和国的国家构成和政权构成的基本部分"，"现在所要建立的中华民主共和国，只能是在无产阶级领导下的一切反帝反封建的人们联合专政的民主共和国，这就是新民主主义的共和国，也就是真正革命的三大政策的新三民主主义共和国。"①

毛泽东指出，新民主主义的共和国，"一方面和旧形式的、欧美式的、资产阶级专政的、资本主义的共和国相区别"，"另一方面，也和苏联式的、无产阶级专政的、社会主义的共和国相区别"，是第三种形式的共和国。这种形式的共和国是殖民地半殖民地的国家"在一定历史时期中所采取的国家形式"，"因而是过渡的形式，但是不可移易的必要的形式。"②

毛泽东阐释了国体和政体这两个范畴的含义，并指明了新民主主义共和国的本质属性。他说，所谓国体，"就是社会各阶级在国家中的地位。"所谓政体，即政权组织形式，是指"一定的社会阶级取何种形式去组织那反对敌人保护自己的政权机关。"中国现在可以采取人民代表大会的民主集中制，实行真正普遍平等的选举制，才"适合于新民主主义的精神。"③毛泽东最后指出："国体——各革命阶级联合专政。政体——民主集中制。这就是新民主主义的政治，这就是新民主主义的共和国"，"这就是革命的中国、抗日的中国所应该建立和决不可不建立的内部政治关系，这就是今天'建国'工作的唯一正确的方向。"④

关于新民主主义的经济，毛泽东指出："革命的中国、抗日的中国应该建立和必然要建立的内部经济关系"，就是"要走'节制资本'和'平均地权'的路，决不能是'少数人所得而私'，决不能让少数资本家少数地主'操纵国民生计'，决不能建立欧美式的资本主义社会，也决不能还是旧的半封建社会。"⑤具体来说，就是建立起新民主主义的国营经济，在个

---

① 《毛泽东选集》第二卷，人民出版社 1991 年版，第 674、675 页。

② 《毛泽东选集》第二卷，人民出版社 1991 年版，第 675 页。

③ 《毛泽东选集》第二卷，人民出版社 1991 年版，第 676、677 页。

④ 《毛泽东选集》第二卷，人民出版社 1991 年版，第 677 页。

⑤ 《毛泽东选集》第二卷，人民出版社 1991 年版，第 678、679 页。

体经济基础上建立合作社经济，同时容许私人资本主义经济一定程度的存在和发展。

毛泽东指出："大银行、大工业、大商业，归这个共和国的国家所有"，以建立起新民主主义的国营经济。为了论证这个观点，毛泽东引用了孙中山在国民党一大宣言中说的一段话："凡本国人及外国人之企业，或有独占的性质，或规模过大为私人之力所不能办者，如银行、铁道、航路之属，由国家经营管理之，使私有资本制度不能操纵国民之生计，此则节制资本之要旨也。"毛泽东明确指出："这就是新民主主义共和国的经济构成的正确的方针。""在无产阶级领导下的新民主主义共和国的国营经济是社会主义的性质，是整个国民经济的领导力量。"①

毛泽东解释了"平均地权"的方针，他指出："这个共和国将采取某种必要的方法，没收地主的土地，分配给无地和少地的农民，实行中山先生'耕者有其田'的口号，扫除农村中的封建关系，把土地变为农民的私产。农村的富农经济，也是容许其存在的。"毛泽东认为，在新民主主义阶段，"一般地还不是建立社会主义的农业"②，但是农民的个体经济也不会永远存在下去，在个体经济的基础上会发展起来各种合作经济，这些合作经济也具有社会主义因素，它的发展方向是社会主义的。

关于私人资本主义经济，毛泽东认为，因为中国经济还十分落后的缘故，新民主主义共和国并不禁止"不能操纵国民生计"的资本主义生产的发展，亦不没收一般资本主义的私有财产。

毛泽东在这篇著作中对新民主主义的文化作了集中阐述，他说："一定的文化是一定社会的政治和经济在观念形态上的反映"，"至于新文化，则是在观念形态上反映新政治和新经济的东西，是替新政治新经济服务的。"③ 毛泽东指出，中国的新文化，在"五四"以前是旧民主主义性质的文化，这种文化在帝国主义时代已经腐化，已经无力了，它的失败是必然的，"五四"

---

① 《毛泽东选集》第二卷，人民出版社 1991 年版，第 678 页。
② 《毛泽东选集》第二卷，人民出版社 1991 年版，第 678 页。
③ 《毛泽东选集》第二卷，人民出版社 1991 年版，第 694、695 页。

以后，中国产生了完全崭新的文化生力军，这就是中国共产党人的共产主义文化思想，就是无产阶级领导的人民大众的反帝反封建的文化，就是民族的、科学的、大众的新民主主义文化。

毛泽东认为，新民主主义的文化反对帝国主义压迫，主张中华民族的尊严和独立，因此它是我们这个民族的，带有我们民族的特性，但是民族的文化并不排斥外国的先进文化，相反我们应该大量吸收外国的先进文化，作为自己文化食粮的原料。对于外国的东西，也决不能生吞活剥地毫无批判地吸收，"形式主义地吸收外国的东西，在中国过去是吃过大亏的。""中国文化应有自己的形式，这就是民族形式。民族的形式，新民主主义的内容——这就是我们今天的新文化。"①

毛泽东认为，新民主主义的文化反对一切封建思想和迷信思想，主张实事求是和客观真理，主张理论和实践的一致，因而是科学的，这是与封建主义的旧文化的根本区别。但是，我们要尊重历史的辩证法，在中国长期的封建社会中，既产生了大量的腐朽的糟粕和毒素，也创造了大量的灿烂的文明和精华，这其中就包括"古代优秀的人民文化即多少带有民主性和革命性的东西"②，无批判地兼收并蓄和不加区别地全盘否定都是错误的，我们的任务是"剔除其封建性的糟粕，吸收其民主性的精华"③，只有这样，我们的社会才能前进，我们的新民主主义文化才是真正科学的。

毛泽东认为，文化是有阶级性的，新民主主义的文化是站在人民大众的立场上，代表人民大众的利益，为人民大众服务的，而不是站在少数剥削阶级的立场上，代表少数剥削阶级的利益，为少数剥削阶级服务的，这是新民主主义的新文化区别于封建主义的旧文化的鲜明特点。他说："这种新民主主义的文化是大众的，因而即是民主的。"这种文化要真正为人民大众服务，就要逐渐成为人民大众自己的文化，因为"革命文化，对于人民大众，是革命的有力武器。"④ 这就要求革命的文化工作者必须接近民众，传播和普及革

---

①　《毛泽东选集》第二卷，人民出版社1991年版，第707页。
②　《毛泽东选集》第二卷，人民出版社1991年版，第708页。
③　《毛泽东选集》第二卷，人民出版社1991年版，第707页。
④　《毛泽东选集》第二卷，人民出版社1991年版，第708页。

命文化。总之，新民主主义文化只有真正代表占全部人口百分之九十以上的工农劳苦大众的利益，并成为他们生活的一部分，才能是真正先进的文化，才能具有真正的战斗力和持久的生命力。

继《中国革命和中国共产党》之后，毛泽东在《新民主主义论》中更加明确地论述了中国新民主主义社会的社会主义前途问题。他说，现在的中国革命，"虽然按其社会性质，基本上依然还是资产阶级民主主义的，它的客观要求，是为资本主义的发展扫清道路；然而这种革命，已经不是旧的、被资产阶级领导的、以建立资本主义的社会和资产阶级专政的国家为目的的革命，而是新的、被无产阶级领导的、以在第一阶段上建立新民主主义的社会和建立各革命阶级联合专政的国家为目的的革命。因此，这种革命又恰是为社会主义的发展扫清更广大的道路。"① 毛泽东并指出，新民主主义的政治、经济、文化，由于都是无产阶级领导的缘故，就都具有社会主义的因素，并且不是普通的因素，而是起决定作用的因素，所以这种新民主主义的革命无疑是向着社会主义的目标发展的。

毛泽东在《新民主主义论》中关于新民主主义的政治、经济、文化的论述，并不是针对当时的抗日战争时期，而是着眼于未来，阐释中国共产党对未来新社会的政策主张，因而是一幅描绘新社会的美好蓝图。它毫无保留的将中国共产党的政策观点公之于世，与国民党顽固派企图维持半殖民地半封建社会状态的本质形成了鲜明的对比和对立，所以这篇著作也是一篇无产阶级及其政党中国共产党的战斗檄文。

《中国革命和中国共产党》《新民主主义论》这两篇著作标志着新民主主义社会理论的正式形成，从此，中国共产党和中国人民除了有自己的科学的革命斗争理论指引革命走向胜利外，还有了自己的科学的社会建设理论，指导着他们在自己的区域内进行卓有成效的社会建设，并最终在中国建立了崭新的新民主主义社会。

---

① 《毛泽东选集》第二卷，人民出版社1991年版，第668页。

第四节　新民主主义社会理论的臻于成熟

新民主主义社会理论形成以后，并没有停滞不前，而是运用于中国共产党领导的抗日民主根据地建设的实践中，使之具体化为各项方针政策，在实践中接受检验，并从实践中及时总结经验教训，上升到理论层次，使之进一步系统化，从而达到成熟，最终形成一个完整的、科学的理论体系。新民主主义社会理论的成熟历程，体现在中共中央的一些文件中，更体现在毛泽东和党的其他领导人的著作中。

一、三三制的政权组织形式和发展生产的政策措施

1940 年 3 月，中共中央在《新民主主义论》的基本精神指导下，紧密结合抗日根据地政权建设的实际，发出了《抗日根据地的政权问题》的党内指示，在这个指示中，毛泽东创造性地提出了"三三制"的政权组织形式。

中国共产党在"民主共和国"的口号下建立起各级统一战线的抗日民主政权，它是新民主主义政权在抗日战争时期的具体形式，是"一切赞成抗日又赞成民主的人们的政权"，是在无产阶级领导之下的"几个革命阶级联合起来对于汉奸和反动派的民主专政。"[①] 所以，抗日民主政权相对于土地革命战争时期的工农民主政权而言，扩大了阶级基础，改变了苏维埃的一些关门主义的政策，把"抗日"和"民主"两大旗帜有机地结合起来，这个政权既是抗日的，又是民主的，在抗日的旗帜下汇聚各个抗日阶级，组成最广泛的抗日民族统一战线，并把日本帝国主义驱逐出中国，借以实现普遍的民主，建立民主共和国。在民主的旗帜下，保障各抗日阶级的民主权利及其他权益，来实现共同抗击日本侵略者，实现民族统一大业。为了保证抗日政策的贯彻实施，毛泽东强调了抗日根据地政权的施政方针，他说："抗日统一战线政权的施政方针，应以反对日本帝国主义，保护抗日的人民，调节各抗日阶层的利益，改良工农的生活和镇压汉奸、反动派为基本出发点。"为了

---

① 《毛泽东选集》第二卷，人民出版社 1991 年版，第 741 页。

保证民主政策的贯彻实施，毛泽东指出，应由人民选举产生抗日根据地的各级政权，"凡满十八岁的赞成抗日和民主的中国人，不分阶级、民族、男女、信仰、党派、文化程度，均有选举权和被选举权。""其组织形式，应是民主集中制。"①

为了团结各阶级、各阶层一致对外，共同抗日，巩固和扩大抗日民族统一战线，中国共产党创造了"三三制"的政权组织形式，逐渐调整了各方面的政策。"三三制"政权就是在各级抗日民主政权的人员组成上，共产党员占三分之一或者更少，他们代表无产阶级和贫农，非党进步分子占三分之一，他们代表小资产阶级，中间派及其他分子占三分之一，他们代表中等资产阶级和开明绅士。毛泽东指出："这种人数的大体上的规定是必要的"，"这种人员分配的政策是我们党的真实政策，必须认真实行，不能敷衍塞责。"②为了保证"三三制"更好地贯彻执行，中共中央发出指示，要求坚决纠正一部分共产党员的关门主义和宗派主义倾向，共产党员必须与党外人士实行民主合作，不得独断专行，把持包办。

中共中央认为，过去土地革命战争时期的土地政策已不能适应抗日战争时期的新形势，必须加以改变。除已经实行彻底的土地革命的陕甘宁边区等地区外，在新开辟的抗日民主根据地不能实行没收地主土地的政策，一方面要实行地主减租减息的政策，以充分调动农民群众的抗日和生产积极性，地租一般以实行二五减租为原则。另一方面，要保护地主的土地所有权和财产所有权，实行农民交租交息，保证地主的合理利益，以团结地主阶级共同抗日。关于劳动政策，中共中央认为，在民族战争的形势下，工人阶级和资产阶级的矛盾已退居次要地位，工人阶级只宜保持必要限度的斗争，政策切勿过左，不能随意发动罢工斗争，以保证资本家正常生产经营，以有力支援战争的进行，亦使之有利可图；另一方面要订立劳资契约，资本家要保证改善工作条件，适时适度加薪减时，工人要遵守劳动纪律，按章办事，如此则各得其所，消弭内耗，集中全力共同支持抗日大局。另外要活跃城乡商品市

---

① 《毛泽东选集》第二卷，人民出版社1991年版，第743页。

② 《毛泽东选集》第二卷，人民出版社1991年版，第751页。

场，增加商品供应和流通。中国共产党采取的一系列发展工农业生产的政策措施，有力地支援了战争，一定程度上改善了广大人民群众的生活。

毛泽东还阐明了抗日民主根据地的新民主主义性质。他说："判断一个地方的社会性质是不是新民主主义的，主要地是以那里的政权是否有人民大众的代表参加以及是否有共产党的领导为原则。因此，共产党领导的统一战线政权，便是新民主主义社会的主要标志。""一切赞成抗日和民主的人民的统一战线的政治"、"排除了半殖民地因素和半封建因素的经济"、"人民大众反帝反封建的文化"，决定了各抗日根据地的新民主主义社会性质。毛泽东进一步指出，抗日民主政权将给全国以很大的影响，"各根据地的模型推广到全国，那时全国就成了新民主主义的共和国。"[1]

"三三制"的抗日民主政权的实践，以及一系列发展工农业生产的政策措施的实行，是新民主主义社会理论形成后的初步的然而是成功的尝试，加上根据地军民对日本侵略者的奋勇抗击，使中国共产党领导的敌后抗日根据地度过了最艰难的时期，为最后取得抗日战争的胜利提供了基本保障，这充分说明新民主主义社会理论是适合中国实际的科学理论。

二、中国共产党和平建国的联合政府主张

随着抗日战争的胜利推进，打败日本帝国主义已指日可待。在这种形势下，中国人民面临着两种前途、两种命运的斗争，这就是蒋介石所谓的"中国之命运"，即半殖民地半封建的黑暗的前途和命运，和中国共产党所主张的人民民主的光明的前途和命运。为了领导全国人民去反对前一种前途和命运，争取后一种前途和命运，中国共产党于1945年4月至6月召开了第七次全国代表大会。毛泽东在大会上作了《论联合政府》的政治报告，总结了抗日战争八年的历史经验和抗日解放区的建设经验，全面阐述了新民主主义理论，从而把新民主主义社会理论推向成熟，成为中国人民和平建国的正确指南。

在这篇报告中，毛泽东开宗明义，指出中国人民的基本要求是，在打

---

① 《毛泽东选集》第二卷，人民出版社1991年版，第785页。

败日本侵略者以后，"在广泛的民主基础之上，召开国民代表大会，成立包括更广大范围的各党各派和无党无派代表人物在内的"民主联合政府，领导全国人民，"将中国建设成为一个独立、自由、民主、统一和富强的新国家。"①

在报告中，毛泽东阐述了中国共产党人在现阶段所主张的一般纲领，即把中国"从殖民地、半殖民地和半封建的国家和社会状况，推进到新民主主义的国家和社会"的基本纲领，他从政治、经济、文化三个方面对此分别展开论述。

关于新民主主义的政治，毛泽东分析了抗战胜利后中国所要建立的国家制度问题，他指出，"由大地主大资产阶级专政的、封建的、法西斯的、反人民的国家制度"、"纯粹民族资产阶级的旧式民主专政的国家"、"社会主义的国家制度"这三种国家制度在现阶段的中国都是不应该或者不可能建立的。这是因为，国民党统治集团的十八年统治已经证明第一种国家制度"完全破产了"，民族资产阶级在经济和政治上的软弱性以及中国早已产生了觉悟了的、表现了强大能力的中国无产阶级及其政党的新条件，使得第二种国家制度在中国"不可能、因此就不应该"，而第三种国家制度"在中国社会经济的必要条件还不具备"②。

毛泽东紧接着指出，我们主张建立新民主主义的国家制度，这是"一个以全国绝对大多数人民为基础而在工人阶级领导之下的统一战线的民主联盟的国家制度"，因为它取得了和可能取得广大产业工人、手工业工人、农民阶级、城市小资产阶级、民族资产阶级、开明士绅及其他爱国分子的同意，所以，"这是一个真正适合中国人口中最大多数的要求的国家制度"③。

毛泽东强调了新民主主义的政治和孙中山先生的革命主张的完全一致性。他指出，我们主张在推翻外来民族压迫和废止国内封建主义和法西斯主义的压迫之后，"不是建立一个旧民主主义的政治制度，而是建立一个联合

---

① 《毛泽东选集》第三卷，人民出版社 1991 年版，第 1029、1030 页。
② 《毛泽东选集》第三卷，人民出版社 1991 年版，第 1055 页。
③ 《毛泽东选集》第三卷，人民出版社 1991 年版，第 1056 页。

一切民主阶级的统一战线的政治制度。"① 毛泽东在这里再次引用了在《中国革命和中国共产党》中引用的孙中山的伟大的政治指示"近世各国所谓民权制度，往往为资产阶级所专有，适成为压迫平民之工具。若国民党之民权主义，则为一般平民所共有，非少数人所得而私也"来说明中国共产党是完全继承了孙中山先生的遗志的，并申明为"保护和发扬这个完全正确的新民主主义的政治原则"，中国共产党"尊重这个指示而坚决地实行之，并同一切违背和反对这个指示的任何人们和任何集团作坚决的斗争"。②

毛泽东进一步发挥了《新民主主义论》中关于政体的理论，他说："新民主主义的政权组织，应该采取民主集中制，由各级人民代表大会决定大政方针，选举政府。它是民主的，又是集中的，就是说，在民主基础上的集中，在集中指导下的民主。只有这个制度，才既能表现广泛的民主，使各级人民代表大会有高度的权力；又能集中处理国事，使各级政府能集中地处理被各级人民代表大会所委托的一切事务，并保障人民的一切必要的民主活动。"③

关于人民的自由，毛泽东指出，人民的言论、出版、集会、结社、思想、信仰等自由，是最重要的自由，而国民党政府剥夺了这些自由。自由是人民争来的，不是什么人恩赐的，解放区人民已经在共产党的领导下争得了自由，其他地方的人民也可能和应该争得这种自由。毛泽东论述了争取人民自由和建立联合政府的关系，他说，中国人民争得的自由越多，有组织的民主力量就越大，就越有可能成立统一的临时的联合政府。这种联合政府一经成立，将转过来给予人民充分的自由，巩固联合政府的基础。"没有人民的自由，就没有真正民选的国民大会，就没有真正民选的政府。"④

毛泽东接着指出："军队和其他武装力量，是新民主主义的国家权力机关的重要部分，没有它们，就不能保卫国家"，和旧式军队、警察完全不同

---

① 《毛泽东选集》第三卷，人民出版社 1991 年版，第 1056 页。
② 《毛泽东选集》第三卷，人民出版社 1991 年版，第 1056、1057 页。
③ 《毛泽东选集》第三卷，人民出版社 1991 年版，第 1057 页。
④ 《毛泽东选集》第三卷，人民出版社 1991 年版，第 1070 页。

的是，新民主主义国家的武装力量"是属于人民和保护人民的"①，这是毛泽东关于新民主主义的政治对《新民主主义论》的重要补充。

关于土地问题，毛泽东指出："为着消灭日本侵略者和建设新中国，必须实行土地制度的改革，解放农民。"目前时代正确的做法是实行孙中山提倡的"耕者有其田"的主张，毛泽东继而指出，"耕者有其田""是把土地从封建剥削者手里转移到农民手里，把封建地主的私有财产变为农民的私有财产，使农民从封建的土地关系中获得解放"②。这种主张，并非无产阶级社会主义革命的主张，也不单是中国共产党人的主张，而是资产阶级民主革命的主张，是一切革命民主派的主张，但是只有中国共产党人才坚决地彻底地实施了这个主张。中国共产党"只有制订和执行了坚决的土地纲领、为农民利益而认真奋斗"③，才能获得最广大农民群众的支持。毛泽东指出，抗战期间，为建立抗日民族统一战线，中国共产党作出让步，将"耕者有其田"的政策改为减租减息的政策。中国共产党现在还要为真正实现"耕者有其田"继续奋斗，抗战胜利后，如果没有特殊阻碍，将继续实行减租减息政策并推广到全国，有步骤地达到"耕者有其田"。

关于少数民族问题，毛泽东指出，中国共产党坚决反对国民党反人民集团的大汉族主义的错误的民族思想和民族政策，完全同意孙中山关于民族主义的思想和政策。中国共产党人必须积极地帮助各少数民族的广大人民群众为实现孙中山的民族主义而奋斗，争取他们在政治、经济、文化上的解放和发展。少数民族的语言文字、风俗习惯和宗教信仰，都要受到尊重。

在这个报告中，毛泽东再次说明了新民主主义社会的社会主义前途问题。他说，新民主主义的基本纲领是我们的最低纲领，"我们共产党人从来不隐瞒自己的政治主张。我们的将来纲领或最高纲领，是要将中国推进到社会主义社会和共产主义社会去的，这是确定的和毫无疑义的。我们的党的名称和我们的马克思主义的宇宙观，明确地指明了这个将来的、无限光明的、

---

① 《毛泽东选集》第三卷，人民出版社 1991 年版，第 1057 页。
② 《毛泽东选集》第三卷，人民出版社 1991 年版，第 1074 页。
③ 《毛泽东选集》第三卷，人民出版社 1991 年版，第 1075 页。

无限美妙的最高理想。"①"每个共产党员入党的时候，心目中就悬着为现在的新民主主义革命而奋斗和为将来的社会主义和共产主义而奋斗这样两个明确的目标。"②

毛泽东指出："只有经过民主主义，才能到达社会主义，这是马克思主义的天经地义。"③在中国，为民主主义奋斗的时间还是长期的，一切中国共产党人及其同情者，必须为现阶段的新民主主义目标而奋斗，否则，空谈什么社会主义和共产主义，就不是一个自觉的和忠诚的共产主义者。

为了消除有些人怀疑共产党得势之后，会否搞无产阶级专政和一党制度的疑虑，毛泽东解释说："几个民主阶级联盟的新民主主义国家，和无产阶级专政的社会主义国家，是有原则上的不同的。""中国在整个新民主主义制度期间，不可能、因此就不应该是一个阶级专政和一党独占政府机构的制度。只要共产党以外的其他任何政党，任何社会集团或个人，对于共产党是采取合作的而不是采取敌对的态度，我们是没有理由不和他们合作的。""中国现阶段的历史将形成中国现阶段的制度，在一个长时期中，将产生一个对于我们是完全必要和完全合理同时又区别于俄国制度的特殊形态，即几个民主阶级联盟的新民主主义的国家形态和政权形态。"④

毛泽东解释了新民主主义和新三民主义的关系，他说，孙中山在国民党一大宣言里所解释的三民主义的基本原则，同我党新民主主义纲领的若干基本原则是互相一致的。当然，二者之间只是在若干基本原则上一致，并非完全一致，我党的新民主主义比之孙先生的三民主义，当然要完备得多。按其基本性质说来，孙先生的三民主义，是个新民主主义的纲领，所以，"对于中国共产党人，为本党的最低纲领而奋斗和为孙先生的革命三民主义即新三民主义而奋斗，在基本上（不是在一切方面）是一件事情，并不是两件事情。"⑤

---

① 《毛泽东选集》第三卷，人民出版社 1991 年版，第 1059 页。

② 《毛泽东选集》第三卷，人民出版社 1991 年版，第 1058 页。

③ 《毛泽东选集》第三卷，人民出版社 1991 年版，第 1060 页。

④ 《毛泽东选集》第三卷，人民出版社 1991 年版，第 1061、1062 页。

⑤ 《毛泽东选集》第三卷，人民出版社 1991 年版，第 1061 页。

毛泽东指出,新民主主义的经济也是符合孙中山的原则的,中国共产党在现阶段对于经济问题,完全同意孙先生在土地问题上关于"耕者有其田"和在工商业问题上关于"节制资本"的主张。毛泽东指出,按照孙先生的原则,"在现阶段上,中国的经济,必须是由国家经营、私人经营和合作社经营三者组成的。"① 在这里,毛泽东提出了新民主主义的"三种经济成分论",在新民主主义经济理论发展中占有重要地位。毛泽东强调说,国家经营的所谓国家,必须是"为一般平民所共有"的新民主主义的国家,不能是"少数人所得而私"的国家。

在抗日战争即将取得胜利的新形势下,毛泽东第一次论述了国家的工业化问题。他指出:"没有工业,便没有巩固的国防,便没有人民的福利,便没有国家的富强。"② 而发展工业,解放中国的生产力,有待于"新民主主义的政治条件"的获得,因为政治不改革,工农业生产悉遭破坏,"没有独立、自由、民主和统一,不可能建设真正大规模的工业。"毛泽东认为:"新民主主义的国家,如无巩固的经济做它的基础,如无进步的比较现时发达得多的农业,如无大规模的在全国经济比重上占极大优势的工业以及与此相适应的交通、贸易、金融等事业做它的基础,是不能巩固的。"所以,"在新民主主义的政治条件获得之后,中国人民及其政府必须采取切实的步骤,在若干年内逐步地建立重工业和轻工业,使中国由农业国变为工业国。"③

毛泽东指出,工人阶级将在实现工业化的过程中发挥伟大作用,"中国工人阶级的任务,不但是为着建立新民主主义的国家而斗争,而且是为着中国的工业化和农业近代化而斗争。"为了发展工业,必须解决劳资矛盾的问题,他指出,新民主主义的国家"将采取调节劳资间利害关系的政策。一方面,保护工人利益,根据情况的不同,实行八小时到十小时的工作制以及适当的失业救济和社会保险,保障工会的权利;另一方面,保证国家企业、私人企业和合作社企业在合理经营下的正当的赢利;使公私、劳资双方共同为

---

① 《毛泽东选集》第三卷,人民出版社 1991 年版,第 1058 页。

② 《毛泽东选集》第三卷,人民出版社 1991 年版,第 1080 页。

③ 《毛泽东选集》第三卷,人民出版社 1991 年版,第 1080、1081 页。

发展工业生产而努力。"①

毛泽东在以往论述的基础上，集中阐述了中国共产党人对于私人资本主义的明确态度，他指出："有些人怀疑中国共产党人不赞成发展个性，不赞成发展私人资本主义，不赞成保护私有财产，其实是不对的。"新民主主义制度的任务，正是为了解除民族压迫和封建压迫对中国人民个性发展和私人资本主义发展的束缚，以及对广大人民财产的破坏，"保障广大人民能够自由发展其在共同生活中的个性，能够自由发展那些不是'操纵国民生计'而是有益于国民生计的私人资本主义经济，保障一切正当的私有财产。"②

针对某些人对中国共产党提倡在一定条件下发展资本主义的疑惑，毛泽东回答道："拿资本主义的某种发展去代替外国帝国主义和本国封建主义的压迫，不但是一个进步，而且是一个不可避免的过程。它不但有利于资产阶级，同时也有利于无产阶级，或者说更有利于无产阶级。现在的中国是多了一个外国的帝国主义和一个本国的封建主义，而不是多了一个本国的资本主义，相反地，我们的资本主义是太少了。"③ 这是以毛泽东为主要代表的中国共产党人关于资本主义问题的经典语言，也是新民主主义社会理论的核心观点之一，决定了中国共产党在未来一段时期的方针政策。毛泽东进一步补充说，根据马克思主义的社会发展规律，"在新民主主义的国家制度下，除了国家自己的经济、劳动人民的个体经济和合作社经济之外，一定要让私人资本主义经济在不能操纵国民生计的范围内获得发展的便利，才能有益于社会的向前发展。"④

关于新民主主义的文化，毛泽东指出，新民主主义的文化，同样应该是"为一般平民所共有"的，即是说，民族的、科学的、大众的文化，决不应该是"少数人所得而私"的文化。⑤

毛泽东指出，帝国主义和封建主义给中国人民造成的灾难，"包括着民

---

① 《毛泽东选集》第三卷，人民出版社 1991 年版，第 1081、1082 页。
② 《毛泽东选集》第三卷，人民出版社 1991 年版，第 1058 页。
③ 《毛泽东选集》第三卷，人民出版社 1991 年版，第 1060 页。
④ 《毛泽东选集》第三卷，人民出版社 1991 年版，第 1060 页。
⑤ 《毛泽东选集》第三卷，人民出版社 1991 年版，第 1058 页。

族文化的灾难"，在民族压迫和封建压迫下，中国逐渐沦落为文化落后的国家，所以，在中国人民的解放斗争和新民主主义的国家建设中，都迫切地需要大量的知识分子，应当把知识分子视为国家和社会的宝贵财富，使他们受到应有的尊重。我们"需要大批的人民的教育家和教师，人民的科学家、工程师、技师、医生、新闻工作者、著作家、文学家、艺术家和普通文化工作者。""今后人民的政府应有计划地从广大人民中培养各类知识分子干部，并注意团结和教育现有一切有用的知识分子。"关于旧知识分子改造的问题，毛泽东指出，正确的方法应该"是采取适当的方法教育他们，使他们获得新观点、新方法，为人民服务。"①

毛泽东指出："中国国民文化和国民教育的宗旨，应当是新民主主义的；就是说，中国应当建立自己的民族的、科学的、人民大众的新文化和新教育。""一切奴化的、封建主义的和法西斯主义的文化和教育，应当采取适当的坚决的步骤，加以扫除。"而"从百分之八十的人口中扫除文盲，是新中国的一项重要工作。"②毛泽东指出现阶段中国文化运动的主要对象是三亿六千万农民，离开农民，所谓扫除文盲，普及教育，大众文艺等大半都成了空话。

关于外国文化和中国古代文化，毛泽东认为，应当用唯物辩证的方法来对待它们，盲目排斥和搬用的方针都是错误的，应以中国人民的实际需要为基础，批判地吸收和继承进步的外国文化和中国古代文化。

毛泽东在《论联合政府》中所阐述的新民主主义的政治、经济、文化，一部分是针对当时的具体的国际国内形势而言的，但是，从历史的观点看，这些基本理论构成了新民主主义社会理论的核心内容，具有一般的意义，基本上适用于整个新民主主义时期。

综上所述，毛泽东在《论联合政府》中所阐述的新民主主义的观点，不仅与《新民主主义论》中所阐述的观点是一致的，而且在此基础上作了进一步展开和深化，在某些方面做了重要的补充，从而使新民主主义社会理论更

---

① 《毛泽东选集》第三卷，人民出版社 1991 年版，第 1082、1083 页。

② 《毛泽东选集》第三卷，人民出版社 1991 年版，第 1083 页。

加系统化、理论化和科学化而达到成熟。毛泽东在《论联合政府》中所阐述的新民主主义的基本理论，使全党对新民主主义制度有了更加明确的认识，为全党进一步指明了奋斗目标，从而为建立新中国奠定了必要的理论基础和政策基础。

第四章　新民主主义社会理论发展简史（下）

新民主主义社会理论发展史，不仅包括其理论体系建构的历史，而且包括这个理论体系具体运用于中国社会实际，解决中国社会问题的历史，这是一部新民主主义社会理论的应用史和检验史，也是一部深化史和嬗变史，这段历史在整个新民主主义社会理论的发展史中，同样占有非常重要的地位。这段历史包括解放战争时期新民主主义社会政策的调整和完善、新中国成立前后新民主主义社会理论的多方面展开、新中国成立后新民主主义社会理论的进一步深化、社会主义改造和新民主主义社会理论的收官、社会主义建设时期新民主主义社会理论的隐性发展等几个阶段。本书拟就此进行简要论述。

第一节　时局的变化和新民主主义社会政策的调整

抗日战争胜利后，国民党统治集团加紧抢夺胜利果实，积极准备内战，妄图消灭中国共产党及其领导的人民军队，继续维持大地主大资产阶级的反动统治和国民党一党专政的独裁统治，其实质是使中国继续处于半殖民地半封建的社会状态。而中国共产党则主张和平建国，把中国建设成为独立、自由、民主、统一、富强的新中国，其实质是使中国摆脱半殖民地半封建的落后社会状态，进入欣欣向荣的新民主主义社会。为此，中国共产党领导广大人民同国民党统治集团展开了激烈而复杂的斗争。这说明，抗日战争胜利后，中国的政局发生了重大变化，中国的阶级关系和社会矛盾也随之发生了重大变化，抗日民族统一战线正在发生急剧分化，以国民党统治集团为代表的大地主、大资产阶级与以中国共产党为代表的人民大众之间的矛盾，正在取代日本帝国主义和中华民族之间的矛盾而日益成为中国社会的主要矛盾。在这种形势下，中国共产党一方面奉行和平、民主、团结的方针，积极同国民党展开谈判，另一方面加紧自卫战争准备，打退了国民党军队的局部进犯。与这种情况相适应，中国共产党的新民主主义社会政策也在一些方面作了必要的调整，这些政策在实践中的成功运用，又进一步完善了新民主主义社会理论。

一、中国共产党土地政策的调整

在内战阴云密布的形势下，中国共产党为了赢得主动权，特别是为了赢得广大农民群众的支持，着手考虑调整原有的土地政策。原有的减租减息政策是抗日民族统一战线的产物，显然已不能适应新的斗争形势，为满足农民对于土地的迫切要求，解放农村生产力，为自卫战争准备源源不断的人力财力物力支持，1946 年 5 月，中国共产党发出《关于清算减租及土地问题的指示》（即《五四指示》），改变了原来的减租减息政策，决定在解放区实行土地制度改革，将地主占有的大量土地分配给无地少地的农民。指示要求"各地党委必须明确认识，解决解放区的土地问题是我党目前最基本的历史任务，是目前一切工作的最基本的环节。必须以最大的决心和努力，放手发动与领导群众来完成这一历史任务"①。并指出，如果我们能够使一亿多农民解决了土地问题，"就会大大巩固解放区，并大大推动全国人民走向国家民主化。"②

各解放区根据指示精神，迅速开展了土改运动。到 1947 年 2 月，各解放区已有三分之二的农民获得土地，在政治上、经济上摆脱了封建压迫和剥削，从而极大地巩固了解放区，加强了对解放战争的支援。历史证明，没有

---

① 《刘少奇选集》上卷，人民出版社 1981 年版，第 378 页。

② 《刘少奇选集》上卷，人民出版社 1981 年版，第 382 页。

亿万获得了土地的农民的大力支援，解放战争要取得胜利是不可能的。

《五四指示》要求放手发动群众，改变农村中的封建土地所有制关系，实现"耕者有其田"，但是并非简单地恢复土地革命战争时期的土地政策。《五四指示》执行了循序渐进、由浅入深的原则，即尽量不引起农村社会的急剧变动，在保持社会基本稳定的情况下稳步推进土地制度的变革，比如并未完全废除减租减息，农民获得土地的手段也更加多样性，注重对地主的宣传、说服、教育的作用，主要是通过清算、减租、减息、征购等方式获得土地，没收土地在某些地区并不是土地改革的主要形式，这是在当时的时局下应该采取的比较温和、更加灵活和理性、更加符合客观实际的政策。对中农、富农、中小地主的政策也更加合理，比如规定"决不可侵犯中农土地。凡中农土地被侵犯者，应设法退还或赔偿"，"一般不变动富农的土地"，"应使富农和地主有所区别，对富农应着重减租而保存其自耕部分"，"对于中小地主的生活应给以相当照顾"，"应多采取调解仲裁方式解决他们与农民的纠纷"，等等。即使对汉奸、豪绅、恶霸做坚决的斗争时，也应"给他们留下维持生活所必需的土地"。《五四指示》还注意保护民族工商业，强调对待民族资产阶级和地主阶级是有原则区别的，规定"不可将农村中解决土地问题、反对封建地主阶级的办法，同样地用来反对工商业资产阶级"，富农及地主之商店、作坊、工厂、矿山，亦"不要侵犯，应予以保全"。①

《五四指示》在当时的历史条件下是基本正确的，也是中国共产党在当时的历史条件下所能采取的政策，随着革命形势的迅猛发展，人民解放军由战略防御转入战略反攻，时局再一次发生了重大变化，《五四指示》已不能完全适应新的斗争形势，且在一些地区，由于党内作风不纯和其他一些原因，土地改革不尽彻底，土地的分配不尽合理，一些无地少地的农民的土地要求未能得到满足，妨碍了农民积极性的发挥。这就要求对《五四指示》及一年多来的土地改革运动来一次全面的总结。

1947年7月至9月，在中共中央工作委员会的直接领导下，全国土地会议在河北省平山县西柏坡召开。会议经过近两个月的讨论、酝酿，制定通

① 《刘少奇选集》上卷，人民出版社1981年版，第378—379页。

过了《中国土地法大纲》，于 10 月 10 日由中共中央正式颁布。和《五四指示》相比，《中国土地法大纲》的优势是明显的，主要表现在：一、实行一律没收地主土地及公地的办法。大纲规定："废除一切地主的土地所有权"，"废除一切祠堂、庙宇、寺院、学校、机关及团体的土地所有权"①，实行"耕者有其田"的土地制度。"分配给人民的土地，由政府发给土地所有证，并承认其自由经营、买卖及在特定条件下出租的权利。"②二、除没收土地外，"接收地主的牲畜、农具、房屋、粮食及其他财产，并征收富农的上述财产的多余部分，分给缺乏这些财产的农民及其他贫民，并分给地主同样的一份。分给各人的财产归本人所有"③。三、实行彻底平分土地的原则。大纲规定："乡村中一切地主的土地及公地，由乡村农会接收，连同乡村中其他一切土地，按乡村全部人口，不分男女老幼，统一平均分配，在土地数量上抽多补少，质量上抽肥补瘦，使全乡村人民均获得同等的土地，并归各人所有。"④

《中国土地法大纲》是一个战斗性的土地改革纲领，它的颁行标志着中国共产党的土地政策实现了由部分废除到彻底消灭封建剥削制度的转变，对于巩固工农联盟、有力地支援解放战争发挥了巨大作用，并在国统区产生了广泛的政治影响，在中国共产党历史上和新民主主义社会理论发展史上占有不可磨灭的极其重要的地位。

当然，这个大纲也存在一些不足之处，比如实行平均分配一切土地的办法，未免太绝对化，没有照顾到各地区的具体情况，且这样做容易侵犯中农利益；对农村阶级成分的划分没有制定统一、科学的标准，主观性太强，使一些人成分划分不当而在土地改革中受到不公平对待，等等，加上其他一些原因，导致在实际执行过程中发生了一些"左"的偏向甚至错误，比如有些地方出现没收地主、富农兼营的工商业的现象，有些地方出现不给地主生活出路，甚至发生"扫地出门"和乱打乱杀现象，都严重妨碍了土地改革运动

---

① 《中共党史参考资料》（六），人民出版社 1979 年版，第 328 页。
② 《中共党史参考资料》（六），人民出版社 1979 年版，第 330 页。
③ 《中共党史参考资料》（六），人民出版社 1979 年版，第 329 页。
④ 《中共党史参考资料》（六），人民出版社 1979 年版，第 328 页。

的健康发展。但是中共中央积累了丰富的农村工作经验，一开始就严密监控着运动的发展，在逐渐发现这些问题后，很快采取措施加以纠正，所以土地改革运动基本上是成功的，显示出中国共产党政治上的高度成熟。

二、毛泽东对新民主主义社会理论的阐发

1947 年 12 月，中共中央在陕北米脂县杨家沟召开扩大会议（即十二月会议），毛泽东在会上作了《目前形势和我们的任务》的报告。在报告中，毛泽东深刻阐述了新民主主义的经济、政治等方面的方针和政策，进一步丰富和发展了新民主主义社会理论。

在报告中，毛泽东提出并论述了新民主主义的三大经济纲领，即"没收封建阶级的土地归农民所有，没收蒋介石、宋子文、孔祥熙、陈立夫为首的垄断资本归新民主主义的国家所有，保护民族工商业。"[①]

农民问题是中国革命的基本问题，而土地问题则是农民问题的中心问题。领导农民进行土地改革，消灭封建剥削和压迫，是新民主主义革命的一项主要任务，所以中国共产党把"没收封建阶级的土地归农民所有"作为新民主主义的三大纲领之一。在此基础上，毛泽东进一步概括了土地改革总路线，即"我们的方针是依靠贫农，巩固地联合中农，消灭地主阶级和旧式富农的封建的和半封建的剥削制度。"所以，在土地改革中"必须注意两条基本原则：第一，必须满足贫农和雇农的要求，这是土地改革的最基本的任务；第二，必须坚决地团结中农，不要损害中农的利益。"[②]

毛泽东指出，蒋宋孔陈四大家族垄断了全国的经济命脉，这个垄断资本和国家政权结合在一起，成为国家垄断资本主义，它同帝国主义、地主阶级和旧式富农密切地结合着，是阻碍中国社会发展的重要原因，也是蒋介石反动政权的经济基础，所以，没收官僚资本归人民的国家所有，消灭官僚资产阶级的剥削和压迫，以促进社会生产力的发展，是新民主主义革命的任务之一。

---

① 《毛泽东选集》第四卷，人民出版社 1991 年版，第 1253 页。
② 《毛泽东选集》第四卷，人民出版社 1991 年版，第 1250、1251 页。

毛泽东分析了民族资产阶级和官僚资产阶级的区别，指出新民主主义革命消灭的对象是垄断资本主义，而不是一般的资本主义，只是官僚资产阶级，而不是民族资产阶级。由于中国经济的落后性，在全国胜利以后的一个长时期内，民族资本主义经济在整个国民经济中还是不可缺少的一部分，还必须允许民族资本主义经济有益于国民经济的部分的存在和发展，所以中国共产党对于民族资本主义是采取"坚决地毫不犹豫地给以保护"的政策的，历史上出现的对民族资本主义采取过左的错误政策，是绝对不许重复的。

在以上分析的基础上，毛泽东概括了新中国的经济构成和党的经济工作的指导方针，他说："新中国的经济构成是：（1）国营经济，这是领导的成分；（2）由个体逐步地向着集体方向发展的农业经济；（3）独立小工商业者的经济和小的、中等的私人资本经济。"新民主主义国民经济的指导方针和总目标，则是"发展生产、繁荣经济、公私兼顾、劳资两利"。①

在报告中，毛泽东还重申了中国人民解放军宣言中的观点："联合工农兵学商各被压迫阶级、各人民团体、各民主党派、各少数民族、各地华侨和其他爱国分子，组成民族统一战线，打倒蒋介石独裁政府，成立民主联合政府。"②并指出这就是中国共产党和人民解放军的最基本的政治纲领。这是中国共产党在新的历史条件下对统一战线理论的新发展，中国共产党代表最广大人民群众的根本利益，就必须联合他们一起作坚决的斗争，同时，中国反动势力的强大，客观上也要求建立一个包括全民族绝大多数人口的最广泛的统一战线。毛泽东还从对历史的回顾中论证了这个统一战线必须在中国共产党的领导下，才能取得革命的胜利。

1948年4月，毛泽东在晋绥干部会议上的讲话中，更加完整地概括了土地改革的总路线，即"依靠贫农，团结中农，有步骤地、有分别地消灭封建剥削制度，发展农业生产。"③毛泽东强调了土地改革只能和必须依靠贫农的思想，他说："土地改革的主要的和直接的任务，就是满足贫雇农群众的

① 《毛泽东选集》第四卷，人民出版社1991年版，第1255页。
② 《毛泽东选集》第四卷，人民出版社1991年版，第1256页。
③ 《毛泽东选集》第四卷，人民出版社1991年版，第1314页。

要求。"①另外，为了使土地改革取得成功，贫雇农必须团结中农，和他们结成巩固的统一战线，满足某些中农的要求。毛泽东指出："必须容许一部分中农保有比较一般贫农所得土地的平均水平为高的土地量。"②这是党的土地政策对待中农的一次调整，更加符合农村的实际和斗争的需要。毛泽东还指出必须批判土地改革中存在的绝对平均主义的倾向，它的性质是反动的、落后的、倒退的。针对晋绥和其他解放区存在的侵犯民族资产阶级的过火行为，毛泽东再次强调了党的保护民族工商业的政策。关于发展农业生产，毛泽东指出，土地改革的直接目的，就是发展农业生产，完成土地改革任务后，党和政府必须立即集中力量，兴办水利，改良农业技术，务使增产成为可能。"为了发展农业生产，必须劝告农民在自愿原则下逐步地组织为现时经济条件所许可的以私有制为基础的各种生产的和消费的合作团体。"③这也是中国共产党关于农村个体经济的一贯设想，旨在为向社会主义过渡奠定基础。可见，中国共产党在论述新民主主义社会理论时，就包含着向社会主义转变的思想，所以，应该将社会转变理论视为新民主主义社会理论的有机组成部分。

1948年9月，中共中央在河北省平山县西柏坡召开中共中央政治局扩大会议（又称"九月会议"），毛泽东在会上作了重要报告，涉及新民主主义社会理论的，主要有政权建设、无产阶级领导权、新民主主义经济等问题。

毛泽东第一次论述了人民民主专政问题。他指出："我们政权的阶级性是这样：无产阶级领导的，以工农联盟为基础，但不是仅仅工农，还有资产阶级民主分子参加的人民民主专政。""我们是人民民主专政，各级政府都要加上'人民'二字，各种政权机关都要加上'人民'二字，如法院叫人民法院，军队叫人民解放军，以示和蒋介石政权不同。"④关于政权组织形式问题，毛泽东在总结历史经验的基础上，指出"在中国采取民主集中制是很合适的"，不必搞资产阶级的议会制和三权鼎立，"现在我们就用'人民代表会议'这

---

① 《毛泽东选集》第四卷，人民出版社1991年版，第1314页。

② 《毛泽东选集》第四卷，人民出版社1991年版，第1314页。

③ 《毛泽东选集》第四卷，人民出版社1991年版，第1316页。

④ 《毛泽东文集》第五卷，人民出版社1996年版，第135页。

一名词。"①

毛泽东回顾了革命统一战线的历史后指出，我们要团结资产阶级民主分子，同它的政治代表民主同盟合作，还要搞"国共合作"，当然不是同蒋介石合作，而是同蒋介石那里分裂出来的资产阶级分子合作，同国民党内部的冯玉祥、李济深合作，还要和平津学生合作，和主张"中间路线"的分子合作，以建立广大的人民民主统一战线，打倒帝国主义、封建主义和官僚资本主义，建立人民民主专政的国家。

在这次会议上，为了实现夺取全国政权的任务，毛泽东第一次提出了"使党的工作重心逐步地由乡村转到城市"②的问题，并提出要团结国统区一切民主党派、人民团体和无党派民主人士，准备召开政协会议，为成立新中国作好准备。

关于经济问题，毛泽东指出，有人说我们的社会经济是"新资本主义"，"我看这个名词是不妥当的，因为它没有说明在我们社会经济中起决定作用的东西是国营经济、公营经济，这个国家是无产阶级领导的，所以这些经济都是社会主义性质的。"我们的公有制经济数量虽小，但在社会中起决定作用，所以，"我们的社会经济的名字还是叫'新民主主义经济'好。"③这就改变了包括毛泽东本人在内的中国共产党人既往的"新资本主义"的提法，说明中国共产党人关于新民主主义经济的认识，由过去比较强调资本主义经济存在和发展的重要性和必要性，转变为比较强调社会主义经济的领导作用和决定性。毛泽东指出："新民主主义社会中有社会主义的因素，在政治、经济、文化各方面都是这样，并且是领导的因素"，"我们要努力发展经济，由发展新民主主义经济过渡到社会主义。"④

继十二月会议之后，毛泽东在这次会议上再次强调了官僚资本问题，他说，写《新民主主义论》时，我们没有对民族资本与官僚资本进行区分，全面抗战八年中，官僚资本发展很快，我们强调国营经济是领导成分，否则不

① 《毛泽东文集》第五卷，人民出版社1996年版，第136页。
② 《毛泽东选集》第四卷，人民出版社1996年版，第1347页。
③ 《毛泽东文集》第五卷，人民出版社1996年版，第139页。
④ 《毛泽东文集》第五卷，人民出版社1996年版，第145、146页。

能解决问题，这就必须没收官僚资本。新民主主义经济的原则，就是在全国胜利后一定时期内，大工业、大银行、大商业，不管是不是官僚资本，都是要没收的，以建立社会主义经济。

三、刘少奇等对新民主主义经济理论的进一步完善

在九月会议上，刘少奇作了《新民主主义经济建设问题》的长篇发言。他指出："整个国民经济，包含着自然经济、小生产经济、资本主义经济、半社会主义经济、国家资本主义经济以及国营的社会主义经济。国民经济的总体就叫做新民主主义经济。"在这些成分中，"以国营的社会主义经济为其领导成分。"① 这就是刘少奇的新民主主义"六种经济成分论"，虽然表述不是很经典，但是标志着中国共产党新民主主义经济理论取得了重要进展。

刘少奇进而指出，在目前，资产阶级与无产阶级的矛盾，是被人民大众与帝国主义、封建主义、官僚资本主义的矛盾掩盖着的，在革命胜利后，资本主义与社会主义的矛盾，就会变成新社会的主要矛盾。他强调指出，不要对这种矛盾估计不足，而要清醒地认识到这种矛盾，资产阶级要让国家走资本主义道路，所以，"无产阶级与资产阶级的这种斗争，是社会主义与资本主义的两条道路的斗争"②，取得斗争胜利的关键，是巩固地团结和领导小生产者，单是给小生产者土地还不够，只是建立了领导权，还须巩固这种领导权，搞好合作社就是团结小生产者最有力的工具，就能巩固这种领导权。

毛泽东在会议的结论中补充说："现在点明一句话，资产阶级民主革命完成之后，中国内部的主要矛盾就是无产阶级和资产阶级之间的矛盾，外部就是同帝国主义的矛盾。"③ 关于无产阶级领导权问题，毛泽东补充说，巩固这种领导权，这就要在将来的经济建设中，给农民机器，把他们组织成合作社，使他们富裕起来，否则会失去领导权的。

刘少奇指出，共产党人要高瞻远瞩，看到社会主义的前途，这就需要保

---

① 《刘少奇论新中国经济建设》，中央文献出版社 1993 年版，第 3、4 页。
② 《刘少奇论新中国经济建设》，中央文献出版社 1993 年版，第 5 页。
③ 《毛泽东文集》第五卷，人民出版社 1996 年版，第 145 页。

持清醒的头脑，认识到我们与资产阶级的合作是暂时的，总有一天要消灭它。无产阶级领导的国家政权、起领导作用的国营经济、巩固的工农联盟、国际无产阶级的援助，都是取得胜利的条件，使得新民主主义向社会主义的和平转变具有极大的可能性，当然过早地采取社会主义政策是不行的，我们也有困难，需要十几年的准备。这就需要我们艰苦的工作，才能取得胜利，如果盲目糊涂，犯重大错误，则仍有失败之可能。毛泽东充分肯定了刘少奇的观点，他说："新民主主义和社会主义问题，少奇同志的提纲分析得具体，很好，两个阶段的过渡也讲得很好。"[①]

刘少奇关于新民主主义的经济成分、新民主主义社会的主要矛盾、由新民主主义向社会主义过渡的思想，是中国共产党历史上第一次比较系统地集中论述未来新中国经济建设的思想，是新民主主义社会理论建国思想的具体运用，在新民主主义社会理论发展史上具有重要的地位。

几乎与此同时，时任东北局常委兼组织部长、东北财政经济委员会副主任的张闻天也对新民主主义经济的构成问题进行了深入的调查研究，并为东北局起草了《关于东北经济构成及经济建设基本方针的提纲》。张闻天的这份提纲受到中共中央的肯定和重视，并由刘少奇作了两次重要修改和补充，对张闻天的理论观点作了更为准确、系统的发挥，成为解放区和新中国的经济建设方针，是新民主主义社会理论发展史上的经典著作。

张闻天、刘少奇在这份提纲中认为，新民主主义的国民经济主要由五种成分构成，即"国营经济、合作社经济、国家资本主义经济、私人资本主义经济、小商品经济"，"正确地认识这五种经济成分的性质、地位、发展方向及其相互关系，是正确地决定东北经济政策的出发点与基础"[②]，这就是著名的"五种经济成分论"。

关于国营经济，张闻天、刘少奇指出，这种经济已是社会主义性质的经济，"是新民主主义政治的主要的经济基础；是新民主主义经济的支柱"，必须"把它放在国民经济建设的最主要的地位"，"任何轻视或忽视恢复与发展

① 《毛泽东文集》第五卷，人民出版社1996年版，第145页。
② 《张闻天选集》，人民出版社1985年版，第396页。

国营经济的观点，任何把恢复与发展私人资本主义经济放在国民经济建设第一位的观点，都是错误的。"① 他们指出，社会主义的国营经济和私人资本主义经济，不可避免地要发生竞争，这种竞争特别是长期的经济竞争，将决定新民主主义社会的发展前途。所以，无产阶级领导的新民主主义国家必须有意识地掌握这些国民经济的命脉，用一切可能和适当的方法去强化这些经济力量。

张闻天、刘少奇认识到，新民主主义经济应该在某种程度上具有组织性与计划性，但是这种组织性与计划性，须严格限制在可能与必要的限度内，且必须是逐步地去实现，"决不能实行全部的或过高程度与过大范围内的计划经济。"② 在新民主主义革命时期，能够认识到这一点，无疑是非常正确的和难能可贵的。

关于合作社经济，他们认为："在新民主主义的国家中，合作社应该成为广大劳动人民所易于接受和了解的一种经济组织形式和一种普遍的社会制度。"③ 在详尽论述了消费合作社、供销合作社、生产合作社以后他们得出结论说："在无产阶级领导的新民主主义的国家制度之下的合作社经济，是在各种不同程度上带有社会主义性质的经济，是国营经济的最可靠的有力的助手。"④ 国营经济和合作社经济必须联合起来，在经济上结成可靠的同盟军，才能把广大的小生产者吸引过来，使之组织在合作社中并得到保护，使他们逐步走上社会主义道路，而不是走资本主义道路。

关于国家资本主义经济，他们认为，这是私人资本主义经济中最有利于新民主主义的一种经济形式，是国家为了经济上的需要，同资本家依自愿和两利原则订立合同，通过出租、加工、订货等具体形式，把资本家的活动置于国家的管理与监督之下，使之成为国民经济计划的有机组成部分，同时资本家可从生产与交换活动中获取一定的利润。这样既便于加强对那些操纵国计民生的私人资本的管理与监督，也可从国家需要出发吸引私人资本来为国

---

① 《张闻天选集》，人民出版社 1985 年版，第 397 页。

② 《刘少奇论新中国经济建设》，中央文献出版社 1993 年版，第 30 页。

③ 《刘少奇论新中国经济建设》，中央文献出版社 1993 年版，第 34 页。

④ 《张闻天选集》，人民出版社 1985 年版，第 405 页。

家服务。所以，应该有意识地承认国家资本主义，加以提倡和组织，使之成为私人资本主义的发展方向。

关于私人资本主义经济，他们认为，由于目前国营经济和合作经济的力量还很有限，私人资本主义经济在今后的发展是必然的，一定限度内还是必要的。凡国营经济及合作经济力量所不及的地方，私人资本的相当发展，有其一定的建设与积极意义，决不可轻视它们，我们要把必然要发展的私人资本主义经济引导到有利于国计民生的方向，并限制在这个范围以内。此外，同私人资本主义经济的投机性和破坏性作斗争，是今后经济战线上的经常任务，这是一种长期的斗争，主要是经济上的和平竞争，而不应该采用行政上的打击去进行斗争。只有正确地坚持这种斗争，才能减少它的破坏性，增加它的建设性。他们同时还提出了向资本家学习的思想："在合理生产的技术方面，在经济核算方面，我们还应好好地向资本家学习。"[1]

关于小商品经济与半自然经济，他们认为，这种经济形式在无产阶级领导的新民主主义制度下，是会向社会主义方向发展的，但是由于多种经济成分同时并存，所以这是一个比较长期的教育与斗争过程。我们要保护小生产者（主要是农民）的财产私有权，在私有经济的基础上鼓励他们的生产热忱，使他们努力生产，发家致富。他们认为，商品经济条件下生产力发展的必然结果，将是农民小生产者内部某种程度的分化，只要我们坚持新民主主义的发展合作社的道路，用一切方法把农民小生产者组织在消费的、供销的与生产的合作社内，是可以避免资本主义国家两极分化的老路的，使大多数农民都上升为富裕的农民。但是在此过程中，无产阶级必须具有极大的坚忍性，对小生产者的各种弱点进行必要的斗争与教育并加以克服。如果采取强迫命令的办法，那是一定会失败的，只有采取毛主席指示的"耐心说服，典型示范"的办法，才能奏效，才能使小商品经济与半自然经济最后走向社会主义道路。

提纲在结论中说，我们必须实行一条明确的无产阶级领导路线，这就是"以发展国营经济为主体，普遍地发展并紧紧地依靠群众的合作社经济，扶

---

[1] 《张闻天选集》，人民出版 1985 年版，第 410 页。

助与改造小商品经济，容许与鼓励有利于国计民生的私人资本主义经济，尤其是国家资本主义经济"①，只有实行这条路线，才能顺利发展新民主主义经济，加强社会主义成分，以便将来能够顺利地不流血地过渡到社会主义。结论还提出了防止右的和"左"的两种不良倾向，"我们如果把发展新民主主义经济等同于发展资本主义经济，如果把一切希望寄托于资本主义经济的发展"②，那我们就不可能建设新民主主义社会的经济基础，新民主主义的政治，也将因此而不能巩固与持久，这是我们应该坚决反对的路线。与此同时，"又必须坚决地严密地防止任何急性的'左'倾冒险主义的倾向，即是过早地和过多地在国民经济中采取社会主义的步骤"③，以免使我们失去农民的拥护。

五种经济成分论是张闻天、刘少奇共同的理论贡献，构成了新民主主义经济理论的核心，在一定时期内推动了新民主主义社会理论的健康发展，并在以后的新民主主义经济建设实践中发挥了重大作用。

为了揭露国民党的"求和"阴谋，取得革命的彻底胜利，1948年12月底，毛泽东及时写作了《将革命进行到底》一文，以新华社新年献词的名义发表。毛泽东号召人们，要将革命进行到底，不使革命半途而废，坚决彻底干净全部地消灭一切反动势力，推翻国民党的反动统治，"在全国范围内建立无产阶级领导的以工农联盟为主体的人民民主专政的共和国"，"造成统一的民主的和平局面，造成由农业国变为工业国的先决条件，造成由人剥削人的社会向着社会主义社会发展的可能性。"④毛泽东并指出，1949年将要召集没有反动分子参加的以完成人民革命任务为目标的政治协商会议，宣告中华人民共和国的成立，组成"在中国共产党领导之下的、有各民主党派各人民团体的适当的代表人物参加的民主联合政府。"⑤

从《五四指示》、《中国土地法大纲》，到十二月会议和晋绥干部会议，

---

① 《张闻天选集》，人民出版社1985年版，第415页。
② 《张闻天选集》，人民出版社1985年版，第416页。
③ 《刘少奇论新中国经济建设》，中央文献出版社社1993年版，第42页。
④ 《毛泽东选集》第四卷，人民出版社1991年版，第1375页。
⑤ 《毛泽东选集》第四卷，人民出版社1991年版，第1379页。

展示了中国共产党在解放战争时期新民主主义政策调整的思想轨迹，使新民主主义社会理论进一步具体化，更加符合中国革命和社会的现实，也表现了中国共产党与时俱进的理论品质。九月政治局会议所确立的思想观点、张闻天和刘少奇关于新民主主义经济的论述，以及毛泽东的《将革命进行到底》的著作，为党的七届二中全会的召开，为迎接中国革命的胜利，作了充分的理论准备和思想准备。

第二节　新中国成立前后新民主主义社会理论的多方面展开

从 1948 年 9 月到 1949 年 1 月，人民解放军同国民党军队展开战略决战，先后取得了辽沈、淮海、平津三大战役的胜利，国民党军队的主力基本被歼灭，至此中国革命的胜局已定。这样，建立新中国、建设新社会的任务已经现实地摆到全党和全国人民的面前，围绕这个任务，中国共产党做了多方面的准备工作，主要是对解放区治国理政经验的系统总结以及对建国方案的科学规划。相应地，中国人民的建国理论——新民主主义社会理论也得到多方面展开。

一、新中国的宏伟蓝图和中国共产党的纠"左"努力

1949 年 3 月，中国共产党召开七届二中全会，毛泽东在会上所作的报告中，围绕党的工作重心转移、党在全国胜利后的基本政策等问题做了精辟分析，成为今后时期中国共产党各项工作的指导方针。

在革命转变的紧要关头，毛泽东及时地指出了党的工作重心由乡村转移到城市的问题。他说，随着敌我力量对比发生了根本变化，我们的工作方式也要随之变化，农村包围城市的工作方式已经不能适应新的形势。"从现在起，开始了由城市到乡村并由城市领导乡村的时期。党的工作重心由乡村移到了城市。""必须用极大的努力去学会管理城市和建设城市"，必须学会在城市中向我们的敌人作政治、经济和文化的斗争。但是，决不可以仅顾城市，"城乡必须兼顾，必须使城市工作和乡村工作，使工人和农民，使工业

和农业，紧密地联系起来。"①

毛泽东批判了在城市斗争中的错误思想，指出在城市工作中必须全力依靠工人阶级，团结其他劳动群众，争取民族资产阶级和知识分子，以便向敌人作坚决的斗争并战胜他们。另一方面即开始着手我们的建设事业，"从我们接管城市的第一天起，我们的眼睛就要向着这个城市的生产事业的恢复和发展。"必须恢复和发展国营工业、私营工业和手工业的生产，其他一切工作，都必须围绕着这个中心工作来开展。为此，"我们的同志必须用极大的努力去学习生产的技术和管理生产的方法，必须去学习同生产有密切联系的商业工作、银行工作和其他工作。"②只有将城市的生产恢复和发展起来了，使人民群众的生活有所改善，我们才能站得住脚，人民政权才能巩固起来。

毛泽东指出，占百分之十左右的现代性工业，和占百分之九十左右的分散的、落后的农业和手工业，是旧中国半殖民地半封建社会性质的经济表现，也是我们党在当前和今后一个相当长的时期内制定战略、策略和政策的基本出发点。

毛泽东再次论述了五种经济成分的新民主主义经济形态，并说明了中国共产党的基本经济政策。毛泽东指出，我们必须没收集中在帝国主义及其走狗官僚资产阶级手里的资本归人民共和国所有，变成社会主义性质的国营经济，使国家掌握国民经济的命脉。由于民族资产阶级在人民革命斗争中基本上采取参加或者保持中立的立场，还由于中国现时落后的经济状态，在革命胜利后的相当长时期内，"一切不是于国民经济有害而是于国民经济有利的城乡资本主义成分，都应当容许其存在和发展。"③但是新民主主义的私人资本主义，不是不受限制任其泛滥的，它将在活动范围、税收政策、市场价格、劳动条件等方面受到限制。同时，为了整个国民经济的利益，为了广大人民群众的利益，决不能对它们限制得太大太死，"必须容许它们在人民共和国的经济政策和经济计划的轨道内有存在和发展的余地。"④对于广大的农

① 《毛泽东选集》第四卷，人民出版社1991年版，第1427页。
② 《毛泽东选集》第四卷，人民出版社1991年版，第1428页。
③ 《毛泽东选集》第四卷，人民出版社1991年版，第1431页。
④ 《毛泽东选集》第四卷，人民出版社1991年版，第1432页。

业和手工业经济，毛泽东指出，任其自流的观点是错误的，要谨慎地、逐步地而又积极地引导它们组织各种合作社，要成立各级合作社的领导机关。没有合作社经济，我们就不可能由新民主主义社会发展到社会主义社会，就不可能巩固无产阶级的领导权。毛泽东一再告诫人们，违背了以上基本政策，就会犯右倾机会主义错误或者"左"倾冒险主义错误。

在外交方面，毛泽东指出，我们要"有步骤地彻底地摧毁帝国主义在中国的控制权"，"不承认国民党时代的任何外国外交机关和外交人员的合法地位，不承认国民党时代的一切卖国条约的继续存在，取消一切帝国主义在中国开办的宣传机关，立即统制对外贸易，改革海关制度"①，我们愿意按照平等原则同一切国家建立外交关系，但是我们并不奢望很快解决帝国主义对我国的承认问题，只要它们一天不改变敌视态度，我们就一天不给它们在中国的合法地位。这些外交思想，后来毛泽东形象地比喻为"另起炉灶"、"打扫干净屋子再请客"。关于同外国人做生意，那是没有问题的，有生意就得做，既要同社会主义国家做生意，也要同资本主义国家做生意。

毛泽东指出，无产阶级领导的人民民主专政，要求我们不但团结工人阶级、农民阶级和革命的知识分子，还要尽可能多地团结能同我们合作的城市小资产阶级和民族资产阶级分子，这就要求我们"同党外民主人士长期合作的政策，必须在全党思想上和工作上确定下来。"② 在这个问题上，右的迁就主义和"左"的关门主义都是不对的，在我党领导的政治协商会议即将召开、民主联合政府很快成立的形势下，全党对于这个问题必须有正确的认识。

党的七届二中全会是一次具有重大历史意义的会议，它描绘了新中国的宏伟蓝图，确定了新中国的大政方针，从政治上、思想上和理论上为迎接全国胜利的到来，为发展新中国的各项建设事业，作了充分的准备。

由于国民党政府拒绝在由国共双方和平谈判代表团共同拟定的和平协定上签字，毛泽东、朱德命令中国人民解放军向全国进军，彻底消灭国民党残余军队，解放全中国。1949 年 4 月 23 日，人民解放军占领南京，宣告了国

---

① 《毛泽东选集》第四卷，人民出版社 1991 年版，第 1434 页。

② 《毛泽东选集》第四卷，人民出版社 1991 年版，第 1437 页。

民党长达 22 年之久的反动统治的覆灭。4 月 25 日，以毛泽东、朱德的名发布了由毛泽东起草的《中国人民解放军布告》，对于贯彻执行中国共产党七届二中全会确定的各项基本政策，人民解放军的胜利进军，安定社会秩序，起到了重要作用。

布告重申了中国共产党保护民族工商农牧业和没收官僚资本的政策，指出要把私人经营的与国民党反动政府、大官僚分子经营的工厂、商店、银行、仓库、船舶、码头等区别开来，前者一律保护，不受侵犯，后者由人民政府接管。布告总结了既往土地改革中的经验教训，特别强调了稳中求进解决农村土地问题的原则，布告声明，应当废除农村不合理的封建土地制度，"但是废除这种制度，必须是有准备和有步骤的。一般地说来，应当先行减租减息，后行分配土地，并且需要人民解放军到达和工作一个相当长的时期之后，方才谈得到认真地解决土地问题。"① 在广大新解放区的土地改革工作，一般说来都进行得比较成功，没有出现"左"的错误，基本保持了农村社会的稳定，与党的土地政策的进一步成熟是有很大关系的。

中国共产党对旧机构的大部分人员采取"包下来"的政策，对于稳定社会秩序，尽快恢复和发展生产，发挥了重要作用。布告指出，望民族工商业各业员工照常生产，各行商店照常营业，所有官僚资本企业之供职人员，在人民政府接管前，"均须照旧供职"，并负责保护资财等。"凡愿继续服务者，在人民政府接管后，准予量才录用，不使流离失所。"保护一切公私学校、医院等公益事业，这些机关之供职人员，"均望照常供职，人民解放军一律保护，不受侵犯。"除怙恶不悛之战争罪犯和罪大恶极之反革命分子外，凡属国民党各级政府的大小官员、"国大"代表、警察人员、基层保甲人员等，凡不持枪抵抗、阴谋破坏者，一律不加俘虏和逮捕，上述人员应各安职守，服从人民解放军和人民政府的命令，负责保护各机关资财、档案等，"凡有一技之长而无严重的反动行为或严重的劣迹者，人民政府准予分别录用。"② 布告同时指出，如有违反者，须予以惩办。

① 《毛泽东选集》第四卷，人民出版社 1991 年版，第 1157—1159 页。
② 《毛泽东选集》第四卷，人民出版社 1991 年版，第 1458 页。

随着人民解放战争的顺利推进，中国共产党接管的大中城市越来越多，在管理城市的过程中，出现一些对待工商业者的过火行为，严重影响了生产的恢复和发展，也影响了民族资产阶级对共产党的信心和社会秩序的稳定，这种情况在北方最大的工商业城市天津表现得很典型，受中共中央、毛泽东委托，1949 年 4、5 月间，刘少奇去天津视察，发表了著名的"天津谈话"。

刘少奇到天津去的目的非常明确，就是宣传和贯彻党的七届二中全会精神，解决劳资矛盾，恢复和发展工业生产，稳定社会秩序。在天津的一个多月里，刘少奇风尘仆仆，召开大会，视察工厂，接见劳资双方代表，召开座谈会，了解实际情况，发表了一系列谈话。刘少奇在各种场合耐心地做工人的思想工作，告诉他们，在目前条件下，保存资本主义工商业不仅对资本家有利，对国家也是有利的，对工人也是有利的。民族资产阶级不是我们的斗争对象，而是我们的争取对象和同盟军，如果把他们作为斗争对象加以消灭，工厂就要减少，商店就会关门，工人就要失业，就会没有饭吃。今天中国不是资本家太多，太发展了，而是太少，太不发展。因为资本主义不发展，工人才痛苦。如果要打倒民族资产阶级就少了一个朋友，而多了一个敌人。在目前的情况下还要允许资本家的剥削，大家对这一点一定要有清醒的认识。我们对待民族资产阶级的政策是既联合又斗争，既利用又限制，只斗争不联合是错误的，只联合不斗争也是错误的。目前以联合他们、利用他们为主，联合他们恢复生产、发展生产，利用他们有利于国计民生的一面，这是主要的，同时在经营范围、税收价格政策等方面加以限制。有限制，就有斗争。这种斗争，以不破坏联合为原则，那种主张像在农村中揪斗地主一样斗争资本家，分资本家的资财是不对的，"先打倒他们再说"的思想是错误的，这就是不懂政治，是违背七届二中全会的精神的。

刘少奇说，今天的解放，还只是政治上解放，还不能不受剥削。现在还必须允许资本家存在，因此就要使他们有利可图，实行"劳资两利"的政策，不是一利。国民党时是一利，只利资本家不利工人。而现在只利工人而不利资本家也是不对的，对的政策是两利，就是允许资本家对我们剥削。剥削是不好的，但现在来说，也有一点好处。中国共产党有力量随时随地将资本家的剥削废除掉，但是我们不能这样做，因为其他国家的资本主义都发达了几百年了，而我们才只几十年，所以在新民主主义的经济下，在劳资两利的条件下，还要让资本家存在和发展几十年，这样做，对工人阶级好处多，坏处少。

在接见资本家的座谈会上，刘少奇告诉他们，工人和资本家是两个阶级，有阶级就有阶级对立，就有矛盾，没有一点矛盾是不可能的。根本的解决办法，就是搞社会主义革命。但是从新民主主义社会发展到社会主义，不必经过流血的革命，可以和平解决，不必害怕，现在形势很好，主动权掌握在我们手里。现在共产党和人民政府的政策是公私兼顾，既要发展国营经济，也要发展私营经济，从原料到市场，国营私营共同商量，共同分配，这叫有饭大家吃，有钱大家赚。刘少奇说，剥削是个事实，哪怕是罪恶，也只好认了。不过认为剥削多，罪恶大，要审判，要枪毙，苦闷彷徨，那是错误的。剥削制度是很坏的，消灭剥削制度是件大好事，但是剥削是个社会现象，根据今天中国的现实，不是要不要消灭剥削，而是能不能消灭剥削。消灭以后怎么办？从发展生产力的角度看，资产阶级剥削是有历史功绩的，没有一个共产党员抹杀这个事实。……它的科学技术和企业管理，既为它的剥削制度所需要，也为整个社会生产力的发展所需要。骂是骂，资产阶级的历史功绩还是有的，从推动社会发展来看，是功大罪小。今天中国的资本主义还处于年轻时期，还可以发挥它的历史作用，尤其是现在建设新民主主义社会时期，恢复和发展生产，除国家之外，还有私人的，你们资本家可以充分发挥积极性来发展生产力，建设新中国，这正是你们为国建功的机会，要努力，不要错过机会。今天资本主义的剥削不但没有罪恶，而且有功劳，这种剥削是有进步性的，今天不是工厂开得太多，工人受剥削太多，而是太少，有本事多剥削，对国家和人民有利。

在谈到将来过渡到社会主义时资本家怎么办时，刘少奇举在座的一位资本家为例说，你现在只办了两三个厂子，将来你办十几个厂子，到社会主义时期，国家下命令，你就把厂子交给国家，或者由国家收买你的工厂，国家一时没有钱，发行公债也行。然后国家把这些工厂还是交给你办，你还是总经理，不过是国家工厂的总经理，因为你有功，国家可能还要把其他的厂子交给你办，薪水不减你的，还要给你增加，还要给你提高地位。可是你得要办好啊！这里刘少奇在新民主主义社会理论发展史上首次提出了由国家收买资本家的工厂，对资本家实行和平赎买的重要思想。

刘少奇在其他场合还说道，在新民主主义条件下，还要让私人资本主义存在一段时间，"如果吃了母鸡，就不会再有鸡蛋吃。"现在剥削是救人，不准剥削是教条主义，现在必须剥削，要欢迎剥削。工人要求资本家剥削，不剥削就不能生活，现在的工人是有人剥削比没人剥削好，有人剥削他虽然痛苦，没人剥削他更痛苦。

刘少奇的天津之行，打消了工商业者的顾虑，开工率迅速上升，到6月份，财政收入比上月增加1.5倍，7月份，进出口总值达到了解放前的最高水平。刘少奇的天津之行，深刻指出了"左"的危害，坚决纠正了"左"的错误，不仅稳定了天津的局面，而且在全国产生了很大影响，对于恢复和发展生产，活跃城乡经济，建立新民主主义经济秩序发挥了重要作用。刘少奇的讲话大部分是即兴发言，没有事前的文字推敲，某些言辞有矫枉过正之嫌，如"剥削有功"、"剥削越多越好"，等等，但总的来讲是符合党的大政方针政策的。毛泽东也认为讲得很好，个别言辞不一定准确，可以推敲，基本上是肯定的。

刘少奇的"天津讲话"以宣传和贯彻党的七届二中全会精神为中心，把新民主主义社会理论与城市管理的实际工作紧密结合起来，是理论联系实际的典范。其关于利用资本主义的观点，进一步发挥了新民主主义经济思想，体现了刘少奇无产阶级政治家的敏锐和胆识，这个讲话的精华部分是新民主主义社会理论宝库的重要组成部分。

二、建设新中国的经济和政治纲领

"天津讲话"以后，刘少奇结合自己对新民主主义经济的思考，于1949年6月写了《关于新中国的经济建设方针》的党内报告提纲。在这份提纲中，刘少奇正确指出，解放战争快要结束，今后的中心问题，就是如何恢复与发展中国的经济。关于这个问题，刘少奇分析了新中国的国民经济构成及其内在的矛盾。他说，五种经济成分构成了新中国的新民主主义经济，这是一种过渡性质的经济，过渡到社会主义是要经过长期的激烈的艰苦的斗争过程的，过渡所需要的时间，将比中东欧各人民民主国家长得多。在这种经济体系内部，是存在着矛盾和斗争的，这就是社会主义与资本主义之间、无产阶级与资产阶级之间的斗争，这就是新中国内部的基本矛盾。这种矛盾和斗争的结果，将决定中国未来的发展前途，所以必须对这种矛盾和斗争作出正确的分析，以便指导我们的工作。刘少奇说："合作社经济是国营经济的同盟者和带有决定意义的助手，国家资本主义经济也可在一定程度上成为国营经济的助手，而小商品经济及半自然经济则是一种动摇的力量。"①国营经济是社会主义性质的经济，国家资本主义经济是十分接近于社会主义的经济，合作社经济是在不同程度上带有社会主义性质的经济，私人资本主义经济则是资本主义发展趋势的基础。广大的小生产者，一方面可以接受合作社形式，另方面又经常地、自发地和大批地产生着资本主义和资产阶级。

在以上分析的基础上，刘少奇规划了新中国的经济建设方针，他说，在这些经济成分中，除那些投机操纵的及有害于国计民生的经营外，都应鼓励发展。"必须以发展国营经济为主体。普遍建立合作社经济，并使合作社经济与国营经济密切地结合起来。扶助独立的小生产者并使之逐渐地向合作社方向发展。组织国家资本主义经济，在有利于新民主主义的国计民生的范围以内，容许私人资本主义经济的发展，而对于带有垄断性质的经济，则逐步地收归国家经营，或在国家监督之下采用国家资本主义的方式经营。"②这就是说，要逐步增加社会主义成分的比重，以创造条件向社会主义过渡。

刘少奇接着指出目前存在的问题和将要采取的措施，他说，目前的问题是：我们还没有制订完备的经济方针和经济计划；还没有建立全国性的统一领导的经济机关；我们的干部还不懂得管理经济。铁路、银行、外贸、邮政、大钢铁业等和大部分矿山、轮船、纺织业等，将由国家经营或由国家监督经营。要建立各级国民经济委员会，成立银行，成立财政、工业、铁路等各部，并成立公司或托拉斯，经营国家的工厂和矿山。要普遍地组织各种合作社及劳动互助组，并建立全国性的合作社领导机关及合作银行。国家资本

---

① 《刘少奇选集》上卷，人民出版社 1981 年版，第 427 页。
② 《刘少奇选集》上卷，人民出版社 1981 年版，第 428 页。

主义可能在较大范围内采用，其形式是租让、加工、订货等。要适当地实行某些物品的配给制，以保证军队、工人、机关工作人员及学生的生活。对市场则采用调剂物价的政策，以与奸商作斗争。要发展国家商业及合作商业，使之逐渐地取代私人商业。刘少奇正确指出："只有在经过长期积累资金、建设国家工业的过程之后，在各方面有了准备之后，才能向城市资产阶级举行第一个社会主义的进攻，把私人大企业及一部分中等企业收归国家经营。只有在重工业大大发展并能生产大批农业机器之后，才能在乡村中向富农经济实行社会主义的进攻，实行农业集体化。"①

刘少奇指出，在今后的经济建设中，必须经常地进行反对两种倾向的斗争，以保证正确地贯彻执行经济建设方针。一是资本主义的倾向，就是把中国经济的发展视作发展普通的资本主义经济，把一切希望寄托于私人资本主义的发展，自觉不自觉地要把中国建设成资本主义共和国。另一种是冒险主义的倾向，就是在我们的经济计划和措施上超出实际的可能性，过早地、过多地、没有准备地采取社会主义步骤。

刘少奇的这份提纲，全面贯彻了七届二中全会精神，进一步正确地规划了新中国的经济建设蓝图，既反"左"又反右，是一个符合中国实际情况的经济建设方针。在这个方针的正确指导下，在新中国成立后的三年国民经济恢复时期，我国的经济建设取得了巨大成就，使新生的人民政权牢牢站稳了脚跟。后来的社会主义改造虽然取得了成功，但是留下的一些后遗症长期得不到解决，从某种程度上说，是与背离这个经济建设方针有一定关系的。

革命形势的迅猛发展，使建立新中国的条件业已成熟。1949年6月，新政治协商会议筹备会召开之后，建立新中国的各项准备工作已经事实地摆上了中国共产党和全国人民的议事日程。在新中国即将诞生之际，建立一个什么样的国家，这个国家实行什么样的政策，成为摆在中国人民面前的重大思想理论问题，各政治派别纷纷发表自己的主张，国内外反动派也趁机发起思想战线上的进攻，诬蔑共产党实行"独裁"，要建立"极权政府"。为了批驳错误言论，澄清模糊认识，统一全党和全国人民的思想，1949年6月底，

---

① 《刘少奇选集》上卷，人民出版社1981年版，第430页。

毛泽东于纪念中国共产党成立二十八周年之际写了《论人民民主专政》一文。

毛泽东在回顾一百多年来中国人民革命斗争的历史和深刻总结中国革命正反两方面历史经验的基础上，阐释了在中国建立人民民主专政的历史必然性，他说："西方资产阶级的文明，资产阶级的民主主义，资产阶级共和国的方案，在中国人民的心目中，一齐破了产。资产阶级的民主主义让位给工人阶级领导的人民民主主义，资产阶级共和国让位给人民共和国。这样就造成了一种可能性：经过人民共和国到达社会主义和共产主义，到达阶级的消灭和世界的大同。""资产阶级的共和国，外国有过的，中国不能有，因为中国是受帝国主义压迫的国家。唯一的路是经过工人阶级领导的人民共和国。"①

毛泽东结合批驳党内外存在的种种错误思想分析了人民民主专政的含义、人民民主专政内部各阶级的地位及其相互关系、人民民主专政的历史任务等问题。他指出，在现阶段的中国，人民的范围包括工人阶级、农民阶级、城市小资产阶级和民族资产阶级。敌人就是帝国主义者及其走狗，即中国的地主阶级和官僚资产阶级及其政治代表国民党反动派和它的帮凶。中国人民在几十年中积累起来的一切经验，都叫我们实行人民民主专政。人民民主专政，就是对人民的民主和对敌人的专政的辩证统一。人民民主专政的新民主主义国家，对人民内部的各阶级实行广泛的民主，人民享有言论、集会、结社、选举等各项民主权利，它们在共产党的领导下组成自己的国家，选举自己的政府，向敌人实行专政，只许他们规规矩矩，不许他们乱说乱动，否则予以取缔和制裁。当然，对敌人实行专政，不是不给他们出路，只要他们不造反，不破坏，也给土地，给工作，让他们活下去，在劳动中改造成为新人。人民民主和人民专政，是不可分割的两个方面，两者相辅相成，紧密联系。人民民主是对敌人实行专政的前提和基础，只有在人民内部实行充分民主，才能把人民团结起来，形成强大的力量，借以对敌人实行有效的专政；只有对敌人实行强力专政，粉碎他们的破坏和反抗，人民政权才能巩固，才能切实保障人民的民主权利。

---

① 《毛泽东选集》第四卷，人民出版社 1991 年版，第 1471 页。

关于人民民主专政内部各阶级的地位及其相互关系，毛泽东说："人民民主专政的基础是工人阶级、农民阶级和城市小资产阶级的联盟，而主要是工人和农民的联盟"，"推翻帝国主义和国民党反动派，主要是这两个阶级的力量。由新民主主义到社会主义，主要依靠这两个阶级的联盟。"整个革命的历史证明，人民民主专政必须由工人阶级来领导，因为"只有工人阶级最有远见，大公无私，最富于革命的彻底性。"① 至于民族资产阶级，毛泽东指出，在现阶段上，还有其很大的重要性。为了对付帝国主义的压迫，为了迅速发展经济，必须团结他们，利用一切于国计民生有利的城乡资本主义因素，我们的方针是"节制资本"，而不是消灭之。毛泽东同时明确指出，某些人要放弃建立资产阶级共和国的幻想，民族资产阶级不能充当革命的领导者，也不应在国家政权中占主要地位。这是由他们的软弱性，缺乏远见，缺乏足够的勇气，不少人害怕民众的阶级本性决定的。将来时机成熟时，要实行私营企业国有化政策，向社会主义过渡，"人民手里有强大的国家机器，不怕民族资产阶级造反。"②

毛泽东指出，因为帝国主义和国内反动派还存在，国内阶级还存在，所以，人民民主专政的任务是强化人民的国家机器，借以巩固国防和保护人民利益，并以此为条件，"使中国有可能在工人阶级和共产党的领导之下稳步地由农业国进到工业国，由新民主主义社会进到社会主义社会和共产主义社会，消灭阶级和实现大同。"③ 毛泽东向我们提出了不但会革命，还要会建设的任务，他说，严重的经济建设任务摆在我们面前，人民民主专政的新民主主义国家的一项重要任务，就是组织经济建设。"没有农业社会化，就没有全部的巩固的社会主义。农业社会化的步骤，必须和以国有企业为主体的强大的工业的发展相适应。人民民主专政的国家，必须有步骤地解决国家工业化的问题。"④ 他还强调，必须克服困难，向一切内行的人（不管是什么人）学习经济工作，不能不懂装懂，要钻进去，时间长了总可以学会的。

---

① 《毛泽东选集》第四卷，人民出版社 1991 年版，第 1478、1479 页。
② 《毛泽东选集》第四卷，人民出版社 1991 年版，第 1477 页。
③ 《毛泽东选集》第四卷，人民出版社 1991 年版，第 1476 页。
④ 《毛泽东选集》第四卷，人民出版社 1991 年版，第 1477 页。

关于新中国的对外政策，毛泽东批判了"不要国际援助也可以胜利"的错误思想。他说，在帝国主义时代，如果没有国际革命力量的援助，任何国家的人民革命，要想取得胜利是不可能的，胜利了要巩固也是不可能的。所以，我们要联合世界上平等待我之民族和各国人民共同奋斗。在现时，就是联合苏联和各人民民主国家，联合其他各国的无产阶级和广大人民，结成国际统一战线。毛泽东强调了中国共产党的"一边倒"的外交政策，他说，多年的革命经验告诉我们，欲达到胜利和巩固胜利，骑墙是不行的，必须一边倒。我们反对倒向帝国主义一边的国民党反动派，就要倒向社会主义一边。我们倒向社会主义一边，除了因为社会主义阵营对我们的援助和支持、帝国主义国家对我们的仇视和压制之外，还有一个重要的原因就是，新民主主义的社会主义前途决定了我们必须实行一边倒的外交政策。倒向帝国主义一边，除了他们不允许我们独立、自由和民主，他们也是不允许我们走社会主义道路的。毛泽东还指出，我们愿意在平等、互利和互相尊重领土主权的基础上和一切国家建立外交关系，也愿意和一切国家包括英、美这样的国家在互利互惠的条件下做生意。

毛泽东最后总结说："总结我们的经验，集中到一点，就是工人阶级（经过共产党）领导的以工农联盟为基础的人民民主专政。这个专政必须和国际革命力量团结一致。这就是我们的公式，这就是我们的主要经验，这就是我们的主要纲领。"[①]

《论人民民主专政》是新民主主义社会理论发展史上的又一部力作，它丰富和发展了马克思主义的国家学说和无产阶级专政学说，奠定了新民主主义政治的理论基础和政策基础，是建立新中国的政治纲领和指导方针，具有深远的历史意义和重要的现实意义。

三、中国共产党建国纲领的系统论述

1949 年 9 月，中国人民政治协商会议第一届全体会议在北京举行，会议通过了《中国人民政治协商会议共同纲领》（以下简称"共同纲领"），选

---

① 《毛泽东选集》第四卷，人民出版社 1991 年版，第 1480 页。

举产生了中华人民共和国中央人民政府。会议暂行全国人民代表大会的职权，因此共同纲领具有临时宪法的性质。共同纲领规定了新中国的社会性质和国家性质，政治、经济、文化等基本政策，是一份系统论述新民主主义建国纲领的法律文件，也是中国共产党的新民主主义社会理论上升为国家意志的标志。

共同纲领规定了新中国的新民主主义的社会性质和国家性质，规定以新民主主义作为中华人民共和国建国的政治基础，"中华人民共和国为新民主主义即人民民主主义的国家，实行工人阶级领导的，以工农联盟为基础的、团结各民主阶级和国内各民族的人民民主专政，反对帝国主义、封建主义和官僚资本主义，为中国的独立、民主、和平、统一和富强而奋斗。"① 人民民主专政是"工人阶级、农民阶级、小资产阶级、民族资产阶级及其他爱国民主分子的人民民主统一战线的政权"，"由中国共产党、各民主党派、各人民团体、各地区、人民解放军、各少数民族、国外华侨及其他爱国民主分子的代表们所组成的中国人民政治协商会议，就是人民民主统一战线的组织形式。"②

共同纲领规定了新中国的人民代表大会的政权组织形式和民主集中制的原则："人民行使国家政权的机关为各级人民代表大会和各级人民政府。各级人民代表大会由人民用普选方法产生之。各级人民代表大会选举各级人民政府。""各级政权机关一律实行民主集中制。其主要原则为：人民代表大会向人民负责并报告工作。人民政府委员会向人民代表大会负责并报告工作。在人民代表大会和人民政府委员会内，实行少数服从多数的制度。"③ 鉴于当时还不具备召开各级人民代表大会的条件，因此共同纲领又规定，在普选的全国人民代表大会召开以前，由中国人民政治协商会议全体会议代行其职权，制定中央人民政府组织法，选举中央人民政府委员会，在普选的地方人民代表大会召开以前，由地方各界人民代表会议代行其职权。

---

① 《建国以来重要文献选编》第 1 册，中央文献出版社 1992 年版，第 2 页。
② 《建国以来重要文献选编》第 1 册，中央文献出版社 1992 年版，第 1 页。
③ 《建国以来重要文献选编》第 1 册，中央文献出版社 1992 年版，第 4、5 页。

共同纲领代表各革命阶级的利益，体现了鲜明的反对帝国主义、封建主义和官僚资本主义的性质，它明确规定："必须取消帝国主义国家在中国的一切特权，没收官僚资本归人民的国家所有，有步骤地将封建半封建的土地所有制改变为农民的土地所有制，保护国家的公共财产和合作社的财产，保护工人、农民、小资产阶级和民族资产阶级的经济利益及其私有财产，发展新民主主义的人民经济，稳步地变农业国为工业国。"[1]

共同纲领规定新中国实行新民主主义的经济政策，"中华人民共和国经济建设的根本方针，是以公私兼顾、劳资两利、城乡互助、内外交流的政策，达到发展生产、繁荣经济之目的。"国营经济是整个国民经济的领导力量和主要物质基础，具有社会主义性质，"凡属有关国家经济命脉和足以操纵国民生计的事业，均应由国家统一经营。"合作社经济是国民经济的重要组成部分，具有半社会主义的性质，"人民政府应扶助其发展，并给以优待。"鼓励人民群众根据自愿原则发展合作事业，在城镇、乡村、工厂、机关中组织各种合作社。至于有利于国计民生的私营经济，"人民政府应鼓励其经营的积极性，并扶助其发展。"国家资本主义是国家资本与私人资本合作的经济，也具有不同程度的社会主义性质，"在必要和可能的条件下，应鼓励私人资本向国家资本主义方向发展"[2]。国家应在经营范围、原料供给、财政政策等方面，调剂各种经济成分，使之在国营经济的领导下，分工合作，各得其所，以促进整个社会经济的发展。

共同纲领强调土地改革是发展生产力和实现国家工业化的必要条件，凡已实行土改的地区，人民政府必须保护农民已得土地的所有权，并组织农民以发展农业生产及其副业为中心任务，引导农民按自愿互利原则逐步组织各种劳动互助和生产合作。尚未实行土改的地区，要有步骤地开展工作，实现耕者有其田，土地改革工作的每步骤都要与恢复和发展农业生产相结合。另外，共同纲领制定的工业、商业、金融、财政、税收等政策都体现了新民主主义的原则。

---

① 《建国以来重要文献选编》第 1 册，中央文献出版社 1992 年版，第 2 页。
② 《建国以来重要文献选编》第 1 册，中央文献出版社 1992 年版，第 7—8 页。

共同纲领规定了新中国的文化教育事业的基本政策，指出中华人民共和国实行新民主主义的民族的、科学的、大众的文化教育，"以提高人民文化水平、培养国家建设人才、肃清封建的、买办的、法西斯主义的思想、发展为人民服务的思想为主要任务。"① 提倡爱祖国、爱人民、爱劳动、爱科学、爱护公共财物的社会公德；努力发展自然科学，以服务于工农业和国防建设；有计划有步骤地实行普及教育，加强中等教育和高等教育，注重技术教育，给青年知识分子和旧知识分子以革命的政治教育等；提倡文学艺术为人民服务，鼓励人民的劳动热情，启发人民的政治觉悟；发展人民广播和出版事业。这些文化教育的基本政策，荡涤了旧文化和旧教育的封建性、买办性，与国民党政府的文化教育政策具有本质的区别，鲜明地体现了新民主主义的性质。

共同纲领还规定了新中国的民族政策，"中华人民共和国境内各民族一律平等，实行团结互助"，"反对大民族主义和狭隘民族主义"，禁止民族歧视和民族压迫；各少数民族聚居地区，应实行民族区域自治，建立各种民族自治机关；"各少数民族均有发展其语言文字、保持或改革其风俗习惯及宗教信仰的自由。"② 人民政府应帮助少数民族发展政治、经济、文化等事业。

在制定共同纲领的过程中，有民主人士提出在共同纲领中写上社会主义的前途，毛泽东等中共领导人都认为不妥，比如刘少奇代表共产党在政协会议上就指出："有些代表提议把中国社会主义的前途写进共同纲领中去，但是我们认为这还是不妥当的。因为要在中国采取相当严重的社会主义的步骤，还是相当长久的将来的事情，……如在共同纲领上写上这一个目标，很容易混淆我们在今天所要采取的实际步骤。"③ 所以，共同纲领是一个完全意义上的新民主主义的建国纲领和施政纲领，指导了新民主主义社会制度在中国的建立和新中国新民主主义的政治、经济、文化建设。共同纲领是中国共产党、各民主党派、各界爱国民主人士亲密合作和政治协商的典范，是全国

---

① 《建国以来重要文献选编》第 1 册，中央文献出版社 1992 年版，第 11 页。
② 《建国以来重要文献选编》第 1 册，中央文献出版社 1992 年版，第 12 页。
③ 《建国以来刘少奇文稿》第 1 册，中央文献出版社 1992 年版，第 71 页。

各族人民集体智慧的结晶，本身就体现了各革命阶级联合专政的新民主主义的政治内涵和人民大众的新民主主义的文化内涵，这个纲领确定了多种经济成分共同发展的基本经济制度，也体现了新民主主义的经济内涵，所以它是一个符合建国初期实际的团结全国各族人民共同奋斗的新民主主义的战斗纲领，对于巩固人民政权、维护人民民主权利、恢复和发展国民经济、加强革命法制都发挥了重要作用。

第三节　新中国成立后新民主主义社会理论的进一步深化

一、恢复和发展国民经济的任务和策略方针

新中国成立后，面对的是国民党政府留下的一堆烂摊子，工农业生产遭受严重破坏，人民生活困苦，社会动荡不安，特别是在广大的新解放区，国民党残余和特务的破坏活动很猖獗，新生的人民政权面临严峻的考验。所以，除了要继续完成民主革命的遗留任务外，党和政府的主要任务就是战胜困难，迅速恢复被战争破坏的国民经济，争取国家财政经济状况的基本好转，巩固新生的人民政权。

1950 年 6 月，中国共产党召开七届三中全会，毛泽东作了《为争取国家财政经济状况的基本好转而斗争》的报告，报告在分析了国际国内形势后指出，除了老解放区，在广大的新解放区，因为解放的时间很短，还有诸多问题尚待解决，还没有获得有计划地进行经济建设的条件。因此，我们虽然在经济战线上已经取得了一些胜利，表现了财政经济情况的开始好转，但这还不是根本的好转。毛泽东据此提出了获得财政经济情况根本好转的三个条件，即：土地改革的完成、现有工商业的合理调整、国家机构经费的大量节减。他指出，争取这三个条件，大约需要三年或者多一点的时间，我们要为创造这三个条件而努力奋斗，只要实现了这三个条件，国家的整个财政经济状况就可以根本好转了。

为此，毛泽东号召全党和全国人民，要努力完成恢复和发展国民经济的各项任务，为争取国家财政经济状况的基本好转而斗争。毛泽东指出，要有

步骤有秩序地进行土地改革工作。因为战争已经在大陆基本结束，和过去情况完全不同了，国家可以向贫农提供贷款解决困难，因此，我们对待富农的政策也要随之改变，"即由征收富农多余土地财产的政策改变为保存富农经济的政策"①。刘少奇在随后召开的中国人民政治协商会议一届二次会议上的《关于土地改革问题的报告》中对保存富农经济作了详细的说明，他说，现在的形势已经与过去根本不同，富农的政治态度一般地也比以前有了改变，一般来说实行保存富农经济的政策是能够争取其中立的，并且能够更好地保护中农，对于克服当前财政经济的困难是有好处的，因此，采取这项政策在政治上和经济上都是必要的。"富农所有的自耕和雇人耕种的土地及其他财产，加以保护，不得侵犯。"除半地主式的富农出租大量土地及某些特殊情况外，"富农所有的出租的小量土地，亦予保留不动"②。刘少奇强调说，我们所采取的保存富农经济的政策，是一种长期的政策，在整个新民主主义的阶段，都是要保存富农经济的。保存富农经济是建国后党的土地改革政策的一次重大调整，对于扩大团结面，更加孤立地主阶级，保护中农和小土地出租者的利益，早日恢复农村生产，具有重要的意义。这次调整与将有一部分贫农和中农上升为富农的科学预判有密切联系，更加符合新中国成立后的新形势，充分体现了党的与时俱进的精神品格。

毛泽东指出，要巩固财政经济工作的统一管理和领导，巩固财政收支平衡和物价稳定，"在统筹兼顾的方针下，逐步地消灭经济中的盲目性和无政府状态，合理地调整现有工商业，切实而妥善地改善公私关系和劳资关系"。③ 陈云于1950年3月为《人民日报》写的社论《为什么要统一财政经济工作》对此作了详细说明。他说，我们战时的财经工作，都是分散经营的，这种情况在当时是不可避免的，是适应当时的具体情况的，因此获得了极大成绩。1949年是继续分散经营，但统一程度迅速提高，在新的时期，要适应新的情况，财经工作要从基本上分散经营前进到基本上统一管理，主要内

---

① 《毛泽东文集》第六卷，人民出版社1999年版，第70页。
② 《建国以来刘少奇文稿》第2册，中央文献出版社1992年版，第233页。
③ 《毛泽东文集》第六卷，人民出版社1999年版，第71页。

容是统一财政收支，重点在财政收入。陈云接着解释了提早统一管理的困难问题、对地方的机动性和下级组织的积极性的影响等问题，论证了统一管理的必要性。陈云最后总结说："统一国家财经工作，将不仅有利于克服今天的财政困难，也将为今后不失时机地进行经济建设创造必要的前提。"①

为了发展新民主主义的文化，毛泽东指出，要有步骤地谨慎地进行旧有文化教育事业的改革工作，争取一切爱国知识分子为人民服务，拖延时间不愿改革和过于性急、企图用粗暴方法进行改革的思想都是不对的。为了巩固人民民主统一战线，毛泽东指出，必须认真地团结各界民主人士，克服统一战线工作中的关门主义倾向和迁就主义倾向。必须认真开好各界人民代表会议以团结各界人民共同进行工作，人民政府的一切重要工作都应交人民代表会议讨论并作出决定，要使代表们有充分的发言权，压制他们发言的行为是错误的。

在会上，毛泽东作了《不要四面出击》的讲话，对他的书面报告作了说明和解释，阐发了中国共产党在阶级关系、民族关系上的策略方针。他说，在土地改革中，我们的敌人是够大够多的，帝国主义、台湾和西藏的反动派、地主阶级、国民党残余、特务、土匪等等，都是我们的敌人，我们要同他们作很激烈的斗争，在广大地区完成土地改革。我们当前总的方针就是打击这些敌人，就是肃清国民党残余、特务、土匪，推翻地主阶级，解放台湾、西藏，跟帝国主义斗争到底。但是，由于革命胜利引起的社会经济改组和战争带来的工商业的某些破坏使许多人对我们不满。在尚未实行土地改革的农村，有些农民对我们有意见，现在我们跟民族资产阶级关系搞得很紧张，失业的知识分子和工人、还有一批小手工业者都对我们不满意。为了孤立和打击当前的敌人，就要把人民中对我们不满的人变成拥护我们，这件事虽然有困难，但是总要想办法解决。

毛泽东指出，我们要合理地调整工商业，使工厂开工，解决失业问题，救济失业工人；要实行减租减息、剿匪反霸、土地改革；要给小手工业者生活出路；要采取措施改善同民族资产阶级的关系，不要搞得太紧张；对知识

---

① 《陈云文选》第 2 卷，人民出版社 1995 年版，第 75 页。

分子，要训练他们，使用他们，对他们进行教育和改造。总之，要使这些人拥护我们。全党都要认真谨慎地做好统一战线工作，"民族资产阶级将来是要消灭的，但是现在要把他们团结在我们身边，不要把他们推开。我们一方面要同他们作斗争，另一方面要团结他们。"①这样做有利于劳动人民，现在我们需要采取这个策略。毛泽东还指出，团结少数民族很重要，必须谨慎对待少数民族地区的社会改革，不能操之过急，"没有群众条件，没有人民武装，没有少数民族自己的干部，就不要进行任何带群众性的改革工作。"②

毛泽东最后说，总之，我们不要四面出击，绝不可树敌太多，必须在一个方面有所让步和缓和，集中力量向另一方面进攻。我们一定要做好工作，使工人、农民、小手工业者都拥护我们，便民族资产阶级和知识分子中的绝大多数人不反对我们，这样一来，我们的敌人就孤立了，这就是我们的政策、方针和路线。

毛泽东、刘少奇、陈云等人的报告和讲话，是国民经济恢复时期党和人民政府工作的策略路线和行动纲领，对于彻底完成民主革命遗留的任务，战胜财政经济困难，迅速恢复和发展国民经济，具有重要的意义。

二、巩固新民主主义制度和由新民主主义走向社会主义的构想

新中国成立后，刘少奇、周恩来等领导人在领导新民主主义建设的实践中，结合新的社会现实，分别提出了"巩固新民主主义制度"和"由新民主主义走向社会主义"的构想，其基本含义是指在民主革命胜利后，要在中国建立一个相对稳定的新民主主义社会，经过较长时期的集中力量发展生产力的新民主主义建设阶段，逐步增加国民经济中的社会主义成分，奠定向社会主义过渡的物质技术基础。这些构想是新民主主义社会理论在新的时代条件下富于意义的深化，也是中国共产党理论与实践相结合的逻辑延伸。

1951年3月，刘少奇在《共产党员标准的八项条件》的报告提纲中说："中国共产党的最终目的，是要在中国实现共产主义制度。它现在为巩固新

---

① 《毛泽东文集》第六卷，人民出版社1999年版，第75页。
② 《毛泽东文集》第六卷，人民出版社1999年版，第75页。

民主主义制度而斗争，在将来要为转变到社会主义制度而斗争，最后要为实现共产主义制度而斗争。"① 这是新民主主义社会理论发展史上第一次明确提出"巩固新民主主义制度"的口号。在 1951 年的其他几个场合中，刘少奇还谈道："现在有人就讲社会主义，我说，这是讲早了，至少是早讲了十多年。当然作宣传工作的还是要讲，但作为实践的问题讲，十年之内社会主义是讲不到的。到十年之后，建设得很好，……就可以采取某一些社会主义的步骤"②。"中国实行社会主义至少需要十年二十年以后"，"如果目前即采取社会主义的步骤，对人民是无益的"③。"我们今天是五种经济合作，巩固新民主主义制度，将来是搞社会主义"④。"同年 7 月，刘少奇在马列学院作的《中国共产党今后的历史任务》报告中进一步阐释了这个思想，他开门见山地指出，要利用我们已经建立的人民民主专政的政权去完成今后各种革命任务，"继续不断地加强与巩固这个政权。"⑤ 中国的经济"还要经过很长时间"，才有全部真正的独立。国内外反动派在人民中的影响还很大，"要在长时期内教育改造人民才能肃清。""要资本家服从国家计划，小生产者受国家控制，是一个长期的斗争。"⑥ 所有这些，都要求我们为巩固新民主主义制度而斗争。

刘少奇指出，"新民主主义阶段"将是一个很长的历史阶段，"估计至少十年，多则十五年，二十年"⑦，这个阶段的中心任务是发展生产力，"一切以经济建设为中心"，在此过程中，"工业比重要逐渐增大，农业比重要相对

① 《建国以来刘少奇文稿》第 3 册，中央文献出版社 2005 年版，第 174 页。
② 《刘少奇在中共第一次全国宣传工作会议上的报告》(1951 年 5 月 7 日)，转引自王世谊：《再析刘少奇关于"巩固新民主主义制度"的构想》，《党史研究与教学》1994 年第 1 期，第 15 页。
③ 《刘少奇在全国政协民主人士学习座谈会上的谈话》(1951 年 5 月 13 日)，转引自王世谊：《再析刘少奇关于"巩固新民主主义制度"的构想》，《党史研究与教学》1994 年第 1 期，第 15—16 页。
④ 《刘少奇在全国政协会议上的讲话》(1951 年 11 月 4 日)，转引自王世谊：《再析刘少奇关于"巩固新民主主义制度"的构想》，《党史研究与教学》1994 年第 1 期，第 16 页。
⑤ 《建国以来刘少奇文稿》第 3 册，中央文献出版社 2005 年版，第 537 页。
⑥ 《建国以来刘少奇文稿》第 3 册，中央文献出版社 2005 年版，第 538、539 页。
⑦ 《建国以来刘少奇文稿》第 3 册，中央文献出版社 2005 年版，第 541 页。

缩小。"① 五种经济成份将各得其所，都得到一定程度的发展，但是在国民经济中的比例将发生很大变化，"社会主义与半社会主义性质的经济，比重要逐步增大，私人资本主义经济的比重，个体经济的比重，要相对缩小，其作用也要相对缩小。"经济上的这种变化会引起上层建筑的变化，"在思想上、政治上、组织上都会要加强工人阶级与共产党及其在各方面的作用，加强国家的作用。"②

刘少奇还指出，只有"工业大大发展了，农业也有了大发展。国家经济的领导更加强了，变成绝对的了，经济管理工作的干部成熟了，数量也多了，党的技术干部也有了，工人阶级和农民的联盟在政治上经济上都巩固了"，才会采取社会主义的步骤。进入社会主义，要采取先工业国有化后农业集体化的步骤，"这两个步骤的采取，是长时期准备的结果。"③

在向社会主义过渡的问题上，周恩来持有与刘少奇相似的观点，他先是主张进行一段较长时期的新民主主义建设，在时机成熟时再采取重大步骤向社会主义过渡，后来党的过渡时期总路线提出以后，他结合新的实际，又主张边建设边过渡、逐步实现向社会主义转变的思想。

新中国成立之初，党内相当普遍地存在着急于消灭资本主义的"左"倾情绪，民族资产阶级也对新生的人民政权抱有怀疑和观望态度，这在一定程度上影响着国民经济的恢复和发展，为了消除这种情况的负面影响，1950年，周恩来在多个场合谈到要进行一段较长时期的新民主主义建设，比如他曾说："在今天只有巩固与开展新民主主义，才能争取早日实现社会主义"④，"今天我们的任务是共同努力建设新中国，不经过新民主主义就不能达到社会主义，着急是不行的。"⑤ 社会主义"必须经过相当长期的努力才能

---

① 《建国以来刘少奇文稿》第 3 册，中央文献出版社 2005 年版，第 539 页。

② 《建国以来刘少奇文稿》第 3 册，中央文献出版社 2005 年版，第 540 页。

③ 《建国以来刘少奇文稿》第 3 册，中央文献出版社 2005 年版，第 541、542 页。

④ 《周恩来对中央直属机关工作人员的讲话》（1950 年 5 月 22 日），转引自鲁振祥：《周恩来关于从新民主主义向社会主义过渡思想探析》，《苏州大学学报》哲学社会科学版 1998 年 1 期，第 2 页。

⑤ 《建国以来重要文献选编》第 1 册，中央文献出版社 1992 年版，第 195 页。

达到，决不可躐等而进"①，目前我们同资产阶级既有斗争又有团结，但以团结为主，斗争也是为了团结，斗争和团结都是为了更好地建设新民主主义，也是为了明天更好地实现社会主义。周恩来的这些观点，同刘少奇"巩固新民主主义制度"的观点一样，都是对新民主主义社会理论的进一步发挥，对于廓清模糊观念，统一全党思想，打消民族资产阶级的疑虑，最广泛地动员全国人民积极投身国民经济恢复的事业发挥了重要作用。直到 1952 年底国民经济恢复的任务完成时，周恩来还在强调社会主义的"将来时"，他说："将来用什么方法进入社会主义，现在还不能说得很完整，但总的来说，就是和平转变的道路。"从新民主主义向社会主义的转变，"要经过一个相当长的时间，而且要转变得很自然，'水到渠成'。如经过各种国家资本主义的方式，达到阶级消灭，个人愉快。"②

周恩来特别强调了实施共同纲领在创造向社会主义过渡的条件的重要作用。他说，共同纲领虽然没有把社会主义的前途明确写出来，但是"这个纲领中经济的部分里面，已经规定要在实际上保证向这个前途走去。"③ 有些人"对新民主主义缺乏切实的认识，不相信按照《共同纲领》不折不扣地做下去，社会主义的条件就会逐步具备和成熟。"④"我们团结的基础在于伟大的《共同纲领》，我们的美满前途是社会主义。只要将《共同纲领》一条一条不折不扣地加以实施，中国必然会由新民主主义稳步地走向社会主义。"⑤ 共同纲领是社会各阶级、各党各派都一致同意的具有临时宪法性质的建国纲领，强调共同纲领的作用，就是使由新民主主义向社会主义过渡的工作上升为国家的法律和意志，赋予其法律合理性，全国人民必须共同遵守。

随着国内外形势日趋好转，毛泽东提出了过渡时期总路线，着手解决社

---

① 《周恩来在政协第一届全国委员会第一次会议上的政治报告》（1950 年 6 月 16 日），转引自鲁振祥：《周恩来关于从新民主主义向社会主义过渡思想探析》，《苏州大学学报》哲学社会科学版 1998 年第 1 期，第 2 页。

② 《建国以来重要文献选编》第 3 册，中央文献出版社 1992 年版，第 398 页。

③ 《建国以来重要文献选编》第 1 册，中央文献出版社 1992 年版，第 17 页。

④ 《建国以来重要文献选编》第 1 册，中央文献出版社 1992 年版，第 181 页。

⑤ 转引自鲁振祥：《周恩来关于从新民主主义向社会主义过渡思想探析》，《苏州大学学报》哲学社会科学版 1998 年第 1 期，第 3 页。

会主义改造的问题，周恩来很快把思想统一到毛泽东的认识上来，并把共同纲领与过渡时期总路线有机结合起来进行宣传和解释，体现了他边建设边过渡、逐步实现从新民主主义向社会主义转变的思想。

1953 年 9 月，周恩来在多次会议上作报告，阐述从新民主主义过渡到社会主义的问题。他说："我国新民主主义建设时期，就是逐步向社会主义过渡的时期，也就是社会主义经济成分在国民经济比重中逐步增长的时期。"①"整个国家在建设中，在改造中，这就是新民主主义社会的特点。"② 周恩来还认为，过渡时期总路线就是共同纲领的路线，共同纲领"与我们现在所明确起来的、在过渡时期基本上要完成的国家工业化和对农业、手工业及资本主义工商业进行社会主义改造，基本上是一致的。"③ 周恩来的这些论述，反映了他在这个问题上的远见卓识。

社会主义三大改造掀起高潮后，我国经济建设中出现了冒进倾向，毛泽东提出了"提早完成工业化"的口号，周恩来经过冷静思考，认为这个提法不妥，还是"慎重一点好"。1956 年 2 月，他在两次讲话中都不赞成这种提法，他说，国家工业化虽然规模可以扩大，速度可以加快，但不等于提前完成，"不要随便提出'提前完成中国工业化'的口号，有可能还需要大约三个五年计划的时间。""我们过渡时期还是照原来设想的那样长一点没有坏处。"④"绝不要提出提早完成工业化的口号。冷静地算一算，确实不能提。"⑤

刘少奇和周恩来的这些构想，实质就是如何探索一条符合中国国情的、稳步向社会主义过渡的道路，其基本思路就是在新民主主义制度下先实现国家工业化，然后以此为基础，实行生产资料公有化，再实行农业集体化，完

---

① 《周恩来统一战线文选》，人民出版社 1984 年版，第 255 页。

② 《周恩来统一战线文选》，人民出版社 1984 年版，第 253 页。

③ 《周恩来在中央人民政府委员会第 27 次会议上的发言》（1953 年 9 月 17 日），转引自鲁振祥：《周恩来关于从新民主主义向社会主义过渡思想探析》，《苏州大学学报》哲学社会科学版 1998 年第 1 期，第 5 页。

④ 《周恩来在政协全国委员会常委会第 17 次会议上的讲话》（1956 年 2 月 6 日），转引自鲁振祥：《周恩来关于从新民主主义向社会主义过渡思想探析》，《苏州大学学报》哲学社会科学版 1998 年第 1 期，第 6 页。

⑤ 《建国以来重要文献选编》第 8 册，中央文献出版社 1994 年版，第 130 页。

成向社会主义的过渡。

第四节　社会主义改造和新民主主义社会理论的收官

一、新中国成立后向社会主义过渡问题的思考和探索

新中国成立后，中国共产党在领导全国人民继续完成民主革命的遗留任务、恢复和发展国民经济的同时，也在不断思考和探索向社会主义社会过渡的问题，并利用一些场合向全国人民宣传这个问题，以为在适当时机向社会主义过渡打下思想基础和舆论基础。

1950年6月，毛泽东在全国政协一届二次会议的闭幕词中说，战争和土改是新民主主义时期考验全中国一切人们、一切党派的两个"关"，战争关已经基本上过去了，这一关我们大家都过得很好。还有土改这一关，我希望大家也过得很好。"只要战争关、土改关都过去了，剩下的一关就将容易过去的，那就是社会主义的一关，在全国范围内实行社会主义改造的那一关。"毛泽东指出，只要人们在革命战争和土地改革中有贡献，又在今后的经济文化建设中有贡献，"等到将来实行私营工业国有化和农业社会化的时候（这种时候还在很远的将来）"，人民是不会忘记他们的，他们的前途是光明的。"我们的国家就是这样地稳步前进，经过战争，经过新民主主义的改革，而在将来，在国家经济事业和文化事业大为兴盛了以后，在各种条件具备了以后，在全国人民考虑成熟并在大家同意了以后，就可以从容地和妥善地走进社会主义的新时期。"[1] 毛泽东强调说，我认为讲明这一点是必要的，可以使人们有信心，不致彷徨顾虑。

1951年10月，东北局书记高岗在关于东北农村的生产合作互助运动给毛泽东的报告中提出，要积极发展农村生产合作互助运动，并逐步由低级引向较为高级的形式，合作互助组织要做出比较优良的成绩，来积极动员与吸引单干的农户加入合作互助组，但必须以自愿为基础，人民政府应从各方面

---

① 《毛泽东文集》第六卷，人民出版社1999年版，第80页。

给以优待和扶助，各级党委政府要训练积极分子，推广经验，提高农民觉悟，以促进合作运动的发展。这个报告得到毛泽东的肯定，他在批转这个报告时指出，中央认为这个报告的方针是正确的，"一切已经完成了土地改革任务的地区的党委都应研究这个问题，领导农民群众逐步地组成和发展各种以私有财产为基础的农业生产互助合作组织，同时不要轻视和排斥不愿参加这个运动的个体农民。……省、专区和县都要建立至少一个公营农场，以为示范之用。"①12月，中共中央在《关于农业生产互助合作的决议（草案）》中指出，要克服很多农民在分散经营中的困难，要使广大贫困农民迅速增加生产而走上丰衣足食的道路，要使国家获得大量商品粮食及其他工业原料，"就必须提倡'组织起来'，按照自愿和互利的原则，发展农民劳动互助的积极性。这种劳动互助是建立在个体经济基础上（农民私有财产的基础上）的集体劳动，其发展前途就是农业集体化或社会主义化。"要教育广大农民，"使他们逐步地懂得劳动互助和生产合作比起单纯的孤立的个体经济有极大的优越性，启发他们由个体经济逐步地过渡到集体经济的道路。"②决议草案还指出，各地农民随着农村经济的发展与生产的需求，创造了多种互助合作形式，主要有临时性的劳动互助、常年性的劳动互助和以土地入股为特点的农业生产合作社。不同地区要根据可能的条件和稳步前进的方针，积极引导农民分别参加各种互助合作形式，并不断地从低级向高级发展。决议草案还批判了农业互助合作问题上的"左"的和右的两种不同的错误倾向，指出农民群众的互助组织以及在此基础上发展起来的各种形式的农业生产合作社有很重要的积极意义，这是"走向社会主义的过渡的形式"又是"富有生命的有前途的形式。"③中共中央在通知中要求把这个文件印发到县委和区委，在党内外进行解释，并组织实施，要当作一件大事去做。

这说明，以毛泽东为首的中共中央认为，以个体经济为基础的农村分散经营并不是社会发展的方向，以土地私有为基础的农村经济结构只是社会发

---

① 《毛泽东文集》第六卷，人民出版社1999年版，第180页。

② 《建国以来重要文献选编》第2册，中央文献出版社1992年版，第511页。

③ 《建国以来重要文献选编》第2册，中央文献出版社1992年版，第515页。

展的暂时的阶段，不能长期存在下去，为了获得持续的社会进步，必须进入更高级的经济形式。所以，在土地改革完成的地区，要探索向社会主义过渡的途径，积累经验，准备条件。

1952年6月，毛泽东在《中共中央关于民主党派工作的决定（草稿）》的批语中说："在打倒地主阶级和官僚资产阶级以后，中国内部的主要矛盾即是工人阶级与民族资产阶级的矛盾，故不应再将民族资产阶级称为中间阶级。"① 这种提法表明毛泽东对资产阶级的态度发生了变化，意味着中共中央将考虑"解决"民族资产阶级的问题，亦即要对资本主义工商业实行社会主义改造，工人阶级与资产阶级本质上的对立导致对资本主义工商业必然有一个彻底的解决。9月，毛泽东在写给黄炎培的信中说："对于资产阶级中的少数人，那些有远见的人们，……可以向他们宣传社会主义，使他们对社会主义事业发生兴趣，我想这是可行的，也是有益的。在中国的条件下这样的人可能出现，特别是在几年之后，社会主义经济成分更加壮大，更加显示它对于国家和人民的伟大贡献的时候，这样的人可能逐步地多起来。"② 很显然，毛泽东向资产阶级宣传社会主义，已经暗含着中国共产党要采取向社会主义社会过渡的措施的意蕴了，也说明对资本主义工商业实行社会主义改造是新民主主义的必然趋势，只是一个时间问题。共产党人从来不隐瞒自己的观点，而且会利用一切场合宣传自己的观点，中国共产党人就是这样做的，他们开诚布公地向全国人民，包括民族资产阶级在内，讲明向社会主义过渡的道理，争取他们的理解、支持和帮助。

由此可以看出，即便是在三年国民经济恢复时期，中国共产党也没有忘记社会主义的奋斗目标，并为此不断地进行思考和探索，所以，在时机成熟的时候提出社会主义过渡理论就成为历史的必然。

二、中国共产党过渡时期总路线的提出

在中国共产党的正确领导下，在全国各族人民的共同努力下，仅仅用了

① 《毛泽东文集》第六卷，人民出版社1999年版，第231页。
② 《毛泽东文集》第六卷，人民出版社1999年版，第237页。

三年时间就顺利完成了恢复国民经济的任务，各项指标都达到或超过了历史最好水平，这是中国共产党和全国各族人民的胜利，也是新民主主义社会理论的胜利，因为这个成绩是在这个理论的指导下取得的。铁的事实证明，新民主主义社会理论是符合我国实际情况的科学理论。按照正常的历史逻辑，我国应该在既得胜利和新鲜经验的基础上在新民主主义的道路上走更长的时间，获得更大的成就，但是历史并非尽善尽美的，它总是在摸索中曲折前进。中国共产党在大好形势的鼓舞下，一定程度上忽视了生产力落后的现实，"左"倾思想开始发展，早点跨入社会主义殿堂的冲动诱惑着执政经验不足的中国共产党。另外，在广大的农村地区，在生产力迅速恢复和发展的同时，两极分化现象开始出现，新式富农、"新式地主"开始露出苗头，很多农民受分散经营的制约，生产经营上出现困难，进一步发展的潜力受限，一部分农民有走社会主义道路的积极性。在党和政府与资产阶级的利用与限制的博弈中，资产阶级投机倒把、唯利是图的本性暴露无遗，在限制与反限制、争夺经济主导权的斗争中使工人阶级和资产阶级的矛盾在某些方面呈现出激化的趋势，这些都使党和政府在一定程度上改变了对民族资产阶级的既往看法。加之受到国际形势的影响，在多种原因的综合作用下，中国共产党开始考虑提前向社会主义过渡的问题。

1952年下半年，毛泽东的思想认识逐渐发生变化，开始改变既往关于经过一个较长历史时期的新民主主义建设后再向社会主义社会过渡的思想观点。他认为，经济文化落后的中国可以搞社会主义，这是因为，无产阶级政党已经掌握了政权，资本主义经济有了初步的发展，社会主义国营经济的力量正在壮大，还有以苏联为首的社会主义阵营的支持和帮助。9月，在中共中央书记处会议上，开始正式讨论向社会主义过渡的问题，开始了过渡时期总路线的酝酿过程，此后，中央书记处多次召开会议就这个问题进行了讨论。

次月，刘少奇率中共中央代表团参加苏共十九大。临行前，毛泽东委托他代表中央，也是代表他自己就中国向社会主义过渡的问题向斯大林征求意见。在苏期间，刘少奇根据毛泽东的意见认真地给斯大林写了一封长信，对中国向社会主义过渡的问题作了详细说明，这说明刘少奇已经在某种程度上

175

改变了自己的观点，接受了毛泽东主张的向社会主义过渡的观点。斯大林肯定了中国共产党的设想，他说："我觉得你们的想法是对的。当我们掌握政权以后，过渡到社会主义去应该采取逐步的办法。你们对中国资产阶级所采取的态度是正确的。"① 斯大林的表态，坚定了中共中央着手开始向社会主义过渡的信心和决心。

1953年2月，毛泽东在武汉视察时指出，新民主主义就是向社会主义过渡的阶段，在这个阶段，要对农业、手工业、资本主义工商业进行社会主义改造。谈到资产阶级时，毛泽东说："对于民族资产阶级的生产资料，我们没有采取无偿剥夺的办法，而是实行赎买政策。"② 毛泽东并指出，从现在起大约需要三个五年计划的时间完成改造，社会主义改造和实现国家工业化要同时进行。

1953年春，中共中央统战部部长李维汉率领调查组赴武汉等地进行调查，写成《资本主义工业中的公私关系问题》的调查报告，报告中说，国家资本主义是我们向资本主义提出的一种过渡形式，现已有了很大的发展，高级的国家资本主义公私合营发展较少，低级的国家资本主义如加工订货、收购、包销等形式则有很大发展。从目前的情况看，由于国营经济已经取得领导地位，资本主义必须依赖国家才能生存，国家资本主义已经是我们有需要、资本挣不掉的一种稳定的经济成分。关于国家资本主义的地位和作用，报告指出，各种形式的国家资本主义已经包括了资本主义工业的主要行业和主要工厂，在国民经济中已凌驾纯粹的资本主义经济之上，在现代性工业经济中占第二位。所以，"国家资本主义是我们利用和限制资本主义的主要形式"③，每种形式的国家资本主义，都是我们的各种限制政策在不同程度上互相结合的结果，通过这种形式，我们又限制了主要私营工业的利润，使其超额利润转归国家所有。但是限制并不全是消极的，而是包括扶抑两方面，我们不但可以抑制私营工业的消极作用，而且扶植了对国计民生有利的和服从

---

① 《建国以来刘少奇文稿》第4册，中央文献出版社2005年版，第533页。
② 《毛泽东文集》第八卷，人民出版社1999年版，第13页。
③ 《建国以来重要文献选编》第4册，中央文献出版社1993年版，第225页。

我们领导的私营工业的发展。其次，"国家资本主义是将私营工业逐步纳入国家计划轨道的主要形式"①，由于国家介入了私人资本主义经济，使国家资本主义是可能加以计划的。我们计划了国家资本主义，也就计划了私营工业主要部分的生产和大部分私营工业产品的流转。因为其余私营工业又有不少是为国家资本主义工业服务的，因此也将间接地纳入计划。再次，"国家资本主义是资本主义工业逐步向社会主义过渡的主要形式"②，第一，包括在国家资本主义中的工厂，其主要部分目前是私营工厂的精华，将来依照国家计划需要而发展，并将逐步获得改造。第二，私营工厂国家资本主义化的过程，从低级向高级国家资本主义发展的过程，就是逐步改造其生产关系和逐步走向社会主义的过程，到了高级的公私合营，就与社会主义接近了。第三，随着私营工厂的国家资本主义改造，资产阶级分子就获得逐步进行思想改造的物质基础，因而有可能逐步改造为国营工业的干部。最后，我们自己的管理干部在国家资本主义工业中也逐步成长起来，在这些条件下，主要的私营工业比较顺利地通过国家资本主义过渡到社会主义是有可能的。所以，"我们有国家资本主义作为资本主义工业的主要部分的过渡形式，又有合作社作为个体经济的小生产者的过渡形式，这就是新民主主义社会两种主要的过渡形式，是新民主主义社会中绝大部分的私有生产的过渡形式。"③ 报告还指出，国家资本主义"是我们利用资本主义工业来训练干部、并改造资产阶级分子的主要环节，也是我们同资产阶级进行统一战线工作的主要环节。"④

　　这是一份非常重要的报告，它主张采取渐进和和平的方式，通过国家资本主义的方式，一步一步地改变资本主义工业的性质，最后改造为社会主义经济。毛泽东虽然提出了向社会主义过渡的问题，但是对于如何过渡并不是很清晰，这份报告事实上基本确定了国家对资本主义工业社会主义改造的各项政策，是一个基本适合当时中国实际情况的向社会主义过渡的有效途径，因而受到毛泽东的高度重视，6月中旬，中央政治局召开两次扩大会议讨论

①　《建国以来重要文献选编》第 4 册，中央文献出版社 1993 年版，第 226 页。
②　《建国以来重要文献选编》第 4 册，中央文献出版社 1993 年版，第 226 页。
③　《建国以来重要文献选编》第 4 册，中央文献出版社 1993 年版，第 228 页。
④　《建国以来重要文献选编》第 4 册，中央文献出版社 1993 年版，第 215 页。

这个报告，并听取李维汉的汇报。在讨论李维汉的报告时，周恩来说，我们在调查、寻找对私人资本家实行社会主义改造的方针和途径，李维汉的报告解决了这个问题。陈云也提出，对工商业的改造，不应限于加工订货，而应逐步扩大为公私合营。会议最后确定了经过国家资本主义改造资本主义工业的方针。随后，在这个思路的启发下，中共中央确定也通过国家资本主义对私营商业进行改造。

在6月15日的会议上，毛泽东第一次比较完整地阐述了过渡时期总路线。他说，党在过渡时期的总路线和总任务，是要在十年到十五年或者更多一些时间内，基本上完成国家工业化和对农业、手工业、资本主义工商业的社会主义改造。这条总路线是照耀我们各项工作的灯塔，不要脱离这条路线，脱离了就要发生'左'倾或右倾的错误。在这次会议上，毛泽东还批评了在社会主义改造问题上的两种倾向，他说，有人认为过渡时期太长了，发生急躁情绪，这就要犯"左"倾错误。有人在民主革命成功以后，仍然停留在原来的地方。他们没有懂得革命性质的转变，还在搞他们的"新民主主义"，不去搞社会主义改造，这就要犯右倾错误。这右倾错误是党内的主要问题，他说，右倾的表现有这样三句话："确立新民主主义社会秩序"、"由新民主主义走向社会主义"、"确保私有财产"，这些提法是有害的，因而是不对的。这实际上是在不点名地批评刘少奇、周恩来等人关于新民主主义的观点。毛泽东总结说："我们提出逐步过渡到社会主义，这比较好。"① 所谓逐步者，共分十五年，一年又分十二个月。"走得太快，'左'了；不走，太右了。要反'左'反右，逐步过渡，最后全部过渡完。"②

这次会议以后，中央宣传部着手起草关于总路线的宣传提纲。毛泽东在修改这个提纲时，把党在过渡时期的总路线进一步完整准确地表述为："从中华人民共和国成立，到社会主义改造基本完成，这是一个过渡时期。党在这个过渡时期的总路线和总任务，是要在一个相当长的时期内，逐步实现国家的社会主义工业化，并逐步实现国家对农业、对手工业和对资本主义工商

---

① 《毛泽东传（1949—1976）》，中央文献出版社2003年版，第253页。

② 《毛泽东传（1949—1976）》，中央文献出版社2003年版，第255页。

业的社会主义改造。这条总路线是照耀我们各项工作的灯塔,各项工作离开它,就要犯右倾或'左'倾的错误。"①

这是一条社会主义改造和社会主义建设同时并举的总路线,人们形象地把它称为"一体两翼","一化三改",体现了对资本主义工商业利用、限制和改造的有机统一,对资本主义的利用、限制和改造的方针同对资产阶级的团结、教育和改造的方针的有机结合。过渡时期总路线是对七届二中全会"由农业国转变为工业国"、"由新民主主义国家转变为社会主义国家"精神的进一步发展,是中国共产党在向社会主义过渡问题上采取的一个重大战略步骤,是马克思主义中国化的典范,在马克思主义发展史上是一个创造。

同年9月,党中央正式向全国公布党在过渡时期的总路线,号召全国各族人民为实现这个总路线而奋斗。12月,经中共中央批准,中宣部制发了《为动员一切力量把我国建设成为一个伟大的社会主义国家而斗争——关于党在过渡时期总路线的学习和宣传提纲》(以下简称《提纲》)。《提纲》对过渡时期的总路线和总任务,即实现国家的社会主义工业化,实现对农业、手工业和资本主义工商业的社会主义改造等作了集中而具体的论述,标志着过渡时期总路线的最终形成。1954年2月,七届四中全会正式批准了这个总路线,并于同年9月载入《中华人民共和国宪法》。

《提纲》开宗明义地说,中国共产党领导的新民主主义革命的任务已经胜利完成,中华人民共和国的成立标志着社会主义革命的开始,这个革命阶段的任务,就是要在中国建立社会主义社会,建国后三年的国民经济恢复时期已经为此做了积极而必要的准备。从1953年起,我国已经进入了有计划的经济建设阶段和对农业、手工业和资本主义工商业实行系统改造的阶段。

《提纲》对党在过渡时期的两大基本任务作了更加明确和具体的论述:"实现党在过渡时期的总路线,就是要充分地发展社会主义工业,并且把现有的非社会主义工业变为社会主义工业,使我国由工业不发达的落后的农业国变为工业发达的先进的工业国,使社会主义工业成为我国整个国民经济发展的起决定作用的领导力量。实现党在过渡时期的总路线,就是要扩大社会

---

① 《毛泽东文集》第六卷,人民出版社1999年版,第316页。

主义的全民所有制和合作社社员的集体所有制，把农民和手工业者以自己劳动为基础的私人所有制改造为合作社社员的集体所有制，把以剥削工人阶级的剩余劳动为基础的资本主义私人所有制改造为全民所有制。"[1] 在此基础上，《提纲》指出了二者之间的辩证统一的关系："发展社会主义工业和实行社会主义改造的任务是互相关联而不可分离的"[2]，因为社会主义工业是对国民经济实行社会主义改造的物质基础，只有强大的社会主义工业才能吸引和代替资本主义工业，才能支持社会主义商业改造和代替资本主义商业，才能用新的技术来改造个体农业和手工业，才能迅速扩大生产，积累资金，造就社会主义的建设人才，培养社会主义的习惯，从而创造保证社会主义完全胜利的经济、文化和政治的前提。如果不对个体农业、手工业和资本主义工商业实行社会主义改造，而听其自流，那么它们就不但不能认真地支持社会主义工业的发展，而且必然会对社会主义工业化的事业发生种种矛盾，使社会主义工业化的最终目的无法实现。

《提纲》指出："党在过渡时期的总路线的实质，就是使生产资料的社会主义所有制成为我国国家和社会的唯一的经济基础。"[3] 要完成这个任务，大约需要三个五年计划即大约十五年左右的时间，到了那时中国就可以基本上建设成伟大的社会主义国家。

关于国家的社会主义工业化，《提纲》指出，我国虽然已有一定数量的现代工业，但我国旧有工业的基础十分落后和薄弱，工业在国民经济中所占比重很小，即便到了 1952 年，现代化工业在工农业生产中所占比重仍不及十分之三，且资本主义工业在现代工业中仍占相当大的比重。我国还是一个贫穷落后的农业国，不能自己制造汽车、飞机，不能自己制造重型的和精密的机器，没有现代国防工业。因此，革命胜利后，党和全国人民的基本任务就是要改变这种状况，把我国从贫穷落后的农业国变为富强的社会主义的工业国，这就需要实现国家的社会主义工业化。实现国家的社会主义工业化，

---

① 《建国以来重要文献选编》第 4 册，中央文献出版社 1993 年版，第 701 页。
② 《建国以来重要文献选编》第 4 册，中央文献出版社 1993 年版，第 701 页。
③ 《毛泽东文集》第六卷，人民出版社 1999 年版，第 316 页。

就可以促进农业和交通运输业的现代化，建立现代化的国防，保证逐步完成非社会主义经济成分的改造，还可以大大发展社会主义商业，大大提高国家的财政力量和人民的收入，不断提高全体人民的物质文化生活水平。所以我们必须用一定的速度逐步实现国家的社会主义工业化，第一个五年计划的任务就是要为社会主义工业化打下稳固的基础。

《提纲》进一步指出了发展重工业是实现国家社会主义工业化的中心环节，并充分论证了发展重工业的必要性。《提纲》说，因为我国过去重工业的基础极为薄弱，经济不能独立，国防不能巩固，帝国主义国家都来欺侮我们，所以我们要吸取教训，建立自己的重工业。只有建立重工业，才能使全部工业、运输业、农业获得发展和改造所必需的装备。因为我国过去几乎没有重工业，交通运输也不发展，如果不建立重工业，我们的运输业还会停留在现在破旧的状态上。虽有一些轻工业，但是远远不能满足人民的需要，因为我国没有重工业，不能为轻工业提供机器尤其是精密的机器，如果不建立重工业，我们现有的轻工业就会一天天破旧，得不到补充和改造，要扩大和新建轻工业也有困难。因为没有重工业，过去在我国农业中几乎完全不使用机器，也很少使用化学肥料，如果现在我们还不发展机器和化学工业，我国的农业生产就会受到限制，我国农业的合作化就会遇到困难。所有这些都说明社会主义工业化的中心必须是发展重工业。《提纲》还指出，苏联的社会主义工业化以重工业为中心，并取得了巨大成功，我国实现社会主义工业化，要学习苏联的经验，从建立重工业开始。当然，在集中力量发展重工业的同时，必须相应地发展轻工业、农业、商业和其他事业。

《提纲》进一步指出，实现社会主义工业化必须首先发展国营工业，并发展国营交通运输业、国营商业和合作社商业，保证社会主义经济在国民经济中的比重不断增长。为了发展社会主义工业，一方面要努力建设社会主义的新工业。我国正在新建的社会主义工业是以最新技术装备起来的，是国家的"命根子"，努力建设社会主义新工业具有极重要的意义，因为一定要建立新工业才能使我国的工业、运输业和农业建立在高度发展的技术基础上。另一方面，改建、办好和充分利用现有工业对实现社会主义工业化也具有极其重要的意义。必须改善现有社会主义工业的经营管理，提高技术，加强经济核算，以降低成本，提高质量，在保证质量的条件下增加产量。现有工厂和工业基地不但要在相当长时期内负工业生产的主要责任，而且要对新工厂和新工业基地负帮助建设的责任，这就是供给它们机器和各种装备，供给它们干部和技术工人，并且积累发展新工业所需要的资金。现有资本主义工业对目前的生产和新工业的建设也负有很大责任，它们要按照国家的需要增加生产，培养技术人才，积累资金，而为了实现这个目的，就要对这些企业逐步实现社会主义改造。

关于对农业的社会主义改造，《提纲》指出，我国的农业生产力已经随着土地改革的胜利完成从封建剥削制度下获得解放，但在我国农业中占绝对优势的还是小农经济，这是一种建立在生产资料私有制上的分散、落后、不稳固的经济形式，具有许多缺点，限制着农业生产力的进一步发展，不能满足人民和工业化事业日益增长的需要，因而这种小农经济已经和社会主义工业化事业发生了矛盾。因此，必须按照社会主义的原则逐步改造我国的农业，使其由规模狭小的落后的个体农业进到规模巨大的先进的集体农业，以进一步解放和发展农业生产力，在使农民生活水平逐步提高的同时保证国民经济建设的需要。

《提纲》指出，要经过合作化的道路对农业实行社会主义改造。今后党在农村中工作的中心，是依靠贫农巩固地联合中农，逐步由限制富农剥削到最后消灭富农剥削，发展互助合作运动，把落后的小规模的个体经济变为先进的大规模的合作经济。农业合作化要实行由带有社会主义萌芽到具有更多社会主义因素、再到完全社会主义的发展道路，就是从临时互助组和常年互助组，到初级农业生产合作社，再到高级农业生产合作社的发展道路。除了发展生产合作以外，还要发展供销合作和信用合作。《提纲》还指出，在发展农业合作化的工作中，必须坚持自愿原则，必须采取说服、示范和国家援助的方法，反对主观主义和命令主义，对暂时不愿参加互助合作的农民，必须采取热情的照顾、帮助和耐心教育的态度，使他们感到互助合作的好处，逐步加入进来。

《提纲》指出，实现对个体手工业的社会主义改造，是党在过渡时期总路线不可缺少的组成部分。由于我国目前还不能大量发展现代化轻工业，所以我国很大一部分手工业还有存在价值和发展余地，即便在社会主义制度下，手工业也仍然是机器工业不可缺少的助手。但是，和个体农业一样，个体手工业是一种分散的、落后的，不稳固的经济形式，如果放任自流，也会走上资本主义道路，即少数人发财、多数人破产的道路。因此，必须对其进行社会主义改造，引导手工业者走社会主义道路。和对个体农业的社会主义改造一样，对个体手工业的社会主义改造，也要经过合作化的道路，把手工业者逐渐组织到各种形式的手工业合作社中去，这是国家对手工业实行社会主义改造的唯一道路。对手工业者实行社会主义改造，也要经过说服、示范和国家援助的方法，提高他们的社会主义觉悟，使他们自愿地组织到手工业合作社中。

关于对资本主义工商业的社会主义改造，《提纲》从必要性和可能性两个方面展开说明，《提纲》指出，除了对资本主义工商业采取利用和限制的政策以外，还必须对其实行逐步的社会主义改造，这是因为资本主义所有制和社会主义所有制、资本主义生产资料私人所有制和生产社会性、资本主义生产的无政府状态和国家有计划的经济建设、工人和资本家之间，都存在着不可克服的矛盾，使得资本主义企业的设备利用率和劳动生产率低，成本高，扩大再生产的能力有限，影响到工业品的市场供应和国家计划的执行，影响到社会主义工业化目标的实现。同时，国家对资本主义工商业实行社会主义改造也是可能的，这是因为我国已经建立起工人阶级领导的人民民主专政的政权，已经建立起强大的国营经济，掌握了国家的经济命脉，还因为民族资产阶级在革命胜利后承认工人阶级的领导地位。同时，社会主义经济的巨大优越性和资本主义经济的相形见绌，已经在过去几年中逐步表现出来，使全国人民，首先是资本主义企业中的工人和职员纷纷要求改造资本主义经济。

《提纲》指出，对资本主义工商业社会主义改造的第一个步骤，就是把私人资本主义引导到国家资本主义的轨道上来。在人民民主专政的条件下，国家资本主义就是在人民政府管理下、用各种方式与社会主义国营经济联系和合作的、受工人阶级监督的资本主义经济，它是一种特殊的资本主义，其中一部分是带了若干社会主义性质的。我国必须在一定时期内有步骤地、有区别地把资本主义企业基本上改造为国家资本主义企业，并稳步地推动国家资本主义从低级形式向高级形式发展。《提纲》指出，利用、限制和改造资本主义工商业决不是用阶级和平代替阶级斗争，而是在过渡时期工人阶级和资产阶级的阶级斗争的新形式。在此过程中，应当继续做好统一战线工作，加强对资产阶级中进步分子和一切爱国守法分子的团结，同时必须克服资本家所必然会采取的各种形式的反抗。我们采取国家资本主义的方法来改造资本主义工商业，在若干年内还要为资产阶级生产许多利润，实质上是对资产阶级的一种赎买。

过渡时期总路线的提出，改变了建国初期中共中央的设计路线图，使我国社会主义改造提前进行，历史发展的实践也证明，过渡时期总路线提出得有些早了，而且在实际执行过程中也不是那么尽善尽美，但是从理论逻辑、这个总路线的具体内容、以及它的实践结果来看，它仍然是个基本正确的指导思想。因为社会主义过渡理论不仅是新民主主义社会理论的有机组成部分，而且是它的不可或缺的逻辑终点，往前追溯到抗日战争和解放战争时期，可以发现中国共产党有关于社会主义前途的大量论述，足以证明社会主义过渡理论是新民主主义社会理论的题中应有之义，没有社会主义过渡理论，新民主主义社会理论就不是一个完整意义上的科学的理论体系，这是由中国共产党的阶级性质决定的。在当时中国具体的历史条件下，这个理论是以过渡时期总路线的形式表现出来的，所以是过渡时期总路线使新民主主义社会理论画上了句号，使之最终成为一个完整的科学体系，我们可以形象地将其称为新民主主义社会理论的收官之作。过渡时期总路线的提前出现，仅仅是个时间安排的问题，并不影响在理论层次上和新民主主义社会理论的基本逻辑关系。所以，过渡时期总路线不是某个或某些领导人的心血来潮，而的确是新民主主义社会理论不可或缺的一环，那种认为过渡时期总路线和新民主主义社会理论相悖离的观点是根本站不住脚的。

三、社会主义改造的顺利进行和新民主主义社会的终结

在过渡时期总路线的指引下，在全国范围内开展了轰轰烈烈的社会主义改造运动，其中对资本主义工商业的改造是运动的重点，改造分为两个阶

段，第一步是把资本主义工商业引向国家资本主义，第二步是在国家资本主义的基础上转变为社会主义。1954年，公私合营迅速发展起来，到年底，大多数大型私营工业企业已经实现了公私合营，在商业方面，则通过经销代销的方式实现了私营商业向国家资本主义商业的转变。1955年下半年，不少大中城市出现了资本主义工商业全行业公私合营的趋势。合营企业的利润采取"四马分肥"的办法，即分为国家所得税、企业公积金、工人福利费、股金红利四部分，资本家所得不足四分之一，所以这种企业已经趋近社会主义的性质。到1956年底，全国私营工业户的99%，私营商业户的82.2%实现了全行业公私合营，标志着资本主义工商业社会主义改造的基本完成。

农业合作化运动也迅速发展，到1954年底，互助组发展到近1000万个，初级社发展到48万个，参加互助合作的农户增加到7000万户，占全国总农户的60.3%，而且当时80%以上的合作社都实现了增产增收。1955年7月底，毛泽东在省市自治区党委书记会议上作了《关于农业合作化问题》的报告，对农业合作化的基本经验作了比较全面的总结，阐明了农业合作化基本的道路、方针和政策，是又一篇指导农业合作化的重要文献，推动了农业合作化运动走向高潮。至1956年底，加入合作社的农户占全国总农户的96.3%，这标志着农业合作化的基本完成。

在农业和资本主义工商业社会主义改造的大潮中，手工业社会主义改造的步伐也大大加快。在党的领导下，采取从供销入手，由小到大，由低到高的步骤，顺利推进手工业的合作化，1955年底，党和国家提出两年内基本完成手工业合作化的任务，实际上由于采取全行业一起合作化的方法，到1956年底，这个任务就已经完成了。

在推进社会主义改造的过程中，中国的社会主义基本政治制度也得到全面确立。随着三大社会主义改造的顺利完成，我国的经济结构发生了根本变化，由原来的五种经济成分并存变成了单一的社会主义公有制，标志着社会主义基本经济制度在中国已经建立起来了。经济结构的根本变化决定了社会性质的变化，我国社会的新民主主义性质不复存在，新民主主义社会正式终结，进入了更高级的社会主义社会。这样，在中国共产党的领导下，实现了几千年来中国最伟大、最深刻的社会变革，创造性地完成了由新民主主义到社会主义的过渡。

我国社会主义改造的飞速完成，表现出明显的急躁心理，一定程度上是违反过渡时期总路线的最初设想的。提纲非常正确地强调指出："强迫命令的办法和剥夺农民的办法，不仅不能推动合作化事业的前进，而且是破坏工农联盟的罪恶行为。"① 但是在实际执行的过程中，很多地区都有不同程度的违反，使得农业合作化的漫长的过程一股风似的就完成了。《提纲》指出，由于"我国经济和文化的落后，要求一个相当长的时期来创造为保证社会主义完全胜利所必要的经济上和文化上的前提"，"我国有极其广大的个体的农业和手工业及在国民经济中占很大一部分比重的资本主义工商业，要求一个相当长的时期来改造它们。"② 所以，我国由新民主主义社会逐步过渡到社会主义社会，需要一个很长的历史时期。但是实际上原计划十五年左右完成的任务仅仅用了四年就完成了，这就使社会主义改造的工作带有这样那样的缺点和偏差，以致留下一些后遗症长期得不到解决，这不能不理解为是一种"左"的表现。从哲学根源上来分析，在一定程度上，这是毛泽东等党和国家领导人违背一贯坚持的唯物主义原则和实事求是的思想路线，主观主义和理想主义情绪滋长，指导思想上沾染唯意志论色彩，急于进入"美好的社会主义社会甚至共产主义社会"的结果。这种"左"倾思想在以后的"大跃进"、人民公社化运动和"文革"中得到进一步发展。

新民主主义社会的终结，标志着我国社会主义革命的根本性胜利。新民主主义社会是过渡性质的社会形态，又是社会主义革命的阶段，社会主义改造是一场真正意义上的社会主义革命，但是三年的国民经济恢复时期也是社会主义革命的有机组成部分，在三年的国民经济恢复时期，中国就开始了大规模的社会主义建设，奠定了公有制经济的基础，这何尝不是革命呢？正是在这个成功经验的基础上，才开始了社会主义改造。短短七年的新民主主义社会时期是暴风骤雨式的急剧变化时期，是真正意义上的社会革命，是名副其实的社会主义革命。这种和平方式的社会主义革命手段之巧妙，进展之迅

---

① 《建国以来重要文献选编》第 4 册，中央文献出版社 1993 年版，第 717 页。

② 《建国以来重要文献选编》第 4 册，中央文献出版社 1993 年版，第 698 页。

速，成果之巨大，令全世界都意料不及，叹为观止。这是中国共产党为中国人民作出的巨大贡献，为国际共产主义运动做出的巨大贡献，不能因为其中存在的"左"的倾向而抹杀了这一点。

由于我国是在生产力落后的条件下进入社会主义社会的，社会主义工业化的任务远没有完成，这就决定了必须经历一个长期的历史阶段来大力发展社会生产力，这就是独具中国特色的社会主义初级阶段。从以上论述可以得知，是社会主义改造的提前进行，新民主主义社会的提前终结，催生了社会主义初级阶段，社会主义初级阶段并不是天然地属于中国的社会主义社会，而只是新民主主义社会提前终结的派生物，只是社会主义改造提前进行遗留后遗症的一剂良方。如果新民主主义社会理论在中国得到彻底的贯彻，新民主主义社会在中国得到充分的发展，在此基础上中国就会进入马克思恩格斯设想的那种社会主义社会，社会主义初级阶段在中国就丧失了存在的必然性。但是，历史毕竟不能假设，我们在社会主义初级阶段进行了几十年的经济建设，取得了举世瞩目的巨大成就，国情世情党情都发生了很大变化，我们正在全面建设小康社会、实现中华民族伟大复兴的征途上阔步前进。历史的车轮是滚滚前进的，我们绝对不能走回头路，新民主主义社会再好，也已经成为历史，也不能重回新民主主义社会，而只能立足当前，放眼未来，继续前进，为把我国建设成为一个富强、民主、文明、和谐的社会主义现代化国家而奋斗。

第五节　新民主主义社会理论的隐性发展

1956 年底，社会主义基本制度在我国全面确立，标志着我国进入全面建设社会主义的历史阶段。在这个历史阶段，新民主主义的实践结束了，但是，由于历史的惯性，由于新民主主义社会理论的科学性和生命力，新民主主义社会理论并没有随之终结，在中国共产党人探索社会主义建设道路的过程中，以隐秘的形式继续得到一定发展，这表现在毛泽东等人对我国经济建设中出现的一些问题的反思上，也表现在刘少奇、邓子恢等人对纠正"左"

倾错误的努力上。

一、毛泽东等人对社会主义经济建设的若干思考

在社会主义建设时期，毛泽东等人虽然不提新民主主义了，但是也没有否定新民主主义，相反，在他们的一些讲话和报告中，还可以见到新民主主义的影子，这是他们针对我国社会主义改造结束以后经济建设中出现的一些问题进行反思的结果，也是实践进一步发展的结果。

在党的八大上，陈云作了《关于资本主义工商业改造高潮以后的新问题》的发言，提出了著名的"三个主体、三个补充"的思想，他说，国家经营和集体经营是工商业的主体，一定数量的个体经营是国家经营和集体经营的补充；计划生产是工农业生产的主体，按照市场变化在国家计划许可范围内的自由生产是计划生产的补充；国家市场是社会主义统一市场的主体，一定范围内国家领导的自由市场是社会主义统一市场的组成部分，是国家市场的补充。

陈云还提出了分散生产、分散经营的思想，他说，要纠正从片面观点出发盲目集中生产、集中经营的现象，及时纠正忽视分散生产、分散经营的错误做法，工业、手工业、农业副产品和商业的很大一部分必须分散生产、分散经营，否则就不能适应人民消费方面的多种多样和经常变化的需要，在生产、流通和为消费者服务方面已经出现的一些毛病就不能克服。陈云指出，合营工厂中有一部分是应该合并和集中生产的，但是就全国来说，大部分必须按照原来的状况或加以必要调整后分散生产、分散经营，以灵活适应市场的需要。手工业一般带有分散性、地方性，手工业的制造性行业中，有一部分是可以适当合并的，但是绝大部分服务行业和许多制造行业不应该合并。商业方面合并过多的，也须适当分散，应该长期保存小商小贩在合作小组内各自经营的办法。农业的许多副业生产应该由社员分散经营，不加区别地一切归社经营的现象必须改变。许多副业只有放手让社员分散经营，才能实现增产，适应市场需要，增加社员收入。

"三个补充"的思想实质上就是新民主主义政策在社会主义条件下一定程度的延续，而"分散生产、分散经营"本身就具有新民主主义的属性。陈

云的发言说明，中国共产党是按照辩证法办事的，并没有完全放弃新民主主义社会理论，而是对其中适应社会主义新条件的部分合理加以利用。从某种意义上说，这就是新民主主义社会理论在社会主义条件下的隐性发展。

1957年12月，毛泽东在同民建和工商联负责人谈话时说，现在我国自由市场基本性质仍是资本主义的，它与国家市场成双成对，上海的地下工厂同合营企业也是对立物，"因为社会有需要，就发展起来。要使它成为地上，合法化，可以雇工。……最好开私营工厂，同地上的作对，还可以开夫妻店，请工也可以。"① 毛泽东形象地将其称之为"新经济政策"，并认为俄国的新经济政策结束得太早了，应该在苏俄得到更大的发展。毛泽东又说："只要社会需要，地下工厂还可以增加。可以开私营大厂，订个协议，十年、二十年不没收。华侨投资的，二十年、一百年不要没收。可以开投资公司，还本付息。可以搞国营，也可以搞私营。可以消灭了资本主义，又搞资本主义。当然要看条件，只要有原料，有销路，就可以搞。现在国营、合营企业不能满足社会需要，如果有原料，国家投资又有困难，社会有需要，私人可以开厂。"② 毛泽东的这些话表面上看来似乎与社会主义改造是矛盾的，为什么费了九牛二虎之力消灭了资本主义又搞资本主义？这是因为毛泽东看到了"社会有需要"，"现在国营、合营企业不能满足社会需要"。

刘少奇也提出，社会主义改造完成以后，应当允许与不同生产力水平相适应的所有制形式和多种经营方式存在，不能认为公有化程度越高，社会主义革命就越彻底，所以要允许同人民生活关系密切的个体手工业、服务业、小商小贩等根据实际情况采取多样化形式进行改造。他说："我们国家有百分之九十几的社会主义，有百分之几的资本主义，我看也不怕，它是社会主义经济的一个补充嘛！""有这么一点资本主义，一条是它可以作为社会主义经济的补充，另一条是它可以在某些方面同社会主义经济作比较"③。比如私人可以办学、行医，不应视为资本主义，应看成社会服务工作。这就提出了

---

① 《毛泽东文集》第七卷，人民出版社1999年版，第170页。
② 《毛泽东文集》第七卷，人民出版社1999年版，第170页。
③ 《刘少奇论新中国经济建设》，中央文献出版社1993年版，第326、327页。

以国有经济为领导多种经济成分共同发展的思想，实际上还是新民主主义的经济政策在社会主义条件下的延续。

刘少奇继承了新民主主义利用资本主义的思想，他认为，资本主义在几百年的发展中创造了丰富的文明成果，其中不少反映现代化大生产一般规律的东西，是需要我们学习和借鉴的。在社会主义条件下，资本主义工商业消灭了，但是资本主义的先进科学技术、管理经验、资金等，仍然是我们所需要的。他要求我们把全世界一切好的东西都学过来，即使付出一些代价也是值得的。把资本主义好的东西学过来，再加上社会主义的优越性，就一定能够战胜资本主义。刘少奇还提出允许中外合资、合作办企业的思想，这在当时的情况下是难能可贵的。他说，这种合作可以首先从苏联开始，"甚至帝国主义国家内的团体和资本家也可能要求来办这种工厂和企业。"①

20世纪50年代末60年代初，针对有人提出要消灭商业、消灭货币的观点，毛泽东指出，商品生产的命运，与社会的生产力发展水平有密切联系，即便实现了单一的社会主义全民所有制，如果产品还不丰富，某些范围内的商品生产和交换仍然具有存在的可能性和必要性，这是客观的经济规律，那种认为在社会主义全民所有制条件下就可以消灭商品和货币的观点是错误的。我国是个商品生产很不发达的国家，必须有计划地大力发展商品生产。针对"一平二调"的共产风，毛泽东又提出，价值规律是个普遍存在的客观经济规律，在社会主义社会仍然发挥重要作用，必须尊重它、利用它，社会主义建设才能取得成功。价值法则是个伟大的学校，我们要利用它教会几千万干部和几万万人民建设社会主义。

从目前的情况看，对于国际共产主义运动中占主导地位的意识形态而言，这些强调市场调节作用的思想观点在当时无疑是具有创造性的正确思想，它既是对社会主义建设中存在问题的一种矫正，也是对新民主主义社会成功的建设经验的一种反思和借鉴。但是，由于这些探索，包括上面述及的"消灭了资本主义，又搞资本主义"的思想观点、陈云的"三个主体、三个补充"、"分散生产、分散经营"的思想观点，都是限制在计划经济的总体框

---

① 金冲及，黄峥：《刘少奇传》（下），中央文献出版社1998年版，第663页。

架内，没有也不可能继续得到前进，而是在"左"倾思想的进一步发展中进了历史博物馆。

二、刘少奇等人纠正"左"倾错误的努力

20 世纪 50 年代后期和 60 年代，在我国社会主义建设的过程中，"左"倾错误愈益发展，给国民经济造成了严重损失，在纠正"左"倾错误的努力中，刘少奇、邓子恢等一线领导人在一定程度上借鉴了新民主主义的做法，这体现在他们一系列的讲话和文章中，也体现在他们领导的社会建设实践中。

在我国社会主义建设的初期实践中，曾一度出现试图取消商品生产和商品交换，消除商品货币关系的"左"倾错误，特别是在"大跃进"和人民公社化运动时期，这种错误达到极致，出现了从集体所有制向全民所有制急于过渡，从社会主义全民所有制向共产主义急于过渡的观点和做法，给社会主义经济建设造成很大危害。刘少奇严肃批评了这种错误，指出在社会主义条件下，商品生产和商品交换具有长期存在的必然性，它是无产阶级建设社会主义的工具，在一定的时期内不仅不能消灭，而且要大力发展，我们要"为了消灭商品而利用商品"，"在社会主义社会阶段，还利用许多资本主义的旧形式，如商品、价值、货币、银行等，都是为了为人民服务，为社会主义服务。"[1]

刘少奇认为，在社会主义条件下，生产资料也是商品，从而突破了斯大林把生产资料排除在商品之外的传统观念，提出了我国最早的社会主义生产资料市场理论。1956 年 11 月，周恩来在八届二中全会上谈到生产资料问题时，刘少奇插话说："生产资料不是商品，这个理论恐怕还值得研究。"[2] 在《政治经济学教科书》学习讨论会上的发言中，刘少奇又指出，在社会主义条件下，商品不仅包括消费资料，还应包括生产资料，生产资料要按价值计算，参加市场流通。此外，刘少奇还创造性地提出，在社会主义社会，"劳

---

[1]　《刘少奇论新中国经济建设》，中央文献出版社 1993 年版，第 399 页。

[2]　金冲及、黄峥：《刘少奇传》（下），中央文献出版社 1998 年版，第 986 页。

动力的本质不是商品，也还是采取了商品的形式"①，斯大林不承认劳动力是商品，就等于不承认剩余劳动创造的价值是剩余价值，这是不对的。刘少奇认为，在社会主义公有制条件下，剩余劳动也创造剩余价值，只是剩余价值归劳动者集体占有，剩余劳动的目的在于扩大再生产。以这个思想为指导，从20世纪50年代末开始，刘少奇领导了当时的劳动制度改革，实行一定范围内的劳动力自由市场，促进劳动力的合理流动，其实质就是部分劳动力商品化，以打破当时客观存在的"铁饭碗"现象。刘少奇强调说，社会主义不是平均主义，要实行按劳分配的原则，要在企业推行"生产责任制"，要重视经济手段的作用，可以搞点物质刺激，并具体提出了计件工资、超产奖励等措施。

既然承认社会主义存在商品生产和交换，就得承认价值规律发挥作用。刘少奇认为，发展社会主义商品生产，应该利用价值规律，不能用计划指挥生产的东西，就让价值法则来指挥。等价交换是价值规律的重要内容，分配领域搞平均主义，违背了等价交换原则，会导致国民经济各部门比例关系的破坏。刘少奇认识到，商品经济和计划经济不是对立的，可以结合起来，价值规律在一定范围内在社会主义经济生活中起着调节作用。

社会主义改造完成后，我国的流通领域逐步纳入国家计划的轨道，出现了部分工业品质量下降，品种减少，部分农副产品减产，物资交流一定程度上受到妨碍，满足不了群众要求的情况。刘少奇认为，要解决这些问题，就要在一定程度上开放和利用自由市场，使社会主义经济兼具计划性和灵活性。他说，计划只能计划那么几类，而经济生活却是千姿百态的，如果只强调计划性，就会显得单一、呆板。"我们一定要使社会主义经济的多样性、灵活性超过资本主义，使我们人民的经济生活丰富多彩，更方便、更灵活"②。刘少奇深刻指出，凡是我们计划不到的，自由市场就会钻空子，这虽然不痛快，但是有好处，因为自由市场可以暴露我们的缺点，使我们发现问题，将计划工作做得周到些。不要把自由市场挤掉，还是保留一点竞争好，

---

① 《刘少奇论新中国经济建设》，中央文献出版社1993年版，第399页。
② 《建国以来重要文献选编》第10册，中央文献出版社1994年版，第254页。

当然，自由市场也有破坏性，要加强管理，限制破坏性。

农业合作化以后，特别是人民公社化以后，由于改变过快、工作过粗，所有制变革同生产力水平不相适应，导致农民生产积极性下降，对农村生产力造成一定破坏，农民群众生活水平徘徊不前甚至下降。面对严峻的形势，全国上下都在积极寻求对策，其中比较突出的就是主管中央农村工作的邓子恢，他根据多次实地调查，结合对多年农村工作经验的总结，提出了生产责任制的主张。早在农业社会主义改造时期，邓子恢就提出了生产责任制的问题，肯定了生产责任制对于巩固集体经济的重要意义。1956 年 4 月，邓子恢在全国农村工作部长会议上指出，要巩固现有合作社，必须建立生产责任制，包工包产"这个东西不搞好，集体经营没有好的结果，没有希望搞好的。""包工包产势在必行，高级社没有包工包产不行，无论如何不行，我想南方北方都要搞包工包产。"①

但是这些重要意见在当时并没有得到应有的重视。1956 年冬，邓子恢率工作组到河南等地农村实地考察，了解到一些地方存在经营管理混乱、搞平均主义分配、农民的生产积极性不高、部分农户收入减少等问题，这些问题引起了农民的抵触情绪，甚至发生闹社、退社的现象。针对这些问题，邓子恢向党中央和毛泽东写报告，提出了允许果农和副业户退社或另行成立副业队，独立经营，在保证上调任务前提下自负盈亏；规模过大或经营不善的合作社成立联社或分成若干小社等建议。返京后，他在《在中央党校关于农业工作问题的报告》中指出，合作社内部存在着各种矛盾，产生这些矛盾主要是由于经济上的利害关系问题。因此，正确地处理人民内部的经济问题，是巩固合作社的主要途径，要做到这一点，除了加强思想教育，还必须建立以"包产到户"为中心的多种形式的生产责任制，把个人利益与国家利益、集体利益紧密结合起来，调动起社员的劳动积极性。

与此同时，生产责任制在江苏、河南等地以各种形式发展起来，邓子恢及时加以总结，进一步完善了生产责任制思想。在 1957 年全国第四次农村工作会议上，邓子恢提出了"统一经营、分级管理、明确分工、个人负责"

---

① 《邓子恢文集》，人民出版社 1996 年版，第 444、445 页。

的观点。他说,实行"三包"制,"是处理社与队关系的一种最好办法","工包到组"、"组包片"、"田间零活包到户"、"大活集体干,小活分开干","超产提成,减产扣分",可以使社队关系合理化,避免干活"大呼隆",分配"一拉平"。同年9月,邓子恢主持起草了《中共中央关于做好农业合作社生产管理工作的指示》,对农业生产责任制的做法做了充分肯定。这些观点和措施,对于调整农村生产关系,促进农业生产力的发展具有重要的意义,实际上也是对当时农村工作中的"左"倾错误的否定和纠正。

1959年4月,邓子恢在二届人大一次会议上坦率指出了人民公社化运动的诸多问题,要求重新实施1957年经党中央批准的"三包制度"。1960年和1961年,邓子恢亲率工作组到农村开展长期调查,认为农村生产力受到破坏的重要原因之一是未能有效贯彻农业生产责任制,剥夺了大集体中的小自由,他慨叹道:"这几年不少地方是剥夺了农民,剥夺了劳动者,违反了马列主义的基本原则","大兵团作战是最愚蠢的办法,是发疯,完全破坏了责任制,浪费劳力"[1]。

1961年5月,邓子恢向党中央写报告,提出了实行四包一奖的生产责任制、扩大社员自留地、停办农村食堂等十项建议,认为"这是适合于农业生产特点,又适合于公私两利的一种先进制度。"[2]同年11月,在进行了人民公社基本核算单位下放到生产队的试点调查之后,邓子恢再次强调了农业生产责任制的重要性,并针对一些人对实行农业生产责任制会引起"倒退"的担忧指出,只要有利于生产力发展,就不是倒退;过去搞的"一平二调"、"共产风"破坏了生产力,才是倒退;适当增加自留地、允许借冬闲田发展个体生产、鼓励社员开荒,是对集体经济的一种有益补充,应该提倡。

1962年,安徽一些地区实行"定产到田,责任到人"的生产管理方式,受到了农民的普遍欢迎,也受到邓子恢的充分肯定,认为这是目前经济困难地区增产粮食、恢复农业生产力的好办法。同年5月,邓子恢向党中央和

---

[1] 邓子恢:《在龙宕地专机关党员干部大会上的讲话(记录稿)》(1961年4月23日至24日),转引自蒋伯英:《邓子恢对农业生产责任制的探索与贡献》,《党史研究与教学》1996年第5期,第10页。

[2] 《邓子恢文集》,人民出版社1996年版,第538页。

毛泽东写报告，再次提出了克服平均主义、实行按劳分配、扩大社员小自由、建立生产责任制等意见，他提出："个体生产的危险在于以个体经济作为主要社会制度，从而产生剥削，产生阶级分化，而最后走上资本主义道路。如果我们能保持集体经济作为农村社会制度的主体，加上政权在我们手里，……允许社员在一定范围内经营一些小自由小私有，是只有好处没有坏处的。"①

邓子恢的观点受到刘少奇、邓小平的支持，刘少奇在多种场合肯定了农业生产责任制的做法，他指出，只要不动摇集体所有制，单干、互助、合作社都可以，只要是有利于调动生产积极性的办法都可以实行。实行生产责任制，一户包一块，或者一组包一片，都是可以的。农业生产要有一定的自由，太集体化了不行。但是，在"左"倾思想的影响下，刘少奇、邓子恢等人的这些思想被指责为刮"单干风"，走资本主义复辟道路而受到错误的批判，从而未能在实践中真正得到实行。

刘少奇、邓子恢等人的这些思想虽然在当时"左"倾氛围浓厚的大环境下没有得到有效贯彻，但是都彰显出他们实事求是的思想作风和巨大的理论勇气。他们关于发展商品生产和商品交换、开放和利用自由市场、推行农村生产责任制的思想和做法，都是试图闯出在生产关系上越公越革命的理论误区的有益尝试和不懈努力，实质就是对当时"左"倾错误的一种纠正，就是对"左"倾错误造成的损失的一种补救，在一定意义上说，就是借鉴了新民主主义时期的政策，也是在社会主义条件下对新民主主义社会理论的隐性发展。

综上所述，刘少奇、邓子恢等领导人在社会主义建设中带有一定的新民主主义情结，他们在拥护毛泽东领导的前提下，试图在新的形势下、在可能的条件下以隐秘的形式贯彻新民主主义社会理论的若干原则，通过"新程式"的构建，给新民主主义社会理论披上社会主义的外衣，并在一线的领导工作实践中不断总结经验，悄悄向新民主主义政策靠拢，把表面上已经"绝迹"的新民主主义社会理论做了一定的推进，并在纠正"左"的错误中发挥了些

---

① 《邓子恢文集》，人民出版社 1996 年版，第 594 页。

许作用。

刘少奇、邓子恢等人的这些思想，属于社会主义建设探索的范畴，但是由于其与新民主主义社会理论千丝万缕的联系，与新民主主义政策的极大相似性，应该说是新民主主义社会理论在社会主义条件下的逻辑延伸和隐性发展，它比较集中地体现了中国社会主义建设初期党在指导思想上比较正确的一面。尽管他们的思想和做法后来受到"左"倾错误的冲击未能得到较好实行，但是并不影响其在一定程度上充实新民主主义社会理论的思想宝库的客观性。新民主主义社会理论以隐匿和变相的形式继续发展的事实从一个侧面验证了它的顽强的生命力和科学性，其开拓性的探索成果为后来的改革开放积累了宝贵的经验，提供了有益的资谏。在马克思主义中国化的进程中，它最终得到中国特色社会主义理论体系的接续与升华，再次证明是我们党弥足珍贵的精神财富。

第五章　新民主主义社会理论的体系建构

　　"新民主主义社会理论"到底是不是一个完整的理论体系？这个问题在学界是有争论的，其实，要看一个理论有没有形成一个完整的理论体系，最基本的还是看它有没有形成若干基本观点，这些基本观点有没有共同搭建起一个体系架构。对于新民主主义社会理论而言，要看它有没有解决自身的基本属性问题，也就是"社会形态"问题，作为"社会"理论，还要看它有没有解决这个社会的主要矛盾、主要任务、经济制度、政治架构和文化范式问题，下面就对这些问题展开探讨。

　　中国共产党坚持解放思想、实事求是的思想路线，着眼于中国半殖民地半封建社会的特殊国情，从中国社会的客观实际出发，植根于革命根据地治国理政的伟大实践之中，来正确认识中国社会，解决中国的社会问题，创造性发展了马克思主义的社会理论，在以上几个方面作了积极而有益的探索。

第一节　社会主义导向的过渡性质的社会形态

　　社会形态是一定历史阶段的生产力基础上的经济基础和上层建筑的统一体，亦即一定社会的经济、政治、文化的统一体，是一定社会的具体存在形式。一种社会属不属于社会形态的范畴，要看它有没有自己的经济基础，以及与其对应的上层建筑。通过上述分析我们知道，在新民主主义社会，公有制经济主导的五种经济成分并存的经济制度构成了这个社会的经济基础；无产阶级领导的各革命阶级联合专政的政治架构构成了这个社会的政治上层建筑；马克思主义指导的民族的、科学的、大众的文化范式构成了这个社会的思想上层建筑。新民主主义社会是在中国新民主主义革命胜利以后，在半殖民地半封建社会的基础上建立的一种社会形态，是中国特定的社会发展阶段的独特的具体存在形式，它不是人类社会发展一般规律意义上的社会形态，而是特指在我国独特的半殖民地半封建社会的国情下进入社会主义社会的必由之路，是历史决定性和主体选择性、人类社会发展一般规律和特殊形式的辩证统一。

具体来说，它是一种社会主义导向的过渡性质的社会形态。首先它作为一种社会形态而存在。社会形态是经济基础和上层建筑的统一体，所以判断一个社会是不是社会形态，不能以它的存续时间长短为标准，也不能以它是否具有过渡性质为标准，而是看它有没有自己的有显著特征的经济基础及相应的上层建筑，或者说是否具有自己显著的经济、政治和文化特征。新民主主义社会具有资本主义因素，但有别于资本主义社会，具有社会主义因素，也有别于社会主义社会，和半殖民地半封建社会亦有质的不同，"非资非社非封建"是它的基本属性，所以只有将其视为一种社会形态才能做出符合逻辑的解释。

其次它具有显著的过渡性特征。新民主主义社会是中国在半殖民地半封建的基础上走向社会主义必经的社会发展阶段，毛泽东指出："只有经过民主主义，才能到达社会主义，这是马克思主义的天经地义。"[1] 新民主主义社会既遗留着半殖民地半封建社会的痕迹，又孕育着社会主义社会的因素，既具有相对的稳定性，又具有动态的过渡性，它的历史使命是为向社会主义过渡创造条件，并最终完成这种过渡。毛泽东指出，新民主主义共和国，"这是一定历史时期的形式，因而是过渡的形式"[2]，"从中华人民共和国成立，到社会主义改造基本完成，这是一个过渡时期。"[3] 周恩来也说："集中地说，

---

[1] 《毛泽东选集》第三卷，人民出版社 1991 年版，第 1060 页。

[2] 《毛泽东选集》第二卷，人民出版社 1991 年版，第 675 页。

[3] 《建国以来重要文献选编》第 4 册，中央文献出版社 1993 年版，第 548 页。

我国新民主主义建设时期，就是逐步向社会主义的过渡时期"①，中共中央的正式文献也指出："中国革命第一阶段的任务胜利完成后建立起来的新民主主义社会，是一个过渡性质的社会。"② 既然具有过渡性质，就决定了其存续时间的短暂性，就不会像封建社会、资本主义社会等独立的社会形态那样经历很长的历史时期，它不像这些社会形态那样，在建立了自己的经济基础以后，还要为长久地存在下去作顽强的斗争，且迟迟不愿退出历史舞台。正如毛泽东指出的那样："新民主主义是暂时的、过渡的、是一个楼梯，将来还要上楼，和苏联一样。"③ 这种过渡性质的社会发挥着中介和桥梁的作用，它不准备持久地存在下去，一旦完成了自己的历史使命，就会采取"主动姿态"，自己终结自己。

再次，这种过渡具有社会主义导向。新民主主义社会理论科学地回答了新民主主义社会的前途问题，亦即历史任务问题。它认为，新民主主义的社会形态是中国新民主主义革命胜利的逻辑产物，但绝不是新民主主义革命的终极前途，它的前途是社会主义。中国共产党坚持最低纲领和最高纲领的有机统一，社会主义和共产主义的理想是中国共产党从成立伊始就明确确定了的，并且为此进行着坚持不懈的斗争，中国共产党自身的性质和它的马克思主义的指导思想也决定了新民主主义必然走向社会主义。所以在建立新民主主义社会后，中国共产党及其领导的人民政权绝不会安于现状，停滞不前，而是积极创造条件，为向社会主义社会过渡奠定基础，并最终过渡到社会主义社会。毛泽东说，中国革命必须分两步走，"第一步，改变这个殖民地、半殖民地、半封建的社会形态，使之变成一个独立的民主主义社会。第二步，使革命向前发展，建立一个社会主义的社会。"④ 这第二步，就是新民主主义社会的历史任务，亦即社会主义革命的历史任务。1953 年毛泽东在酝酿过渡时期总路线时就明确提出："中华人民共和国成立，标志着从新民主

①　《周恩来统一战线文选》，人民出版社 1984 年版，第 255 页。
②　《建国以来重要文献选编》第 4 册，中央文献出版社 1993 年版，第 695 页。
③　中共中央文献研究室：《毛泽东年谱》中卷，中央文献出版社 2013 年版，第 173 页。
④　《毛泽东选集》第二卷，人民出版社 1991 年版，第 666 页。

主义到社会主义过渡时期的开始。"① 旧中国是一个贫穷落后的半殖民地半封建社会，在这样的基础上，不可能直接进入社会主义，只能"在工人阶级和共产党的领导之下"，大力发展社会生产力，"稳步地由农业国进到工业国，由新民主主义社会进到社会主义社会和共产主义社会。"② 关于社会主义导向的过渡性，可以从以下方面来理解。一、新民主主义革命胜利后，要建立新民主主义社会，前途是社会主义的美好社会图景，最终要过渡到社会主义社会，而不是直接进入社会主义社会。因为新民主主义革命不同于社会主义革命，其胜利果实只能是建立新民主主义社会。新民主主义革命胜利后，才能开始社会主义革命，从而为向社会主义过渡创造条件。新民主主义革命的胜利是我国走上社会主义道路的逻辑起点，新民主主义社会的发展是我国进入社会主义的一个必经阶段和历史环节。二、社会主义要建立在高度发达的社会生产力基础之上，在新中国经济文化极端落后的条件下，新民主主义社会的任务是保护和利用一切有利于生产力发展的生产方式和组织形式，大力发展生产力，为向社会主义过渡铺设道路。

新民主主义社会是个过渡性质的社会，但也不是转瞬即逝的新旧社会之间的交替物，而是一个完整的社会过程，需要经历一个较长的历史时期，这是因为旧中国的经济、政治、文化太落后的缘故。要想在半殖民地半封建的废墟上建立社会主义社会的基础，不经过一个较长历史时期的充分发展是不能想象的。早在 1935 年 12 月毛泽东就认识到："何时转变，应以是否具备了转变的条件为标准，时间会要相当地长。不到具备了政治上经济上一切应有的条件之时，不到转变对于全国最大多数人民有利而不是不利之时，不应当轻易谈转变。"③ 1950 年 6 月，毛泽东在《全国政协一届二次会议上的讲话》中也说，我们的方针是要在将来"实行私营工业国有化和农业社会化"，但"这种时候还在很远的将来"，"我们的国家就是这样地稳步前进，经过战争，经过新民主主义的改革，而在将来，在国家经济事业和文化事业大为兴

① 薄一波：《若干重大决策与事件的回顾》上卷，中共中央党校出版社 1991 年版，第 228 页。

② 《毛泽东选集》第四卷，人民出版社 1991 年版，第 1476 页。

③ 《毛泽东选集》第一卷，人民出版社 1991 年版，第 160 页。

盛了以后，在各种条件具备了以后，在全国人民考虑成熟并在大家同意了以后，就可以从容地和妥善地走进社会主义的新时期。"① 刘少奇从巩固工农联盟的高度来强调新民主主义社会的长期性。他在《关于新中国的经济建设方针》中说："过早地、过多地、没有准备地去采取社会主义的步骤"，必然会失掉、破坏工农联盟，使新民主主义政权走向失败。而唯一正确的道路，只有等到"建设国家工业的过程之后"，"只有在重工业大大发展并能生产大批农业机器之后"②，才能考虑实行社会主义措施的问题。实际上，新民主主义社会在全国建立后，只存在了短短的七年时间，提前终结新民主主义社会只能说明实践和理论的脱节，并不影响新民主主义社会作为社会形态的规定性，亦不影响其发展长期性的属性。

第二节　新民主主义社会的主要矛盾

新民主主义革命胜利后中国社会的主要矛盾是什么？中国共产党对这个问题的探索有个由浅入深、发展变化的过程，在不同时期有着不同的表述。囿于时代的局限性，我党对这个问题并没有很好地解决，这也使得学术界对这个问题有着不同的认识，甚至存在分歧和争论。实际上，学术研究不能局限于党的领导人和理论家的"本本"，而应遵循实事求是的思想路线，按照理论联系实际的方法，唯物辩证地探讨和解决问题，才能得出科学的结论，经得起历史的检验。

既往关于新民主主义社会主要矛盾的研究，往往带有非此即彼的形而上学倾向，认为社会主要矛盾应该是"唯一的"，带有一定的片面性。事实上，新民主主义社会是一个过渡性质的社会形态，社会形势变化剧烈，社会矛盾复杂多样，在不同时期也有不同的表现和侧重点，很难用其中一个矛盾代表整个新民主主义时期的主要矛盾，所以在新民主主义社会，主要矛盾是几大

---

① 《毛泽东文集》第六卷，人民出版社 1999 年版，第 80 页。

② 《刘少奇选集》上卷，人民出版社 1981 年版，第 430 页。

矛盾的层叠体。根据辩证唯物主义和历史唯物主义的基本原理，结合对当时社会历史事实的全面考察和党的领导人的论述与中央文件精神的系统梳理，笔者认为，在中国革命取得胜利后，新民主主义社会就基本上在全国范围内建立起来了（广大西南、西北地区随着相继解放也进入新民主主义社会），这个社会的主要矛盾先是广大人民群众和国民党反动派残余势力之间的矛盾，1952 年土地改革完成后则是无产阶级与资产阶级之间、社会主义道路与资本主义道路之间的矛盾，从总体上说这是前后相递而又略有交叉的两个主要矛盾，而贯穿新民主主义整个历史时期的主要矛盾，则是人民群众巨大的物质文化需求同极端落后的社会生产之间的矛盾。

一、广大人民群众和国民党反动派残余势力之间的矛盾

1949 年 10 月 1 日，中华人民共和国成立，建立并逐渐巩固了工人阶级领导的以工农联盟为基础的人民民主专政的国家政权，但是广大人民群众和国民党反动派残余势力之间的矛盾——以共产党为代表的广大人民群众与以国民党反动派为代表的帝国主义、大地主大资产阶级之间的矛盾——并没有随之解决。在建国初期，我们党仍然面临着错综复杂的阶级斗争形势。国民党反动派不甘心失败，妄图咸鱼翻身，撤台时留在大陆 320 万残余武装，包括 200 万政治土匪，伺机对新生的人民政权进行颠覆活动，"仅西南地区就有土匪百万，特务八万，还有一批坚持反动立场的反动党团骨干、恶霸分子以及反动会道门头子。"[①] 他们到处进行破坏活动，暗杀党政干部和群众积极分子，甚至发动武装暴动（据统计，1950 年，全国有近四万名干部和群众积极分子惨遭匪特杀害；1950 年 1 月至 10 月，全国共发生妄图颠覆新生政权的武装暴动 816 起，西南地区曾被匪特攻打、攻陷的县城有 100 座以上——笔者注），制造恐怖气氛，破坏社会治安，扰乱经济秩序，严重威胁社会稳定。在农村地区，还有三分之二农业人口的地区尚未进行土地改革，地主和农民之间的阶级矛盾仍很尖锐。在一些城市，没收官僚资本主义企业变为社会主义性质的国营企业也遭到官僚资产阶级或明或暗的抵抗。

---

① 李维汉：《回忆与研究》（下），中共党史出版社 2013 年版，第 521 页。

从根本上说，广大人民群众和国民党反动派残余势力之间的矛盾还是广大人民群众与帝国主义、封建主义、官僚资本主义之间矛盾在建国后的延续。正如刘少奇1949年7月所说，中国人民民主专政的外部矛盾与斗争，"就是它与帝国主义、封建主义、官僚资本主义及国民党残余势力的矛盾和斗争。这在推翻国民党政权以后一个相当长的时期内仍然是存在的，并且仍然是主要的矛盾和斗争。"① 新中国成立前夕，刘少奇在一次会议上又指出，就全国来说，帝国主义、封建势力和官僚资本主义还未打倒，主要的矛盾还是人民与这些反动势力的矛盾。亦是说，在新民主主义革命尚未完全胜利之前，主要矛盾仍然是中国人民与"三座大山"之间的矛盾，这是中国共产党人在反复探索之后得出的正确结论。

国民党反动派对外代表帝国主义的在华利益，所以随着中国共产党领导的人民解放战争取得节节胜利，废除帝国主义在华一切特权，收回海关，驱逐帝国主义势力出中国，他们对此是极端仇视的，必然采取措施帮助国民党挽救危局，对新中国实行政治孤立、军事包围、经济封锁，甚至动用武力阻挠我国的统一大业。国民党反动派对内代表大地主阶级和大资产阶级的利益，所以总的来说，尽管国民党反动派领导下的中国政治腐败，经济凋零，社会生产力遭到严重破坏，不但使底层广大人民群众民不聊生，而且对统治阶级的生产生活也造成不小的冲击，但是出于阶级利益的本性，相对于中国共产党顺应历史发展的潮流，代表广大劳动人民群众的利益进行土地改革改变农村封建的落后的生产关系、没收官僚资本建立社会主义国营经济，他们还是希望国民党反动派继续维持统治，以维护他们政治上的统治地位和经济上的优势地位。所以在广大农村地区，大地主自不必说，一部分中小地主甚至旧式富农，对共产党的到来也是不欢迎的，因此地主阶级是国民党反动派在农村地区的政治代表和残余势力。他们是土地改革运动的反对者或反抗者，甚至勾结匪特伺机"变天"，有的坐等"第三次世界大战爆发"，幻想蒋介石"反攻大陆"，恢复他们的政治经济地位。官僚资产阶级是国民党反动派在城市地区的政治代表和残余势力，他们拥有大量的物质财富，甚至控制

---

① 《建国以来刘少奇文稿》第1册，中央文献出版社2005年版，第6页。

着一定的经济命脉，在国民党反动派败局已定的情况下，他们向台湾和海外尽力转移资产，伺机扰乱和破坏经济秩序，和共产党打"经济仗"，或者释放"糖衣炮弹"拉拢腐蚀共产党的干部，和新生的人民政权作最后的抵抗。

二、土改后两大阶级和两条路线之间的矛盾

鉴于新中国成立后国民经济遭受战争破坏的极端落后的状况，而民族资本在迅速医治战争创伤，恢复国民经济方面发挥着重要的不可替代的作用，所以中国共产党是真心实意的和资本家合作，想在一个较长的历史时期搞新民主主义的。譬如新中国第一届中央人民政府6位副主席中，党外人士占3位；56位中央人民政府委员中，党外人士占27位；15位政务委员会委员中，党外人士占9位。这些党外人士中相当一部分代表民族资产阶级的利益，说明中国共产党释放出巨大善意，对民族资产阶级抱有厚望。早在1949年4月，刘少奇在《在天津市干部会上的讲话》中，就明确地阐述了"三个敌人，四个朋友"（三个敌人，即帝国主义、封建阶级、官僚资产阶级；四个朋友，即工人、农民、小资产阶级、自由资产阶级——笔者注）的概念，并进一步指出："自由资产阶级（当时党的领导人对民族资产阶级经常使用自由资产阶级的称谓——笔者注），不是我们的斗争对象，不但不是斗争对象，而且是争取对象。……如果把资本家当作斗争对象，就是犯错误，因为这跟二中全会的路线不符合，跟党的总路线不符合。把资本家当作敌人，就扰乱了自己的阵线。"[1]1949年7月，他在《代表中共中央给联共（布）中央斯大林的报告》中说："在推翻国民党政权之后，劳资间的矛盾是客观存在的，并将逐渐地加紧起来，因此，工人阶级要向资产阶级进行必要的和适当的斗争"，但同时还要和他们"实行必要的和适当的妥协与联合，以便集中力量去对付外部敌人和克服中国的落后现象。在中国从现在起到实行一般民族资本国有化，还需要经过许多步骤，需要一段相当长的时间。"[2]

---

① 《建党以来重要文献选编（1921—1949）》第25册，中共党史出版社2011年版，第309页。

② 《建国以来刘少奇文稿》第1册，中央文献出版社2005年版，第7页。

　　中共中央虽然多次明确指出革命胜利后无产阶级和民族资产阶级的矛盾是新民主主义社会的主要矛盾，但是鉴于新中国成立后严峻的经济政治形势，不但没有立即消灭资产阶级，而且根据恢复和发展社会生产力的迫切需要，还对资本主义和民族资产阶级加以保护，纠正了对待资本主义和民族资产阶级"左"的错误偏向。毛泽东还多次批评了党内"下一步就拿资产阶级开刀"的"左"倾观点，要求对实际工作中的"左"倾做法立即加以检讨并纠正，"认真克服对待民族资产阶级的'左'倾机会主义错误。如果不克服此种错误，就是犯了路线错误。"① 在七届三中全会上他提出"不要四面出击"的方针，要求全党认清形势，和民族资产阶级合作，发展我们的生产事业。

　　但是后来的历史发展证明，由于工人阶级和资产阶级之间在根本利益上具有不可调和性，代表无产阶级和广大劳动人民利益的中国共产党和资产阶级之间摩擦不断，这在三年国民经济恢复时期就初见端倪。首先表现在部分资产阶级分子对中国共产党大力发展国营经济，逐步向社会主义方向发展的政策表现不满，对于执行国家的经济方针政策不积极、不配合；对国家限制私人工商业的政策表现不满，限制与反限制的斗争暗潮涌动，而且不法资本家为了扭转被动态势，还主动发起猖狂进攻，向党和政府发难，大搞投机倒把、囤积居奇，哄抬物价，破坏经济秩序，与工人阶级连续较量了三个回合。不法资本家的实际行动证明了他们不愿意走社会主义道路，他们种种与党和政府"对着干"的实际行动，促使党中央和毛泽东对待资产阶级的态度开始发生变化。

　　为了打退不法资本家的猖狂进攻，党和政府予以坚决回击。1951 年底至 1952 年 5 月，在党和国家机关工作人员中开展了反贪污、反浪费、反官僚主义的"三反"运动，处理了一批被资产阶级腐朽思想和生活方式腐蚀的党员干部。同时在大中城市私营工商业者中开展了反行贿、反偷税漏税、反盗骗国家资产、反偷工减料、反盗窃国家经济情报的"五反"运动，揭露和打击了不法资本家的"五毒"行为，压制了他们的嚣张气焰。"五反"运动

――――――――――

　　① 《毛泽东年谱（1893—1949）》下卷，人民出版社、中央文献出版社 1993 年版，第 513 页。

是"工人阶级同不法资本家之间的阶级较量。斗争的胜利，打退了不法资本家向党、向社会主义国营经济的猖狂进攻"。①尽管如此，由于在当时的条件下，资本主义的生产方式仍然具有一定的进步性，对于恢复和发展国民经济仍是一支重要的力量，所以在这一时期，中国共产党和资产阶级还是合作大于斗争。

在土地改革结束以后，就基本上解决了地主阶级的问题，工人阶级和资产阶级的矛盾便益发凸显出来。在工人阶级掌握政权的条件下，走社会主义道路是大势所趋，也是工人阶级和中国共产党早就向全社会摆明的态度。早在1949年3月，毛泽东在七届二中全会上就明确指出："中国革命在全国胜利，并且解决了土地问题以后，中国还存在着两种基本的矛盾。第一种是国内的，即工人阶级和资产阶级的矛盾。第二种是国外的，即中国和帝国主义国家的矛盾。""对内的节制资本和对外的统制贸易，是这个国家在经济斗争中的两个基本政策。谁要是忽视或轻视了这一点，谁就将要犯绝大的错误。"②但是从阶级立场出发，资产阶级对此并不趋合，因为在中国走资本主义道路最符合他们的利益不过了。因此，尽管民族资产阶级是人民民主统一战线的一部分，资产阶级与无产阶级客观上存在的剥削与被剥削的矛盾在我国特殊的历史条件下尚不构成对抗性矛盾，仍然属于人民内部矛盾的范畴，但是两大阶级之间走社会主义道路抑或走资本主义道路的路线分歧是必须要解决的。可以说，不解决资产阶级问题，向社会主义过渡，走社会主义道路，就是一句空话。到了1952年6月，毛泽东根据形势的变化以及资产阶级的实际表现，在中共中央统战部起草的一个文件上批示道："在打倒地主阶级和官僚资产阶级以后，中国内部的主要矛盾即是工人阶级与民族资产阶级的矛盾，故不应再将民族资产阶级称为中间阶级。"③这样就明确了随后一段时期社会的主要矛盾，也为进行社会主义改造提供了理论依据。

---

① 薄一波：《若干重大决策与事件的回顾》（上），中共党史出版社1991年版，第1433页。
② 《毛泽东选集》第四卷，人民出版社1991年版，第1433页。
③ 《毛泽东文集》第六卷，人民出版社1999年版，第231页。

三、人民群众巨大的物质文化需求同极端落后的社会生产之间的矛盾

在"三座大山"的重压之下，加上长期的战争摧残，中华人民共和国成立后，整个国家的经济陷于崩溃的边缘，人民群众生活水平极其低下，可谓一穷二白，百废待兴，广大人民群众渴望改变贫穷落后的现状，首当其冲就是解决温饱问题。据统计，"1949 年与解放前的最高年份相比，农业总产值下降 20% 以上，其中粮食产量下降 24.5%，棉花产量下降 47.6%，……工业总产值下降 50%，其中重工业下降 70%，轻工业下降 30%。"[1] 即便到了 1952 年，国民经济恢复任务顺利完成，我国的财政经济状况根本好转，整个国家仍然远远没有摆脱贫困状态。诚如毛泽东所说："现在我们能造什么？能造桌子椅子，能造茶碗茶壶，能种各种粮食，还能磨成面粉，还能造纸，但是，一辆汽车、一架飞机、一辆坦克、一辆拖拉机都不能造。"[2] 直到 1961 年，毛泽东还感慨地说："旧社会留给我们的东西太少了"。[3] 这些感慨形象地说明，人民群众巨大的物质文化生活需求同极端落后的社会生产之间的矛盾自始至终存在于整个新民主主义时期。

由于新中国致力于完成新民主主义革命的遗留任务，巩固人民政权的斗争持续进行，又要解决复杂的民族资产阶级问题，抗美援朝也牵扯了党和政府的一部分注意力，加上阶级斗争思维的惯性，没有过多的时间从经济维度研究和思考社会的主要矛盾，所以直到党的八大这个问题才得以解决。囿于时代的局限性，虽然当时没有上述提法，但在事实上显然是存在的。所以，社会主义初级阶段的主要矛盾事实上早就存在于新民主主义社会之中，而且有过之而无不及，在当时的形势下更加突出，所以这里没有使用"人民群众日益增长的物质文化生活需求同落后的社会生产之间的矛盾"，而是进一步使用"人民群众巨大的物质文化生活需求同极端落后的社会生产之间的矛盾"来概括当时的社会主要矛盾。新中国成立后的前三年，党和政府采取一系列措

---

① 何沁：《中华人民共和国史》第 2 版，高等教育出版社 2003 年版，第 45 页。

② 《毛泽东文集》第六卷，人民出版社 1999 年版，第 329 页。

③ 何沁：《中华人民共和国史》第 2 版，高等教育出版社 2003 年版，第 8 页。

施，包括土地改革在内，迅速医治战争创伤，恢复国民经济，都是围绕这个问题进行的。进行社会主义改造，实质上也是为了为迅速解放生产力、发展生产力创造条件，促进经济发展，进而逐步满足人民群众巨大的物质文化需求。

根据马克思主义的基本原理，向社会主义过渡必须具备一定的物质文化基础。列宁针对俄国经济不发达的国情，强调社会主义只能建立在社会化大生产的物质技术基础之上。他把大工业视为向社会主义过渡的"真正的和唯一的基础"①，至于经济比资本主义俄国更为落后的半殖民地半封建的中国，革命胜利后创造这种物质条件无疑更加重要和迫切。为了解决这个问题，当时党中央采取了若干措施，如在制定"一五"计划时要求加速实现工业化，特别是优先发展重工业；要使工业为农业提供更多的机器设备，促进农业发展。党和政府在三年国民经济恢复时期所采取的一系列发展经济的政策措施，以及"一五"计划的制定，表明我们党已经在一定程度上意识到新中国成立后整个新民主主义时期的主要矛盾是人民群众巨大的物质文化生活需求同极端落后的社会生产之间的矛盾。

新中国成立初期严峻的社会经济形势决定了新中国成立后整个新民主主义时期的主要矛盾是人民群众巨大的物质文化生活需求同极端落后的社会生产之间的矛盾。在一百多年的半殖民地半封建的历史进程中，帝国主义、封建主义以及后来的官僚资本主义的压迫，使我国处于内忧外患的严峻形势之下，社会生产力发展十分缓慢，甚至出现停滞和倒退，广大人民群众生活在水深火热之中，连绵不断的战争更使生产力遭到极大破坏。新中国创巨痛深，满目疮痍，经济形势十分严峻和险恶。"1949 年中国人均国民收入 27 美元，不足整个亚洲平均 44 美元的 2/3，不足印度 57 美元的一半。"② 工厂倒闭，商业萧条，农田荒芜，交通中断，物资匮乏，财政赤字，通货膨胀，工人失业，一句话民不聊生。党和政府如果不迅速医治战争创伤，恢复国民经济，改善人民生活，就很难站稳脚跟，巩固新生的人民政权，因此大力发展生产力，恢复国民经济就成为当时重中之重的紧迫任务。

---

① 《列宁全集》第 32 卷，人民出版社 1988 年版，第 399 页。

② 胡绳：《中国共产党的七十年》，中共党史出版社 1991 年版，第 289 页。

　　落后的农业国的基本国情决定了建国后整个新民主主义时期的主要矛盾是人民群众巨大的物质文化生活需求同极端落后的社会生产之间的矛盾。革命胜利后，国民党留给我们的"遗产"是个一穷二白的烂摊子，虽然经过三年的努力，经济形势有了明显好转，工农业生产达到历史最好水平，但是我国作为落后的农业国的基本国情并未得到丝毫改变，社会生产力水平依然十分落后，人民群众的生活水平依然十分低下，这在短期内是不可能改观的。1953 年现代工业产值只占工农业总产值的 26.7%，汪洋大海般的个体农业和手工业经济在国民经济中占据着绝对优势，"第一生产力"科学技术特别是现代科学技术几乎为零。因此大力发展社会生产力，把经济建设搞上去，逐渐满足人民群众巨大的物质文化生活需求，就成为全党全国人民的中心任务。

　　通过以上分析，我们认识到，新中国成立后前七年的新民主主义时期，形势错综复杂，各种社会矛盾交织，但是一以贯之、统领全局的主要矛盾，还是人民群众巨大的物质文化生活需求同极端落后的社会生产之间的矛盾。这与社会主义初级阶段的主要矛盾在本质上是一样的，但是在程度上还是不同的，只有这样，才能做到严谨、客观、科学，正确认识当时中国的基本国情，判断当时中国的主要矛盾。1956 年 9 月，在社会主义改造基本完成之际，中国共产党召开了第八次全国代表大会，明确了我国的主要矛盾就是人民日益增长的物质文化需求和落后的社会生产之间的矛盾，只是后来由于党内"左"倾错误的发展，片面夸大阶级矛盾，强调以阶级斗争为纲，这一正确认识没有很好地坚持下去。

　　只有全面正确认识一定历史时期的主要矛盾，才能确定一定历史时期的主要任务，这对于国家的健康持续发展是至关重要的。中国特色社会主义进入新时代，我们党与时俱进，敏锐地观察到社会矛盾的变化，及时提出了社会主要矛盾转换的问题，习近平总书记在党的十九大报告中指出："中国特色社会主义进入新时代，我国社会主要矛盾已经转化为人民日益增长的美好生活需要和不平衡不充分的发展之间的矛盾。"[1] 对于我们如期全面建成小康

――――――――――

　　[1]　习近平：《决胜全面建成小康社会 夺取新时代中国特色社会主义伟大胜利——在中国共产党第十九次全国代表大会上的报告》，《人民日报》2017 年 10 月 28 日第 2 版。

社会，实现中华民族伟大复兴具有重要的战略意义和指导意义。

第三节　新民主主义社会的主要任务

　　唯物辩证法认为，矛盾是推动事物发展的根本动力，矛盾就是问题，消解矛盾就是解决问题。世界正是在不断解决问题的过程中向前发展的，解决问题就是我们的任务。有什么样的矛盾，就有什么样的任务。新民主主义社会广大人民群众和国民党反动派残余势力之间的矛盾、土地改革完成后无产阶级与资产阶级、社会主义道路与资本主义道路之间的矛盾，决定了新民主主义社会彻底完成民主革命的遗留任务、进行资本主义工商业社会主义改造的主要任务。而贯穿新民主主义整个历史时期人民群众巨大的物质文化生活需求同极端落后的社会生产之间的主要矛盾，则决定了大力发展社会生产力的主要任务。

一、彻底完成民主革命的遗留任务

　　彻底完成民主革命的遗留任务，实质上是中国人民反帝反封建反官僚资本主义的斗争在新中国成立后的扫尾行动，其中首当其冲的就是将人民革命战争进行到底，解放全中国，建立地方各级人民政权。中华人民共和国成立时，还有一百多万国民党残兵败将盘踞着华南、西南广大地区负隅顽抗，但是在人民解放军摧枯拉朽般的强大攻势下，已成强弩之末。可以说，军事解决蒋介石集团已经毫无悬念。从 1949 年 9 月中旬至 1950 年 6 月，中国人民解放军向华南、西南地区胜利进军，歼敌 130 万人。1951 年 5 月，中央人民政府代表团与西藏地方政府代表团达成十七条协议，宣告西藏和平解放。至此，祖国大陆实现了多年来人们梦寐以求的真正统一。在广大新解放区建立地方各级人民政权是更为繁重的工作，中央人民政府政务院先后颁行省市县和区乡人民政府组织通则，有力指导了地方各级人民政权的建立。至1950 年 10 月，各级人民政府（军政委员会、行政公署、地区公署）已在全国范围内建立起来，为建设新中国奠定了重要的政治基础。

剿匪反霸是维护社会稳定、巩固新生政权的必要措施。土匪是旧社会的一种顽疾，国民党败退大陆时，引诱拉拢这些土匪，封官加爵，许以重愿，利用这股反动势力来对抗人民政权（其实国民党政府为了维持自己的统治秩序也经常剿匪，为了蒙蔽人民群众，甚至把代表广大人民群众利益的中国共产党及其领导的人民军队称为"共匪"——笔者注），于是许多土匪变成了政治土匪。加之大批国民党残余武装或潜伏为匪，或溃散成匪，因此各地匪患一时十分猖獗。他们打着所谓"救国军""保民军"等旗号，烧杀抢掠，无恶不作。剿匪实际上是人民解放战争的继续，人民解放军实行军事打击与政治争取相结合的方针，密切依靠人民群众，保证了剿匪工作的顺利进行，至 1952 年底，大规模的剿匪工作结束，计歼灭武装匪特 240 余万人。恶霸是旧社会分布较土匪更为广泛的罪恶势力，他们称霸一方，鱼肉百姓，作威作福。农村的反霸工作结合土改或作为土改的准备步骤进行，在城市则是通过镇压反革命运动和国营企业的民主改革进行。根据政务院的指示，反霸工作必须严格依法进行，从而避免了反霸工作的"左"倾倾向，保证了这项工作有序公正进行。随着土地改革和镇压反革命运动的结束，恶霸势力被彻底荡涤。

仅仅进行剿匪反霸还不够，国民党反动派残留在大陆的一大批反革命分子不甘心失败，他们造谣惑众，刺探情报，破坏路矿，抢劫财物，残杀干部群众，甚至组织武装暴乱。据统计，从 1950 年春天到秋天的七八个月内，新解放区被害干部群众就达近 4 万人。显然，在全国范围内开展一次镇压反革命运动已成必然之势。1950 年 10 月，中共中央发出《关于镇压反革命活动的指示》，从 12 月起，全国范围的镇压反革命运动大张旗鼓地开展起来。1951 年 2 月，中央人民政府颁布了《中华人民共和国惩治反革命条例》，使运动有了法律武器和量刑标准。到 5 月份，全国已逮捕反革命分子 150 万人，处决其中罪大恶极的首要和骨干分子 50 万人，同时也发现有些地方工作中的过左现象。为总结经验，巩固战果，公安部于 5 月份召开了第三次全国公安会议，根据新的斗争形势，明确规定了镇反工作新的方针和主要任务，对于保证镇反运动的健康发展，在短时间内肃清反革命残余势力，起到了决定性作用。到 1951 年 10 月，运动顺利结束，基本扫除了国民党反动派残余势力，使我国社会出现了空前安定的局面。

随着朝鲜战争的爆发，美国总统杜鲁门公开宣布武装干涉朝鲜内政，同时命其海军第七舰队开进台湾海峡，阻挠我国的统一大业。中共中央和毛泽东经过缜密考虑，决定抗美援朝，保家卫国。1950 年 10 月 8 日，我国组建以彭德怀为司令员兼政委的中国人民志愿军，旋即跨过鸭绿江，与朝鲜人民军并肩作战。中朝两军在极端困难的条件下，经过三年的浴血奋战，歼敌109 万多人，迫使美国政府在停战协定上签字。抗美援朝战争是中国人民反帝斗争在新中国成立后的继续，它沉重地打击了美帝国主义，保卫了朝鲜的独立和我国的安全，极大地激发了中国人民的民族自豪感，也为我国开展大规模的经济建设营造了一个相对稳定的和平环境。

土地改革运动是新中国成立初期的三大运动之一，也是新民主主义革命反对封建主义斗争的延续。在总结老解放区土地改革经验的基础上，根据中央人民政府颁布的《中华人民共和国土地改革法》，从 1950 年冬起，在新解放区逐步开展了轰轰烈烈的土地改革运动。土地改革是一场激烈的阶级斗争，因此在工作中注重发动农民群众，提高他们的觉悟程度和组织程度，很好贯彻了土地改革的总路线：依靠贫农、雇农，团结中农，中立富农，有步骤有分别地消灭封建剥削制度，发展农业生产。新解放区的土改运动分三批进行，为不妨碍农业生产，都是选择在冬春的农闲季节进行，后批次土改的农村地区先行减租，到 1953 年春，除一部分少数民族地区外，土地改革全部完成。这次土地改革是我国历史上规模最大，也是历次土改中搞得最好的一次，全国 2 亿多无地少地的农民无偿分得了约4660 万公顷土地和大量的生产资料，彻底摧毁了封建地主阶级土地所有制，极大调动了农民的生产积极性，进一步巩固了工农联盟，解放了农村生产力，有力促进了农业经济的恢复和发展。在土改运动中没有遇到地主阶级的激烈反抗，不是因为他们拥护土地改革，而是因为这个阶级已经彻底没落了，而且失去了国民党反动派这个靠山，基本上没有力量和强大的人民政权相对抗。

官僚资本是国民党反动政权的经济基础，在抗日战争胜利后达到最高峰，"集中了价值达一百万万至二百万万美元的巨大财产，垄断了全国的经济命脉。"①

　　1948年4月，毛泽东在《在晋绥干部会议上的讲话》中，明确把没收官僚资本归新民主主义的国家所有列为新民主主义革命的三大经济纲领之一。1949年4月《中国人民解放军布告》规定："没收官僚资本。凡属国民党反动政府和大官僚分子所经营的工厂、商店、银行、仓库、船舶、码头、铁路、邮政、电报、电灯、电话、自来水和农场、牧场等，均由人民政府接管。"② 到1949年底，国家接收的官僚资本有：银行2400多家，官商合办银行之官股；全部交通运输业，包括铁路2.18万公里、机车4000多台、客车4000多辆、货车47000多辆、车船修造厂30多个、船舶20万吨；10多家垄断性质的贸易公司；工矿企业2858个。由于执行了正确的政策，接收过程中基本没有发生生产停顿或企业设备破坏的现象，且使工程技术人员、管理人员大都保留下来，为新中国的经济建设服务。1951年初，国家又对隐藏在民族资本企业中的官僚资本进行了彻底清理，最后完成了没收官僚资本的任务。通过没收官僚资本，连同已有的公有经济，便建立了社会主义国营经济，使国家掌握了经济命脉，也决定了我国经济发展的社会主义方向。

二、进行资本主义工商业社会主义改造

　　土地改革基本完成后，工人阶级和资产阶级之间、社会主义道路和资本主义道路之间的矛盾，必然导致对资本主义工商业进行社会主义改造。关于这个问题，中共中央和毛泽东进行了不断的探索，最初曾设想，革命胜利后要有一个相当长的新民主主义建设阶段，待条件成熟时即采取"严重的社会主义步骤"，实行资本主义工商业的国有化和个体农业、个体手工业的集体化一举进入社会主义。但是后来随着形势的变化以及对资产阶级认识的深入，毛泽东有了新的考虑，把如何解决资产阶级的问题摆上了中央的议事日程。经过深入实际的调查研究和广泛的讨论酝酿，确立了对资本主义工商业利用、限制、改造的指导思想和采取自上而下的和平的方法经过国家资本主

---

　　① 《毛泽东选集》第四卷，人民出版社2009年版，第1253页。

　　② 《毛泽东选集》第四卷，人民出版社2009年版，第1457页。

义完成对资本主义工商业的社会主义改造。"我们的战略目标是要消灭资产阶级"，在工人阶级掌握政权的情况下，这是"一种比较巧妙、比较温和、特殊形式的阶级斗争。""用协商的方法来消灭它。"① 毛泽东认为，我们现在就要开始用 10 到 15 年的时间，基本上完成向社会主义的过渡，而不是 10年或者以后才开始过渡。此后党中央经过一年多的酝酿，到 1953 年 12 月，最终形成了完整的过渡时期总路线。当然过渡时期总路线不仅包括对资本主义工商业进行社会主义改造，还包括对个体农业、个体手工业进行社会主义改造以及国家的社会主义工业化，是一个有机的整体，是"一化三改"的总路线。考虑到当时的生产力发展水平很低，党中央和毛泽东估计需要三个五年计划即 15 年左右的时间才能实现这条总路线，从而完成向社会主义的过渡。

进行社会主义三大改造的重点和难点，就是对资本主义工商业的社会主义改造（有学者持不同观点，认为社会主义改造的重点和难点是个体农业——笔者注），对农业和手工业的社会主义改造阻力并不大，因为是在广大农民（少数富农阶层除外）和手工业者普遍接受的情况下进行的，而对于资本主义工商业的社会主义改造，本质上是一场不流血的社会主义革命和特殊形式的阶级斗争。整个民族资产阶级对社会主义改造的态度，大体可以分为三部分。一部分是进步资本家（亦称红色资本家——笔者注）和共产党密切合作，积极拥护改造。比如资产阶级上层人物黄炎培就形容社会主义改造是"同登彼岸，花团锦簇"，只要资产阶级接受改造，将是"风又平、浪又静，平平安安到达黄鹤楼"，影响了一批资本家接受改造。一部分资本家处于观望态度，打一鞭子走一下。他们感到"社会主义是大势所趋，不走也得走"，改造"像剃头一样，只要不乱动，不会流血"。相当一部分资本家对社会主义改造则是抵触和反对的，他们从自己的阶级立场和阶级利益出发，片面认为这场运动就是剥夺他们的财富。一些人惊呼"被共产党骗了！""上了贼船"，哀叹"企业迟早要归公"，惶惶不可终日，有些资本家"宁砍一指，勿伤九指"（指宁愿让出一个企业，不愿合营——笔者注），少数人则以抽逃资金、破坏

---

① 李维汉：《回忆与研究》（下），中共党史出版社 2013 年版，第 579 页。

生产、"三停"（停工、停伙、停薪）为手段进行反抗。①

对资本主义工商业的社会主义改造虽然具有历史进步意义，但是客观上触犯了部分民族资产阶级的利益，与他们主观上在中国发展资本主义的愿望也是背道而驰的，而且对他们的改造也与共产党允诺的在一定历史时期内保护和发展资本主义经济相矛盾，使他们对共产党产生不信任感和抵制情绪，显然对资本主义工商业的社会主义改造是遇到一些阻力的。一些进步资本家积极支持党和政府的态度和行动，代表资产阶级利益的民主党派也拥护社会主义改造，愿意走社会主义道路，但不能代表整个民族资产阶级。可以说，一部分资产阶级分子对党的社会主义改造政策是不满意的，但是在无产阶级掌握政权和工农联盟的力量处于压倒性优势的形势下，他们的"反抗"显得苍白无力，只能被动地或者表面上附和着接受社会主义改造。之所以这场改造能够和平地进行，根本上取决于工人阶级和资产阶级之间力量的对比，毛泽东早在建国前夕《论人民民主专政》中就说："人民手里有强大的国家机器，不怕民族资产阶级造反。"② 可以说，从实事求是的思想路线出发，用马克思主义的基本原理分析问题，这就是当时的历史事实。

和苏联的国情不同，我国的民族资产阶级参加了人民民主统一战线，对中国革命的胜利做出了一定的贡献，所以不能经济上剥夺，肉体上消灭，而只能采取和平的、教育的方法进行社会主义改造。本着团结民族资产阶级的良好愿望和维护国家政治经济局面稳定的大局，中国共产党把工人阶级和资产阶级的矛盾当作人民内部矛盾来处理，采取"又团结又斗争，以斗争求团结"的政策，对资本主义工商业采取了和平赎买的改造政策，创造性地提出了通过从低级到高级的国家资本主义的各种过渡形式，逐步实现资本主义工商业国有化，消灭剥削制度，建立社会主义生产资料公有制。

政治工作和思想工作是一切工作的生命线。为了完成这一历史性任务，我们党在全国工商界开展了普遍深入的过渡时期总路线的宣传教育活动。毛泽东等党的领导人邀约民主党派负责人和部分工商界代表人物座谈，希望他

---

① 整理自李维汉：《回忆与研究》（下），中共党史出版社2013年版，第581、582页。
② 《毛泽东选集》第四卷，人民出版社2009年版，第1477页。

们认清形势，消除疑虑，影响他们所联系的资本家配合改造。周恩来在全国政协常委扩大会议上对工商界代表人物指出了他们"阶级消灭、个人愉快"的前途，他说："资本家只要尽职尽力，不是一利是图，政府和工人阶级就应使资本家有职有权，有利可得。""将来在实行国有化的时候，可以不流血，可以和平地自然地进入社会主义。""人们在过渡时期对国家尽了力，将来就会得到应有的报酬。"①1953 年 10 月到 11 月，召开了中华全国工商联会员代表大会，我党系统阐述了过渡时期总路线和对私营工商业实行利用、限制、改造的内容、意义和步骤，鼓励资本家遵守国家政策法令，努力改善生产经营，接受社会主义改造，并组织他们集中讨论和学习，使他们受到深刻教育，有人即表示"积极经营，争取利用，不犯五毒，接受限制，加强学习，欢迎改造"。毛泽东也发出指示，要求半年之内要"大喊大叫"，大张旗鼓地进行宣传教育，做到家喻户晓，深入人心。经过半年多全国范围的宣传教育，使资本家提高了认识，不同程度地接受了总路线和国家资本主义的方针，资产阶级涌现出一批进步骨干，他们带头合营，现身说法，在资产阶级中产生了积极影响。这种宣传教育工作采取各种形式持续进行，越来越多地把资本家争取到社会主义方面来。

对资本主义工商业的改造最初主要实行委托加工、计划订货、统购包销、经销代销等初级形式的国家资本主义，使其纳入国家计划的轨道。第二步着重发展个别企业公私合营。1953 年底和 1954 年底，分别召开了全国扩展公私合营工业计划会议，1954 年 9 月，政务院颁布了《公私合营工业企业暂行条例》，有力地推动了工业企业公私合营的发展，同时纠正了改造工作中的一些错误做法，与此同时对私营商业的公私合营也有条不紊地进行。企业利润都采取"四马分肥"的方法进行分配。

1956 年，在农业合作化高潮的推动下，资本主义工商业改造的浪潮也席卷全国，进度之快超出了党中央的计划，很快实现了全行业公私合营。为减少阻力，增添助力，保证社会主义改造的健康发展，党和政府对资方做了一定让步，一是按照"从宽从了"的方针妥善处理合营企业的清产核

---

① 李维汉：《回忆与研究》（下）中共党史出版社 2013 年版，第 580、581 页。

资工作。二是取消"四马分肥",原有高薪不动,私股定息,一定十年,年息五厘,这超出了一些资本家"求三望四"的心理预期,有效调动了资本家接受改造的积极性。到1956年底,社会主义改造取得决定性胜利,我国建立起社会主义基本制度,实现了我国历史上最深刻、最广泛的社会变革。

在社会主义改造过程中,党和政府十分注意把对企业的改造和对人的改造有机结合起来,努力把剥削者改造为自食其力的社会主义劳动者,使其为社会主义建设服务。一是保护资本家的合法权益,不要开空头支票,按时兑现资方红利和私股所得,由个人自行支配;二是对资本家及其代理人量才使用,适当照顾,使之各得其所,不能只要企业不要人。毛泽东说,安排人员主要是两个,一个是工作岗位,一个是政治地位,统统安排好。陈云指出:"必须让资方实职人员担任实际职务,不坐冷板凳","有许多资本家懂得技术、有经营管理能力,如果不用他们,不合理,也不近人情",[1]一直参与资本主义工商业社会主义改造领导工作的李维汉也说:"资本主义企业和掌握生产技术与管理经验的资产阶级分子,是旧社会留给我们的两份遗产,我们应当充分地加以利用。""改造资本主义企业和资产阶级分子,是互相影响而又不可分离的双重改造。"[2]实现和平赎买的关键是改造资产阶级分子,要给他们宽大待遇,包下来,包到底,这就解除了他们的后顾之忧;三是普遍开展政治教育。党和政府采取各种形式对工商界开展社会主义改造的宣传教育,使他们认识到社会发展大势,争取光明前途。据1957年4月不完全统计,组织各种学习达128万人次,其中参加工商界短期讲习班的10余万人。另外我们党还很注意发挥联系和代表资产阶级的民建会、工商联对资产阶级分子进行团结教育改造的重要作用。通过一系列努力,我们党对资产阶级分子的改造也取得了较为满意的成效。毛泽东后来总结说:"工人阶级和民族资产阶级之间存在着剥削和被剥削的矛盾,这本来是对抗性的矛盾。但是在我国的具体条件下,这两个阶级的对抗性矛盾如果处理得当,可以转变为非

---

① 《陈云文集》第2卷,中央文献出版社2005年版,第686、687页。

② 李维汉:《回忆与研究》(下),中共党史出版社2013年版,第600、592页。

对抗性矛盾，可以用和平的方法解决这个矛盾。"①

对资本主义工商业的社会主义改造也存在一些不足之处。比如改造过急过猛，比计划完成时间大大缩短，工作过粗，形式单一，以致留下一些后遗症长期没有得到很好解决。对部分工商业者处理不当，没有很好发挥他们的特长为社会主义建设服务，等等。但是毕竟取得了巨大成功，创造性开辟了一条适合中国国情的社会主义改造道路，不但没有造成生产力的破坏，而且促进了生产力的发展，顺利完成了从新民主主义到社会主义的历史性转变，在我国建立了社会主义基本制度。

三、大力发展社会生产力

新中国成立前夕，我们党已经认识到，随着革命在全国范围内取得胜利，党就要把大规模的经济建设提到议事日程上来。早在 1948 年 12 月，刘少奇就在华北财政经济委员会会议上敏锐地指出："发展经济是一切斗争的终极目的。"②1949 年 3 月，毛泽东在七届二中全会上明确指出："从我们接管城市的第一天起，我们的眼睛就要向着这个城市的生产事业的恢复和发展"，其他工作"都是围绕着生产建设这一个中心工作并为这个中心工作服务的"，务须避免"把中心任务忘记了"，③"在革命胜利以后，迅速地恢复和发展生产，对付国外的帝国主义，使中国稳步地由农业国转变为工业国，把中国建设成一个伟大的社会主义国家。"④ 新中国成立前后，刘少奇又在不同的场合强调说："全国的军事时期将会很快结束。结束以后，中国就要进入建设时期，特别是经济建设。"⑤"中国革命斗争的中心在城市，任务就是发展生产，繁荣经济"⑥，"在国内，只要第三次世界大战不爆发，我们的任务就一直是经济建设，是中国工业化"，"今后的中心问题，是如何恢复和发

① 《毛泽东文集》第七卷，人民出版社 1999 年版，第 206 页。
② 金冲及：《刘少奇传（1898—1969）》（下），中央文献出版社 2008 年版，第 567 页。
③ 《毛泽东选集》第四卷，人民出版社 2009 年版，第 1428 页。
④ 《毛泽东选集》第四卷，人民出版社 2009 年版，第 1437 页。
⑤ 《刘少奇论新中国经济建设》，中央文献出版社 1997 年版，第 112 页。
⑥ 刘崇文：《刘少奇年谱》（下），中央文献出版社 1996 年版，第 167 页。

展中国经济"①。1950年6月，党的七届三中全会也明确规定了争取国家财政经济状况的根本好转是党和人民在建国后头三年的中心任务。

由此可见，党中央对经济建设是高度重视的，也说明了新中国成立后以后大力发展社会生产力对于巩固新生的人民政权的极端重要性。党中央在领导全国人民努力完成民主革命的遗留任务的同时，也开始把恢复和发展国民经济当做中心任务来抓。

为了搞好经济建设，恢复和发展生产力，在筹备建国时，最先成立并开始运作的就是中央财政经济委员会。在陈云的领导下，全国一盘棋，主要依靠新生的国营经济的力量，沉重打击了投机资本哄抬物价、扰乱市场，趁火打劫的行为，取得了稳定市场、统一全国财经工作的胜利。抗美援朝战争开始后，党中央制定了"边打、边稳、边建"的方针，领导人民自力更生、艰苦奋斗、共克时艰，应对帝国主义的封锁禁运，经过努力，基本做到了仗要保证打好，经济要稳定，建设要进行的目标。

要把我国由落后的农业国变为先进的工业国就必须大力发展生产力。我国人口众多，农业落后，解决吃饭问题是当务之急，所以党和政府一直把重点放在农业经济的恢复和发展上。结合进行土地改革，解放亿万农民的生产积极性，国家还从减轻农业税负、推广先进技术、发放农业贷款、动员兴修水利、发展供销合作、保护贸易自由等方面采取积极措施，取得了良好成效，为经济建设奠定了良好基础。

大力发展生产力也是实现社会主义工业化的前提和基础。新中国成立后前三年，人民政府交通建设投资17.7亿元，占国家基建投资总额的26.7%，到1952年底，全国铁路通车里程达2.4万公里，公路通车里程达12.67万公里，初步改善了我国交通极端落后的情况。在恢复和发展国内贸易的同时，人民政府还积极发展对外贸易，先后同苏东国家、印度、巴基斯坦以及英法等国建立或发展了贸易关系，有力地支持了国民经济的恢复和发展。国家还挤出大量资金新建一批骨干企业，新中国成立前三年工业建设投资26.98亿元，新建3300多家企业，其中大多数为现代化企业，对构建我国的工业体

---

① 《刘少奇选集》（上），人民出版社1981年版，第60页、第426页。

系发挥了重要作用。

经过全党和全国人民三年的共同努力，恢复国民经济的任务胜利完成。1952 年工农业总产值 810 亿元，比 1949 年增长 77.5%，年均递增 21.1%，主要工农业产品产量超过建国前最好水平。在生产发展的基础上，人民生活有所改善，失业人数逐年减少，同时实现了财政收支平衡，金融物价稳定，这标志着我国的财政经济状况已经根本好转。可以说，新中国成立初期我国农村迅速实现了中农化和城市经济的迅速发展，与党和政府对经济建设的高度重视，大力发展社会生产力是紧密相关的。

从 1951 年初开始，中共中央就着手编制发展国民经济的第一个五年计划（1953—1957），经过反复讨论，多次修改，历时四年，五易其稿，到 1954 年基本定案。1954 年 9 月周恩来在政府工作报告中指出："经济建设工作在整个国家生活中已经居于首要的地位。"①

经过全党全国各族人民的共同努力，加之苏联等友好国家的援助，到 1957 年底，"一五"计划的各项指标都大幅度超额完成。五年中，实际完成基本建设投资 588 亿元，超过计划的 37.6%，工业总产值 783.9 亿元，超过计划 21%，年均递增 18%，劳动生产率比 1952 年提高 52%，一批新兴工业部门如飞机、汽车、电力、冶金、重型机械、精密仪表、国防军工等纷纷建立，填补了我国重工业领域的很多空白。农业总产值 604 亿元，完成计划的 101%，年均递增 4.5%，农村水利投资 41.8 亿元，扩大耕地面积 391 万公顷，达到 11183 万公顷，完成计划的 101%。交通运输业迅速发展，新建铁路 33 条，修复 3 条，全国铁路通车里程近 3 万公里，公路通车里程 25.5 万公里，分别比 1952 年增加 22% 和 1 倍。五年中，人民生活水平明显改善，全国居民平均消费水平 1957 年达到 102 元，比 1952 年提高 33%，商品供应增多，物价基本稳定。"一五"计划超额完成，奠定了我国社会主义工业化的基础，使我国经济文化落后的面貌有了一定程度的改观。

在新中国成立后三年国民经济恢复时期，党和政府一手抓完成民主革命的遗留任务，一手抓经济建设，完成民主革命的遗留任务为经济建设创造了

---

① 《建国以来重要文献选编》第 5 册，中央文献出版社 1993 年版，第 585 页。

一个相对稳定的政治环境，大规模的经济建设又为完成民主革命的遗留任务提供了物质保障，两者相辅相成，相互促进，共同构成了建国后三年的主要任务。社会主义改造变革了生产关系，解放了生产力，促进了"一五"计划任务的逐步完成。国民经济的发展，特别是公有制经济的不断壮大，为社会主义改造提供了坚实的经济基础。"一五"计划着重发展重工业，内在地涵盖着社会主义工业化。因此"一五"计划与过渡时期总路线相辅相成，相向而行，共同的目标就是大力发展社会生产力。

综上所述，完成民主革命的遗留任务、进行资本主义工商业社会主义改造（包括对个体农业、个体手工业的社会主义改造）、大力发展社会生产力，就是新中国建国初期的三大主要任务。

第四节　公有制经济领导的多种经济成分共同发展的经济模式

经济制度是指一定历史发展阶段的生产关系的总和，是一定的国家为了反映在社会中占统治地位的生产关系的发展要求，建立并维护和发展的经济秩序，也是一定社会中具有总体性和本质性特征的经济运行方式。新民主主义社会理论认为，实践证明，资本主义道路在中国走不通，在半殖民地半封建社会的基础上，经济文化十分落后，不可能直接进入社会主义社会，只能实行新民主主义的即公有制经济主导的五种经济成分并存的经济形态。"国营经济是社会主义性质的，合作社经济是半社会主义性质的，加上私人资本主义，加上个体经济，加上国家和私人合作的国家资本主义经济，这些就是人民共和国的几种主要的经济成分，这些就构成新民主主义的经济形态。"[1]"各种社会经济成分在国营经济领导之下，分工合作，各得其所，以促进整个社会经济的发展。"[2]

新民主主义经济理论认为，在多种经济成分并存的情况下，各种经济成

---

① 《毛泽东选集》第四卷，人民出版社1996年版，第1433页。

② 《中国共产党历史》上卷，人民出版社1991年版，第825页。

分在国民经济中的地位和作用是不同的，发展趋向也是不同的。毛泽东指出：“在无产阶级领导下的新民主主义共和国的国营经济是社会主义的性质，是整个国民经济的领导力量。”① 这是由新民主主义的历史使命是最终过渡到社会主义社会决定的。国营经济是国家所有、国家经营的经济形式，一部分由没收官僚资本而来，一部分由国家投资兴建而来，新民主主义国家控制了国营经济，就控制了国民经济的命脉。国营经济是新民主主义社会的发展趋势，它要为过渡到社会主义奠定必要的物质基础，所以国家会集中力量加速其发展，它在国民经济中的比重也会越来越大。在新民主主义社会中，国营经济的发展及其对国民经济的领导，是无产阶级和广大人民群众在政治上获得解放的经济表现，也是新民主主义社会的社会主义发展方向的经济表现。

“合作社经济为半社会主义性质的经济，为整个人民经济的一个重要组成部分。”② 它是集体所有、集体经营的经济形式，在新民主主义社会中，合作社采取多种形式，按门类划分可分为供销合作社、生产合作社、消费合作社等，按行业划分可分为农业合作社、手工业合作社、商业合作社等，按合作化程度划分可分为初级合作社、中级合作社、高级合作社等，合作化程度越高，表明越接近于社会主义的性质。发展合作社经济是培养广大人民群众的集体习惯和社会主义思想的重要途径，是向社会主义过渡的重要环节和途径。

在新民主主义的各种经济成分中，国营经济和合作社经济是国民经济中的公有制成分，在整个国民经济中发挥主导作用，它们是新民主主义社会过渡到社会主义社会的经济基础和主要依靠力量，也是无产阶级领导的各革命阶级联合专政的经济基础和主要依靠力量，所以它们在新民主主义经济结构中是上升的力量。

但是在当时的情况下，由于“国营经济的力量还很有限”，由于“合作经济还不发展”，由于“战争与人民的各方面的需要”，“私人资本主义经济

---

① 《毛泽东选集》第二卷，人民出版社 1991 年版，第 671 页。
② 《建国以来重要文献选编》第 1 册，中央文献出版社 1992 年版，第 8 页。

的发展是必然的，在一定限度内还是必要的。"[1] 它为迅速恢复战争创伤，活跃市场，繁荣经济，解决就业，发挥着不可替代的作用。国家允许私人资本主义经济的存在和一定程度的发展，就是要尽可能地发挥其积极性，为社会主义服务，为人民大众服务。但是资本主义的本性是尽可能大地追逐剩余价值，资本主义几百年的实践证明，资本主义在创造了巨大社会财富的同时也创造了无穷无尽的罪恶，诚如马克思所说："资本来到世间，每个毛孔都滴着血和肮脏的东西。"[2] 所以它这种唯利是图的劣根性又决定了在无产阶级领导的条件下，"不能放任其发展，必须在一定程度内加以管理和监督，加以限制。"[3] 充分利用其有利于国计民生的一面，对于其不利于国计民生的一面则加以限制和削弱，最终方向是汰出市场。

在新民主主义社会中，国家资本主义经济，"是社会主义经济直接领导下的社会主义成分同资本主义成分联系或合作的经济"，因此，"它还不是社会主义经济而是一种过渡的经济形态"[4] 它是国家对私人资本主义利用、限制和改造的主要形式，也是国家对私人资本主义进行有效监督和管理，保证其向着有利于国计民生的方向发展的重要手段，因而是一种重要的经济形式，在经济生活中占有重要作用。国家资本主义可以分为低级形式和高级形式的国家资本主义，低级形式的国家资本主义包括加工订货、统购包销、经销代销等形式，高级形式的国家资本主义主要是指公私合营。在新民主主义经济的发展过程中，国家资本主义会由低级向高级逐步发展，为进入社会主义创造条件。

个体经济——包括个体农业、个体手工业，也包括个体商业，是一种落后的生产方式，由于历史的惯性，主要是由于我国极端落后的生产力水平，个体经济在我国的存在将是必然的、长期的。汪洋大海般的个体经济在我国特别是广大农村地区顽强地存在着，自发地发生发展着，这是不以人的意志为转移的客观现实，是客观经济规律的表现。但是个体经济不是社会的

---

[1] 《张闻天选集》第 4 卷，人民出版社 1995 年版，第 39 页。

[2] 《马克思恩格斯文集》第 5 卷，人民出版社 2009 年版，第 871 页。

[3] 《中国共产党思想理论发展史》上卷，人民出版社 2011 年版，第 517 页。

[4] 《建国以来重要文献选编》第 4 册，中央文献出版社 1993 年版，第 505 页。

发展方向，毛泽东指出："占国民经济总产值百分之九十的分散的个体的农业经济和手工业经济，是可能和必须谨慎地、逐步地而又积极地引导它们向着现代化和集体化的方向发展的，任其自流的观点是错误的。"① 通过合作化的途径可以逐步实现个体经济向社会主义的过渡，变为社会主义性质的集体经济。随着合作化运动的开展和生产力水平的不断提高，它是逐渐走向没落的，但是这需要一个长期的过程，个体经济和合作社经济将经历一个共同存在和发展的时期。

在新民主主义社会中，在"公私兼顾、劳资两利、城乡互助、内外交流"的方针下，发展国营经济，通过国家资本主义利用、限制与改造资本主义经济，通过合作社经济适当引导个体经济，这就是新民主主义的经济制度。新民主主义社会建立后，中心任务是以经济建设为中心，动员一切力量恢复和发展生产事业，实行新民主主义的经济制度，可以优势互补，最大限度地发挥合力，促进国民经济的快速发展。新民主主义社会实行公有制经济主导的五种经济成分并存的经济制度，并不是说它们之间没有矛盾，实际上，多种经济成分并存营造了一个竞争的环境——这是社会生产力发展的推进剂，不管它们的发展方向是上升的还是没落的，客观上促进了生产力的发展。新中国成立后在战争尚在进行、西方敌对势力封锁包围的环境下仅仅用了三年时间就迅速医治战争创伤，恢复国民经济，不能不说得益于中国特色的新民主主义经济制度的成功实践。

第五节　无产阶级领导的各革命阶级联合专政的政治架构

政治架构是指一个国家赖以建立和运行的政治层面的设计和安排，是一个国家的政治上层建筑。和其他社会相比，新民主主义社会拥有体现自身特点和性质的异质性政治架构，就是无产阶级领导的各革命阶级联合专政的政治架构，《中国人民政治协商会议共同纲领》规定："中华人民共和国为新民

---

① 《毛泽东选集》第四卷，人民出版社 1991 年版，第 1432 页。

主主义即人民民主主义的国家，实行工人阶级领导的、以工农联盟为基础的、团结各民主阶级、国内各民族的人民民主专政，反对帝国主义、封建主义和官僚资本主义，为中国的独立、民主、和平、统一和富强而奋斗。"① 而"中国共产党是我们国家的领导核心。"②

新民主主义国家实行无产阶级领导的各革命阶级联合专政，就是人民民主专政，这个专政推翻了大地主大资产阶级专政和帝国主义通过这个专政对中国人民的残酷统治，是中国人民实现自身解放，成为国家的主人，掌握自己命运的标志。人民民主专政具有鲜明的中国特色，是中国人民的伟大创造，既与欧美资产阶级专政有本质区别，也不同于苏联单一的无产阶级专政。毛泽东曾经说过，当时世界上有三类国家体制，即资产阶级专政、无产阶级专政、几个革命阶级联合专政。新民主主义的中国到底采取哪种国家体制呢？中国共产党领导革命取得了胜利，不可能把胜利果实拱手让给资产阶级，还"因为中国是帝国主义压迫的国家"，所以，"资产阶级的共和国，外国有的，中国不能有"，"唯一的道路，是经过工人阶级领导的人民共和国。"③ 那么要不要学习无产阶级专政的苏联呢？这要根据中国的社会现实来决定，毛泽东指出："中国现阶段的历史将形成中国现阶段的制度，在一个长时期中，将产生一个对于我们是完全必要和完全合理同时又区别于俄国制度的特殊形态，即几个民主阶级联盟的新民主主义的国家形态和政权形态。"④ 无产阶级专政的苏维埃共和国"在一定的历史时期中，还不适用于殖民地半殖民地国家的革命。因此，一切殖民地半殖民地国家的革命，在一定历史时期中所采取的国家形式，只能是第三种形式，这就是所谓新民主主义共和国。"⑤ 新民主主义共和国是"真正适合中国人口中最大多数的要求的国家制度"。⑥

---

① 《中国共产党执政历程》第 1 卷，人民出版社 2011 年版，第 565 页。
② 《建国以来刘少奇文稿》第 6 册，人民出版社 2008 年版，第 392 页。
③ 《毛泽东选集》第四卷，人民出版社 1991 年版，第 1471 页。
④ 《毛泽东选集》第三卷，人民出版社 1991 年版，第 1062 页。
⑤ 《毛泽东选集》第二卷，人民出版社 1991 年版，第 675 页。
⑥ 《毛泽东选集》第三卷，人民出版社 1991 年版，第 1056 页。

新民主主义的政治是民主政治，这种民主"既非旧式的民主，又还非社会主义的民主，而是合乎现在中国国情的新民主主义。"①在新民主主义社会中，凡是参加了新民主主义革命，为新中国的缔造做出了贡献的各个阶级，包括工人阶级、农民阶级、小资产阶级和民族资产阶级，都享有一定的民主权利，在这个政权中都占有一定的地位。在新民主主义社会中，各革命阶级分工合作，各得其所，扮演着不同的角色，发挥着不同的作用，工人做工，农民种地，小资产阶级和民族资产阶级经营自己的事业。总之，在新民主主义的社会和国家，可以"保障广大人民能够自由发展其在共同生活中的个性"②，在宽松的民主政治的氛围中，在国家政策和法律允许的范围内，各民主阶级可以自由地发展自己的事业。

当然，各革命阶级的联合专政并不意味着各革命阶级在国家政权中的地位是相同的，必须有一个领导阶级，这个领导阶级就是领导新民主主义革命取得胜利的无产阶级，无产阶级的先进性决定了无产阶级的革命领导权，革命领导权决定了革命胜利后国家政权的领导权。所以，毛泽东强调说，新民主主义国家是一个"在无产阶级领导下的一切反帝反封建的人们联合专政的民主共和国"③。

工农群众占中国人口的绝大多数，都是深受帝国主义、封建主义、官僚资本主义剥削和压迫的阶级，生活在社会最底层，相似的政治和经济地位决定了这两个阶级拥有最多的共同语言，也决定了这两个阶级在革命中自然而然地结成同盟。新民主主义的阶级观认为，中国新民主主义革命的胜利，离不开先进的工人阶级的领导，也同样离不开农民阶级这个中国革命的主力军。只有工人和农民结成巩固的联盟，中国革命的胜利就有了保证。在长期的革命斗争中，不管形势发生了怎样的变化，这两个阶级始终并肩战斗。在革命胜利以后的新民主主义社会建设中，同样离不开巩固的工农联盟，工农联盟是革命的主力军，也是人民民主专政的中坚力量和社会建设的主力军。

---

① 《毛泽东选集》第二卷，人民出版社 1991 年版，第 733 页。

② 《毛泽东选集》第三卷，人民出版社 1991 年版，第 1058 页。

③ 《毛泽东选集》第二卷，人民出版社 1991 年版，第 675 页。

在新民主主义社会中，只有保证工农阶级的国家和社会主人翁的地位，充分发挥他们的生产积极性和献身建设新社会的政治热情，才能巩固胜利果实，迅速恢复被战争破坏的国民经济，较快地发展社会生产力，为进入社会主义奠定基础。

小资产阶级包括手工业者、小商人、作坊主、自由职业者等，在旧中国，大部分知识分子的经济收入、社会地位、社会心理等和小资产阶级相似，是小资产阶级的一部分。小资产阶级或者由工人、农民上升而来，或者由民族资产阶级下降而来，和其他阶级都有着广泛而密切的联系，他们的社会地位介于工农阶级和民族资产阶级之间，是整个社会的中间阶级，他们的思想即受到工人阶级、农民阶级的影响，也受到民族资产阶级的影响，甚至还受到大地主大资产阶级的一定影响，是其他阶级的争取的对象。小资产阶级在社会生活中发挥着其他阶级不可替代的独特的作用，他们的生产和经营对于扩大就业、增加产品供应、活跃市场、改善人民生活发挥着重要的作用。在长期的新民主主义革命中，小资产阶级接受无产阶级的领导，并且没有离开过革命阵营，他们在新民主主义政权中理所当然占有一席之地。

新民主主义的政治理论认为，民族资产阶级是个剥削阶级，但是，他们并不是中国革命的对象，而是中国人民革命统一战线的有机组成部分，这是由中国特殊的国情和这个阶级在中国社会中的特殊地位、在中国革命中的特殊表现决定的。在中国革命的长期过程中，民族资产阶级的大多数大部分时间都是同情和参加革命的，至少是保持中立，他们为新民主主义革命的胜利、为新中国的建立也做出了一定贡献。建国后，民族资本主义经济在恢复和发展国民经济中具有重要的作用。所以，要允许民族资产阶级继续存在，这在政治上、经济上都具有不可揆度的作用。保留资本主义经济，甚至在一定程度上有所发展，是有一些剥削，但是可以换来经济的发展，人民生活水平的提高，是符合无产阶级和广大人民群众的根本利益的。中国共产党对资本主义工商业进行和平赎买的社会主义改造，是经济层面上社会发展的需要，并不剥夺民族资产阶级的政治权利，他们中的大多数都被改造为自食其力的劳动者和社会主义事业的建设者。

在中国，每个阶级在政治上都有其利益代表，中国共产党是无产阶级的政治代表，农民阶级、城市小资产阶级、民族资产阶级的政治代表就是各民主党派。新民主主义的统一战线理论认为，中国共产党和无产阶级如何对待其他各民主阶级的问题，实际上就是对待各民主党派的问题。各民主党派是在近代中国的社会发展过程中历史地形成的，他们与中国共产党有着长期合作、共同奋斗的历史，进入和平建设时期，他们还要发挥自己的特殊作用。因此，"中国在整个新民主主义制度期间，不可能、因此就不应该是一个阶级专政和一党独占政府机构的制度。"① 不但如此，民主党派不是一个暂时的历史现象，在整个新民主主义和社会主义时期，民主党派都有长期存在的必要性。新民主主义社会实行无产阶级领导的各革命阶级联合专政，具体到政党制度上，必然要求实行中国共产党领导的多党合作和政治协商制度，必然要求实行"长期共存、互相监督、肝胆相照、荣辱与共"的基本方针，这是我国政治制度的一个特点和优点。此外，为保证各阶级、各党派、各民族的民主权利，还要实行人民代表大会制度和民族区域自治制度的基本政治制度。

新民主主义政治理论认为，人民民主专政是人民民主和人民专政的有机统一。只有彻底实行人民民主，保证广大人民群众的民主自由权利，才能调动广大人民群众的积极性，从而有效实行人民专政。人民专政，通俗地说，就是专帝国主义、封建主义和官僚资本主义的政。在旧中国，帝国主义、封建主义和官僚资本主义是压在中国人民头上的"三座大山"，是新民主主义革命的对象，新中国成立后，这"三座大山"仍然是中国人民专政的对象。这是因为，帝国主义势力虽然被驱逐出中国，但是仍然对我们封锁包围，虎视眈眈，伺机颠覆。封建主义的遗毒，特别是在思想观念方面的遗毒，不是在短时期内就能肃清的。国民党反动派虽然被打败，但是遗留在大陆的敌特分子、政治土匪不断搞破坏活动，时刻威胁着新生的人民政权，退踞台湾的蒋介石集团仍然企图反攻大陆。所以，新民主主义国家同"三座大山"的斗争将是长期的，只有打破帝国主义势力的封锁包围，防止封建主义势力的死灰复燃，镇压国民党反动势力的反攻倒算，亦即彻底实行人民专政，才能真

---

① 《毛泽东选集》第三卷，人民出版社1991年版，第1062页。

正保障人民民主。

　　总之，只有真正建立起新民主主义的无产阶级领导的各革命阶级联合专政的政治架构，并保障其健康有序运行，才能巩固中国的独立地位，捍卫领土和主权完整，最终实现国家的完全统一，才能保障人民的民主权利，维护来之不易的和平局面，以经济建设为中心，大力发展社会生产力，为向社会主义过渡奠定基础。

第六节　马克思主义指导的民族的科学的大众的文化范式

　　文化范式是指在某一特定的社会中主流意识形态的根本面貌和总的运行方式，新民主主义的文化范式，就是马克思主义指导的民族的科学的大众的文化范式，就是实行以马克思主义为指导的民族的科学的大众的文化教育，肃清买办的、封建的、法西斯的旧文化，建设新民主主义的新文化，提高全国人民的文化水平，改变全国人民的文化面貌。

　　毛泽东指出："一定的文化（当作观念形态的文化）是一定的社会的政治和经济的反映，又给予伟大影响和作用于一定社会的政治和经济"，"我们共产党人，多年以来，不但为中国的政治革命和经济革命而奋斗，而且为中国的文化革命而奋斗；一切这些的目的，在于建设一个中华民族的新社会和新国家。……在这个新社会和新国家中，不但有新政治、新经济，而且有新文化。这就是说，我们不但要把一个政治上受压迫、经济上受剥削的中国，变为一个政治上自由和经济上繁荣的中国，而且要把一个被旧文化统治因而愚昧落后的中国，变为一个被新文化统治因而文明先进的中国。"[1]

　　新民主主义的文化理论认为，所谓民族的文化，首先是反对帝国主义的殖民和压迫，主张中华民族的尊严和独立的文化。毛泽东指出，我们的文化是革命的民族文化，近代以来西方列强对中国的侵略不仅是政治的、经济的侵略，还有文化的侵略，民族的文化革命是近代中国人民反对帝国主义的重

---

[1]　《毛泽东选集》第二卷，人民出版社 1991 年版，第 663 页。

要内容，我们不但要把帝国主义的政治势力、经济势力驱逐出中国，还要荡涤帝国主义的奴化思想、帝国主义代理人的买办文化，用民族的文化占领中国人民的思想阵地。其次，民族的文化要有中国自己的特点和风格，毛泽东指出："民族的形式，新民主主义的内容——这就是我们今天的新文化。"①我们在学习马克思主义先进文化的过程中，要通过一定的转换形式，把晦涩难懂的马克思主义用生动活泼的、中国人民喜闻乐见的形式表现出来，赋予其中国的特点和风格，"只有适合中国民族的实际和特点的形式，才能使新文化的内容为中国人民所理解和接受，才能使新文化扎根于中国的土地而得以生长和繁荣起来。"②再次，民族的文化是指我们学习马克思主义先进文化，并不意味着背叛自己的本土文化，我们在剔除封建遗毒和糟粕的基础上，还要注意把马克思主义的先进文化和中华民族优秀传统文化结合起来，取长补短，有机融合，造就新民主主义的新文化。最后，民族的文化不是崇洋媚外的文化，但也不是盲目排外的狭隘的民族主义文化，它在强调自己民族的风格和特色的同时，还主张博采众长，充分吸收借鉴世界的先进文明成果，"应该大量吸收外国的进步文化，作为自己文化食粮的原料"③，不但包括别的民族的社会主义文化，还包括资本主义世界的能够为我所用的进步的东西，也包括西方古代文明的精华。对于外来的东西，我们要批判地吸收，决不能照单全收，生吞活剥。

新民主主义的文化理论认为，所谓科学的文化，是指反对一切封建思想和迷信思想、主张客观真理的文化。我国经历了长达两千多年的封建社会，封建宗法思想、宗教迷信思想对广大人民群众的腐蚀很深，这也是我国经济文化落后的根源之一。要改变这种状况，必须努力学习现代科学文化知识，用辩证唯物主义、科学无神论武装人们的头脑，把广大人民群众从落后愚昧中解放出来，改造成为具有科学理念、理性思维和先进文化的新人。科学的文化，还是主张实事求是、理论和实践相统一的文化。这就要求我们在学习

---

① 《毛泽东选集》第二卷，人民出版社 1991 年版，第 707 页。

② 沙健孙：《毛泽东论新民主主义文化》，北京大学学报 2002 年第 5 期，第 55—56 页。

③ 《毛泽东选集》第二卷，人民出版社 1991 年版，第 706 页。

马克思主义的过程中，从教条主义、主观主义的窠臼中解放出来，理论联系实际，致力于推进马克思主义的中国化，这就要求我们抱着有的放矢的态度，为着解决中国革命和建设的理论问题和实际问题，使马克思主义的理论和中国革命和建设的实际结合起来，有目的地去研究、学习马克思主义，从中找到解决问题的立场、观点和方法，对每一问题根据详细的材料加以具体的分析，然后引出科学的结论来。

新民主主义的文化理论认为，一定的文化是为一定的阶级服务的，所谓大众的文化，就是新民主主义的文化要有鲜明的阶级立场，要站在占全民族绝大多数的人民群众的立场上，代表和维护他们的利益，为他们服务，而不是站在剥削阶级的立场上，代表和维护剥削阶级的利益。大众的文化，就是新民主主义的先进文化不仅代表人民群众的利益，还要使这种文化走进人民群众的生活，用这种文化教育人民群众，改造人民群众的头脑，使它逐渐成为人民群众自己的文化。为了真正实现这个目的，就"要把教育革命干部的知识和教育革命大众的知识在程度上互相区别又互相联结起来，把提高和普及互相区别又互相联结起来。"① 革命的文化工作者应当深入生活，接近民众，及时准确地反映广大民众的要求和愿望。同时，在新民主主义文化传播的过程中，必须采取为群众所喜闻乐见的形式，使用通俗易懂的语言。只有这样，才能实现新民主主义文化和人民大众相结合的目标。大众的文化也是民主的文化，亦即这种文化是反封建、反专制、反独裁的文化，是传播民主精神、发扬民主作风、构建民主政治、普及民主生活的文化。

新民主主义的文化理论认为，在一定的文化范式下必定有一个与其相适应的文化核心作为指导思想，其他的文化属性都是以其为前提和基础的，这个文化核心就是马克思主义。马克思主义是关于无产阶级和全人类解放的科学体系，是科学的世界观和方法论，揭示了人类社会发展的一般规律，离开了马克思主义的指导，民族的、科学的、大众的文化就会迷失正确的航向。所以，新民主主义的民族的科学的大众的文化，必须自觉接受马克思主义的指导，划清与形形色色的各种"主义"的界限，才能真正成为先进文化。在

---

① 《毛泽东选集》第二卷，人民出版社1991年版，第708页。

新民主主义时代的中国，它不但包括马克思恩格斯首创的马克思主义，作为马克思主义俄国化重要理论成果的列宁主义，还包括马克思主义中国化的伟大理论成果毛泽东思想。

综上所述，社会主义导向的过渡性质的社会形态、新民主主义社会的主要矛盾、新民主主义社会的主要任务、公有制经济主导的多种经济成分并存的经济模式、无产阶级领导的各革命阶级联合专政的政治架构、马克思主义指导的民族的科学的大众的文化范式这六个方面内容丰富，共同构成了新民主主义社会理论的基本内容，同时这六个要素的有机结合也搭建起新民主主义社会理论的体系架构，使之成为完整的理论体系。这个理论体系的其他观点都是以此为基础引申或派生出来的。

第六章　新民主主义社会理论与若干重要范畴的基本关系

新民主主义社会理论是毛泽东思想的重要组成部分，是中国共产党集体智慧的结晶和宝贵的思想财富，要正确把握这一科学体系，必须厘清它和若干重要范畴的基本关系问题，从他们的相互对比、相互影响和关系定位中来窥视新民主主义社会理论的本真面目。总的来说，厘清新民主主义社会理论和新民主主义革命理论、资本主义、过渡时期总路线、社会主义初级阶段理论的基本关系问题，是非常必要的。为了全面把握新民主主义社会理论的精神实质，除了掌握它的基本内涵和逻辑演进历程外，还要扩大视野，从外延上对新民主主义社会理论研究中的若干问题展开研究，包括厘清新民主主义社会(理论)和几个重要范畴的基本关系问题，并结合自己的思考作出总结。

第一节　奠基与延伸：新民主主义革命理论和新民主主义社会理论

综观古今中外的历史，"革命"总是和"社会"密不可分，旧社会是革命的载体和舞台，新社会是革命的方向和目标。革命总是因对旧社会的不满而发生，既革旧社会之"命"，必彻底改造之而后快。"彻底改造之"即"旧貌换新颜"，任何革命都有其憧憬的社会图景——不管是科学的还是空想的，成功的或是失败的。既然"革命"和"社会"的关系如此紧密，那么它们的观念形态——革命理论和社会理论之间的关系也是如此的紧密，所以任何革命理论都有与之"配套"的社会理论——有意识或无意识的、系统或零碎的、公开或暗含的。新民主主义革命理论总有新民主主义社会理论与之相"配套"，新民主主义革命理论衍生或延伸出新民主主义社会理论，确乃顺理成章之事。我国半殖民地半封建社会的历史怪胎，催生了我国独特的新民主主义革命，所以它的产物必然是具有中国特色的"新民主主义社会"，与之相适应的意识形态，就是新民主主义社会理论。

新民主主义革命理论与新民主主义社会理论是两个不同的范畴和体系，简而言之，新民主主义革命理论是为了解决革命问题，即中国共产党如何带领中国人民推翻三座大山的压迫，实现民族独立和人民解放；新民主主义社会理论是为了解决建设问题，即在新民主主义革命的过程中和胜利的基础上，中国共产党如何带领中国人民进行新民主主义的经济、政治、文化建设，并实现向社会主义的转变，为实现国家繁荣富强和人民共同富裕创造条件。前者是为了解放生产力，后者则是为了保护和发展生产力。两者的分工不同，扮演的角色不同，理论侧重点不同，逻辑序列不同。但是两者之间并不是泾渭分明的，没有纯粹的革命理论，也没有纯粹的社会理论，它们是新民主主义理论的两个重要组成部分，在这个整体体系中，二者不是截然分开的，更不是相互对立的，而是相辅相成、互相渗透、相互补充、相互融合的，新民主主义革命理论中总有新民主主义社会理论的影子，新民主主义社会理论中也总抹不去新民主主义革命理论的痕迹。在这两个体系中，有着一定的理论交集和逻辑互含，或者说有一定的内容起着衔接和契合的作用，有一些理论观点很难说到底属于哪个体系，其实它们是这两个理论的交集。有些观点是新民主主义革命理论的外延部分，不可避免地渗透到新民主主义社会理论中去。反之亦然，有些观点是新民主主义社会理论的外延部分，含有较多的"革命"因素，把它视为新民主主义革命理论的一部分也未尝不可，但是从宏观上看都属于新民主主义理论这个严整的科学体系。这就是学界对二者之间复杂而玄妙关系把握不透而产生分歧的根本原因之一，也是毛泽东思想中有无新民主主义社会理论之争的根本原因之一。那种把二者割裂开来，甚至对立起来的观点是错误的，把二者混为一谈，不加区别的观点也是错误的，都是犯了形而上学的错误。

从两个体系的思想精髓来看，它们是一脉相通的，都贯穿着实事求是的思想路线。如果没有实事求是，就做不到马克思主义基本原理和中国具体实际相结合，既不可能有新民主主义革命理论，也不会产生新民主主义社会理论。从中国革命的三大基本经验来看，新民主主义革命和建设都离不开统一战线，新民主主义革命是统一战线的革命，新民主主义建设是统一战线的建设。武装斗争是新民主主义革命的核心命题，新民主主义建设也离不开武装斗争的保驾护航，抗美援朝和镇压反革命就是很好的力证。毫无疑问，不论是新民主主义革命，还是新民主主义建设，都是在党的领导下进行的，中国共产党都是坚强的领导核心，都离不开党的思想建设、作风建设和组织建设。

从相对的意义上讲，先有"革命"，再有"社会"——这里指革命所建立的新社会，所以，没有新民主主义革命的胜利，就不可能建立新民主主义社会，新民主主义革命胜利以后，必然要求建立新民主主义社会。新民主主义革命理论是新民主主义社会理论的前提条件和必要奠基，新民主主义社会理论是新民主主义革命理论的逻辑延伸和必然结果，二者前后相继，又相互交织，共同构成新民主主义理论的完整体系。奠基与延伸，上篇与下篇，就是这两个体系的基本关系。

如果从历史发展的逻辑序列来分析，先有新民主主义革命理论，后有新民主主义社会理论，前者起着前卫性创造的作用，后者是前者的自然衍生，没有前者就没有后者。如果从最终归宿来分析，新民主主义社会理论则是新民主主义革命理论的完美结局和必要补充，没有新民主主义社会理论的指导，那么新民主主义革命胜利的果实就有可能被资产阶级所窃取，或者共产党拱手让出政权，新民主主义革命理论就是一朵没有结出果实的花，在马克思主义发展史上就没有应有的地位，其价值性就会大打折扣。虽然相对于新民主主义革命理论而言，新民主主义社会理论更加具有独创性，在马克思主义发展史中占有更加关键和重要的地位，但是这两个理论在新民主主义理论的体系中都具有极端重要性，都是不可或缺的有机组成部分，而且事实上也没有哪个学者能够拿出足够的证据证明一个理论高于或优于另一个理论，因此我们只能说这两个理论在新民主主义的理论体系中占有同等重要的地位，谈不上谁主谁次，孰重孰轻，没有必要，也不可能一分高低。以新民主主义革命理论去取代新民主主义社会理论，把新民主主义社会理论降低到仅是新民主主义革命纲领的地位是理论的错置。同样道理，以新民主主义社会理论去涵盖整个新民主主义理论，无端降低新民主主义革命理论的基础性定位也是理论的偏颇，它们是毛泽东思想体系的主干上生出的两朵鲜花，相映竞辉。

第二节　利用与批判：新民主主义社会理论与资本主义

在新民主主义社会理论发展史部分，已经详细论述了资本主义的问题，可以知道新民主主义与资本主义的关系问题，是一个带有全局性、战略性的重大问题。诚如毛泽东曾经指出的："中国革命和中国共产党的发展道路，是在这样同中国资产阶级的复杂关联中走过的。这是一个历史的特点，殖民地半殖民地革命过程中的特点，而为任何资本主义国家的革命史中所没有的。"[①]

近代中国半殖民地半封建的社会性质，决定了中国革命不是社会主义革命，而是新民主主义革命，革命胜利后只能建立新民主主义社会。这就给中国共产党提出一个严峻的问题，如何对待旧社会中已经存在的资本主义因素以及它的自发势力？我们知道，旧中国的经济极端落后，特别是到了新中国建立前夕，国民经济到了崩溃的边缘，旧中国留给新中国的是个一穷二白的烂摊子，中国共产党的紧要任务，就是迅速医治战争创伤，恢复和发展国民经济，以巩固自己的执政根基。然而这仅仅依靠公有制经济和国家政权的力量是远远不够的，现有的资本主义在这个时候就成为一种十分关键的资源，必须加以充分有效的利用才能战胜困难。当然，中国共产党对资本主义采取接纳和利用的态度和政策并非仅是当时的现实所迫，很早以前，资本主

---

① 《毛泽东选集》第二卷，人民出版社 1991 年版，第 604 页。

义进步性的引力就使中国共产党对其采取了认可和利用的态度，并与民族资产阶级结成联盟。毛泽东早就说过，旧中国之所以极端贫困落后，是因为"多了一个外国的帝国主义和一个本国的封建主义"，而不是多了一个资本主义，"我们的资本主义是太少了"，"拿资本主义的某种发展去代替外国帝国主义和本国封建主义的压迫，不但是一个进步，而且是一个不可避免的过程。它不但有利于资产阶级，同时也有利于无产阶级，或者说更有利于无产阶级。"① 所以我们需要资本主义的广大发展，这在新民主主义政权下是无害有益的。周恩来也认为："我们和资产阶级的联合，不仅政治上有可能，经济上也有需要。"② 所以"今天我们中心的问题，不是什么推翻资产阶级，而是如何同他们合作。"③1949 年 3 月，毛泽东在党的七届二中全会报告中指出："在革命胜利以后一个相当长的时期内，还需要尽可能地利用城乡私人资本主义的积极性，以利于国民经济的向前发展。"④ 新中国成立后，刘少奇也指出，资本主义还是在"年青时代"，正是发挥它的历史作用、积极作用去建立功劳的时候。从党的领导人的这些典型论述中可以得出一个结论：资本主义是新民主主义不可分割的基本组成部分，没有资本主义就没有新民主主义，利用资本主义是新民主主义的题中应有之义。

我们知道，资本主义是马克思主义的批判对象，是社会主义革命的对象，是作为无产阶级和广大人民群众的对立面而存在的，这就决定了在共产党执政的条件下，在新民主主义社会中，资本主义不可能获得无拘无束的自由发展，更不可能在社会经济生活中取得统治地位，新民主主义利用资本主义是有一定限度的，资本主义是作为一种手段而存在，而不是作为一种目标而存在，归根结底，资本主义是为社会主义服务的，一旦超出了服务的范围而对社会主义造成或可能造成损害时，社会主义离心化的楔子便发生作用，限制资本主义就成为必然的事情，这是由资本主义和社会主义在本质上对立的特性决定的。与任何事物一样，资本主义也有两面性，既有有利于国计民

① 《毛泽东选集》第三卷，人民出版社 1991 年版，第 1060 页。
② 《建国以来重要文献选编》第 3 册，中央文献出版社 1992 年版，第 232 页。
③ 《建国以来重要文献选编》第 1 册，中央文献出版社 1992 年版，第 181 页。
④ 《毛泽东选集》第四卷，人民出版社 1991 年版，第 1431 页。

生的一面，也有唯利是图、最大限度追逐剩余价值的一面，这就与新民主主义国家和广大人民群众的利益发生了冲突，所以，党和政府不仅仅强调利用资本主义，也强调限制资本主义。毛泽东曾多次指出新民主主义社会的前途是社会主义，时机成熟时要消灭资本主义。刘少奇在七届二中全会上就提出了资产阶级和无产阶级的矛盾将成为主要矛盾的观点，虽然这种提法有失偏颇，但足以证明中国共产党认识到了限制资本主义的必要性，1952年上半年开展的大规模的"五反"运动就是一个力证。周恩来也曾经指出："在新民主主义的方针下，不是资本主义自由经济，而是节制资本。公私兼顾是在国家领导下的公私兼顾；劳资两利是在中国工人阶级领导下的劳资两利。"①从党的领导人的这些典型论述中可以得出另一个结论：资本主义不符合新民主主义的前途，新民主主义的进一步发展要求逐渐消灭资本主义，限制资本主义也是新民主主义的题中应有之义。

我们知道，社会主义作为资本主义的对立物、批判物和替代物而存在，作为社会主义前奏的新民主主义，则以另外一种面孔出现在中国。它不是资本主义的对立物、批判物和替代物，它是介于资本主义和社会主义之间的第三种社会形态，它与资本主义的关系远比社会主义与资本主义的关系复杂得多。资本主义进步性的引力使得新民主主义默认它、接受它，利用它的自发力量来发展自己。另一方面，在泾渭分明的意识形态划界中，它又坚定地站在社会主义一边，为实现社会主义不遗余力地奉献着，它对资本主义又是如此的拒斥，所以中国共产党对资本主义在中国的发展态势始终保持高度警惕，限制它"做大做强"。在新民主主义社会和之前局部的准新民主主义社会中，资本主义进步性的引力与社会主义离心化的楔子不断发生较量，这一对矛盾不断发生作用的结果，使得中国共产党对资本主义利用与限制并存，并随着客观环境和自身需要的变化，时而强调利用，时而强调限制，并经常发生转换。新民主主义和资本主义的关系如此复杂而玄妙，导致新民主主义社会理论自始至终把资本主义作为重大战略问题而认真思考。在那场轰轰烈烈的伟大社会实践中，中国共产党"摸着石头过河"，对待资本主义的态度

---

① 《建国以来重要文献选编》第3册，中央文献出版社1992年版，第234页。

并不总是明确的和一贯的，而对待资本主义态度和政策的变化又在一定程度上决定着中国历史发展的航向和进程，决定着新民主主义社会的历史命运，从而也决定着新民主主义社会理论的历史命运。从这个意义上说，对待资本主义的态度和政策问题便构成了新民主主义社会理论的核心问题。

综上所述，中国共产党在领导革命的过程中，逐渐形成了关于资本主义和民族资产阶级的正确的理论和政策，这是新民主主义革命取得胜利的原因之一。中国共产党对待资本主义的基本态度和基本政策，概而言之，就是利用与批判，进一步讲，新民主主义社会理论与资本主义的基本关系，也是利用与批判。把握好利用之度与批判之度，在二者之间取得战略平衡，是中国共产党的基本任务，这个工作做得如何，决定着中国共产党的执政水平，决定着国家建设的成效，也决定着中国现代历史的基本走向。

第三节　涵盖和归宿：新民主主义社会理论与过渡时期总路线

新民主主义社会理论与过渡时期总路线的基本关系问题，是新民主主义社会理论研究中的又一重大问题，对这个问题的认识如何，直接关系到新民主主义社会理论的历史评价问题，也关系到对过渡时期总路线的正确理解问题。学术界对这个问题的认识之所以发生分歧，主要原因是党的领导人和中共中央的正式文件都没有明确界定二者的关系，以及过渡时期总路线在实际执行过程中出现的偏差往往给人们留下背离新民主主义的印象。

过渡时期总路线在本质上是与新民主主义社会理论一致的，二者之间并不矛盾。这表现在过渡性质、过渡时限、发展方向、内在要求等方面的一致性。过渡时期总路线指出："从中华人民共和国成立，到社会主义改造基本完成，这是一个过渡时期"[①]，再次明确了新民主主义社会的过渡性质，与新民主主义社会理论的精神是一贯的，与毛泽东等人多次指出的新民主主义的过渡性是一致的。比如毛泽东曾经指出，新民主主义的国家形式"是一定历

[①]　《毛泽东文集》第六卷，人民出版社 1999 年版，第 316 页。

史时期的形式，因而是过渡的形式"①。关于过渡时限，在过渡时期总路线提出以前，毛泽东等人就多次论及新民主主义要搞"相当长"的时期，一般认为是一二十年。过渡时期总路线提出以后，毛泽东、刘少奇等人多次指出，要用"十年到十五年"、"十年到十五年或者还多一些的时间"、"大概三个五年计划"，基本上完成三大社会主义改造，即基本实现向社会主义的过渡，这与之前的设想基本吻合。至于实践上大大缩短了这个进程，并不影响理论上这两个范畴的逻辑一致性。周恩来在多个场合的讲话中也强调指出，过渡时期总路线与以新民主主义为理论基础的共同纲领的基本精神是一致的，也证明了过渡时期总路线与新民主主义社会理论的内在一致性。

毫无疑问，过渡时期总路线之"社会主义工业化"、"社会主义改造"的提法，明确无误地向人们昭示了社会主义方向，实践的结果也证实了这一点。至于新民主主义的社会主义前途问题，党的领导人在不同的历史时期曾多次详细论述和强调过。②过渡时期总路线是建设和改造同时并举的总路线，它要求社会主义建设和社会主义改造同时进行，互相促进，最终实现向社会主义的过渡，实践也证明过渡时期总路线确实做到了这一点。这就说明过渡时期总路线内在地要求大力发展社会生产力，建设是为了发展生产力，改造也是为了变革落后的生产关系，为生产力的发展铺平道路，这与新民主主义社会理论一再强调的以经济建设为中心，大力发展生产力，迅速改变我国落后的经济面貌，为社会主义打下坚实基础的思想③也是一致的。

新民主主义社会理论与过渡时期总路线的诸多一致性，说明它们并不是两个对立的体系，而是一个内在统一的理论体系，更确切地说，二者之间是整体与部分的关系。作为一个严整的科学体系，新民主主义社会理论本质上要求涵盖过渡时期总路线，离开了过渡时期总路线，新民主主义社会理论就不完整，就称不上一个科学的理论体系。从这个意义上说，过渡时期总路线是新民主主义社会理论的有机组成部分，这与实践上未经新民主主义的充分

---

① 《毛泽东选集》第二卷，人民出版社 1991 年版，第 675 页。

② 具体可参见第三章、第四章的有关内容，为避免雷同和力求简练，此处不再赘述。

③ 具体可参见第三章、第四章的有关内容，为避免雷同和力求简练，此处不再赘述。

发展，就提早提出过渡时期总路线，急于向社会主义过渡不是一回事。

把过渡时期总路线纳入新民主主义社会理论的体系，很多人认为未免太牵强，他们认为过渡时期总路线使新民主主义社会画上了句号，从而与新民主主义社会理论相对立。实际上，是过渡时期总路线提出的时机以及在实际执行过程中的偏差使其呈现出背离新民主主义的表象，而其实质是与新民主主义社会理论一致的。其实，新民主主义社会内在的社会主义前途的规定性，使过渡时期总路线作为社会主义过渡理论成为新民主主义社会理论不能绕过的历史环节，是新民主主义社会理论的必然归宿。它是新民主主义社会理论的收官之作，为它画上了完美的句号，缺失了这个理论，新民主主义社会就丧失了过渡特征，新民主主义社会理论也难以构成一个完整的理论体系，所以那种把两者对立起来的观点是错误的。

毋庸置疑，从新民主主义社会理论到过渡时期总路线，是一种局部性质变，这是一种事物向对立面转化的必由之路，体现了历史发展的必然性。从新民主主义社会过渡到社会主义社会，不管采取什么具体形式，不管叫什么称谓，不管什么时候开始，实质都是一种局部性质变，都是否定之否定，恰恰体现了事物发展的客观规律。

笔者并不认为二者之间有什么实质性差异，如果认为有什么"差异"的话，这种差异仅在于：一、过渡时期总路线根据客观形势发展的要求，对之前的新民主主义过渡理论作了进一步的深化和发展，是新民主主义过渡理论的集中概括和经典表述，是新民主主义过渡理论的一定的表现形式；二、由于当时党内"左"倾思想的发展，以毛泽东为主要代表的中共中央忽视了过渡所必须具备的物质基础的重要性，也忽视了过渡的社会心理基础问题，在新民主主义尚未得到充分发展的情况下，过早过急地提出了过渡时期总路线，且在实际执行过程中出现了一些偏差，比如过快过急，形式过于单一，"三改"成功了，但是社会主义工业化并未随着"三改"的成功而实现，遗留了一些长期得不到有效解决的后遗症，等等，这些都是理论与实践脱节的问题，也是中国共产党"左"倾思想进一步发展的表现，这种偏差并不影响过渡时期总路线本身在理论上的正确性，也不影响其与新民主主义社会理论的一致性。这是在总体上肯定的前提下，对过渡时期总路线的一种历史反思，即理论本身正确，提出的时机不妥，执行中出现了偏差。

这种认识与庸俗生产力论并无相同之处，列宁在批判考茨基的庸俗生产力论时就曾指出，只要条件具备，落后的国家也可以搞社会主义革命。毛泽东等人继承了列宁的思想，经过深思熟虑，提出了过渡时期总路线，迈出了向社会主义转变的实质性的一步。诚如邓小平后来所说："当时中国有了先进的无产阶级政党，有了初步的资本主义经济，加上国际条件（有利——作者注），所以在一个很不发达的中国能搞社会主义。"① 所以，不能因为存在一些问题就从根本上否定过渡时期总路线。

综上所述，涵盖和归宿，便是新民主主义社会理论与过渡时期总路线的基本关系，其他的关系都是从这个基本关系引申出来的。

第四节　融通和超越：新民主主义社会理论和社会主义初级阶段理论

新民主主义社会理论是毛泽东思想的重要内容，社会主义初级阶段理论是邓小平理论的重要内容，它们都是马克思主义中国化的伟大成果，也是马克思主义社会理论发展史上的两座里程碑。对它们之间基本关系的认识，是毛泽东思想和邓小平理论关系定位的基本依据，也是新民主主义社会理论本身历史定位的重要依据。

新民主主义社会和社会主义初级阶段并非一般意义上的人类社会发展阶段，而是中国历史发展进程中所独有的发展阶段，体现了人类社会发展的历史必然性与主体选择性的统一，这两个历史发展阶段反映在观念形态上就是新民主主义社会理论和社会主义初级阶段理论。新民主主义社会理论着力解决的是我国在经济文化落后的基础上如何进入社会主义的问题，社会主义初级阶段理论着力解决的是我国在经济文化落后的条件下如何建设社会主义的问题，可见，两者都是基于对中国经济文化不发达，生产力落后的状况的基

---

① 《邓小平思想年谱》，中央文献出版社 1998 年版，第 47 页。

本国情的认知而产生的，具有共同的立论基础。

这两个理论体系共同的立论基础，决定了这两个发展阶段基本任务的一致性，就是大力发展社会生产力。新民主主义社会脱胎于半殖民地半封建社会，生产力发展水平极其低下，因此，它的首要任务就是大力发展生产力，一是为了巩固自己的基础，二是为了向社会主义过渡奠定基础。由于"左"倾思想的影响，我国在提前进入社会主义后，并没有实现工业化，经济发展仍然处于相当低的水平，这不但催生出一个社会主义初级阶段，而且决定了在社会主义初级阶段，要承继新民主主义社会的发展生产力的未竟任务。所以在社会主义初级阶段，首要任务还是大力发展生产力，邓小平就曾指出："社会主义的任务很多，但根本一条就是发展生产力"[1]，"社会主义制度优越性的根本表现，就是能够允许社会生产力以旧社会所没有的速度迅速发展，使人民不断增长的物质文化生活需要能够逐步得到满足。"[2]

新民主主义社会理论和社会主义初级阶段理论之间在经济、政治、文化等方面的基本内涵和政策具有相同或相似之处，经济上都是公有制经济为主体、多种经济成分共同发展的经济制度，政治上都是中国共产党领导的以工农联盟为基础的人民民主专政，文化上都是马克思主义指导的民族的科学的大众的文化。这种体系的同构性表明，这两个理论体系之间是融通的，或者说这两个理论体系之间有诸多的"共同语言"。

以毛泽东为主要代表的中国共产党人坚持解放思想、实事求是的思想路线，在准确把握国情的基础上，揭示了近代中国社会发展的客观规律，创立了新民主主义社会理论。以邓小平为主要代表的中国共产党第二代中央领导集体重新确立了解放思想、实事求是的思想路线，以十一届三中全会的召开为标志，实现了具有历史意义的伟大转折和党的工作重心的转移，迈开了中国改革开放的新步伐，逐步形成了社会主义初级阶段理论。这两个理论都坚持把马克思主义基本原理和中国具体实际相结合，都是对科学社会主义的继承和创造性发展，这种思想路线的一致性表明二者之间是融通的。

---

① 《邓小平文选》第三卷，人民出版社 1993 年版，第 137 页。

② 《邓小平文选》第二卷，人民出版社 1994 年版，第 128 页。

综上所述，这两个理论之间在诸多方面存在着融通性，从一定意义上说，新民主主义社会理论是社会主义初级阶段理论的理论基础和参照系，前者为后者提供了宝贵的历史经验，它们在基本理论方面是一脉相承的，没有新民主主义社会理论，就没有社会主义初级阶段理论。

实践在发展，理论在进步。社会主义初级阶段理论对新民主主义社会理论的借鉴，不是原地踏步走，不是简单的复归，而是在吸收借鉴的基础上，"青出于蓝而胜于蓝"，成功实现了超越。

相对于新民主主义社会理论，社会主义初级阶段理论对中国国情的认识更加深刻，肯定了社会主义初级阶段的长期性，强调从 20 世纪 50 年代中叶生产资料私有制的社会主义改造基本完成，直到本世纪中叶基本实现现代化的大约一百年的时间，我国都处于社会主义初级阶段，并以宪法的形式肯定了我国现在处于并将长期处于社会主义初级阶段。改革开放以来的实践证明，这个判断是科学的、实事求是的。而从目前的眼光看，当初中共中央关于新民主主义社会存在一二十年、甚至二三十年的判断，可能是过短的，存在着一定的急躁情绪，在这样短的时间内，是不可能奠定进入社会主义的发达生产力基础的。

社会主义初级阶段理论明确提出了"以经济建设为中心"的党在社会主义初级阶段的基本路线，新民主主义社会理论虽然也很重视大力发展生产力，但是囿于时代局限性和中国共产党执政经验不足的影响，并未将其上升到基本路线的高度来对待。社会主义初级阶段理论在"计划经济为主、市场调节为辅"、"在公有制基础上有计划的商品经济"思想的基础上，逐渐形成了完整的社会主义市场经济理论，这是在借鉴新民主主义经济体制的基础上的拓展和深化。新民主主义社会理论关于社会主要矛盾的问题，在资产阶级和无产阶级的矛盾、人民的物质文化生活需要与落后的社会生产力的矛盾之间摇摆不定，具有不确定性和模糊性。社会主义初级阶段理论明确认为，社会主义初级阶段的主要矛盾是人民群众日益增长的物质文化生活需要与落后的社会生产之间的矛盾，相应地根本任务则是解放和发展生产力，逐步实现社会主义现代化，这就实现了主要矛盾和主要任务的统一，也是对新民主主义社会理论的一种超越。

　　社会主义初级阶段的体系建构以新民主主义社会为基础，但又随着实践的发展更趋完善。在经济上，从国营经济领导的新民主主义社会的五种经济成分并存，发展到社会主义初级阶段的以公有制经济为主体、多种所有制经济共同发展的基本经济制度，公有制的实现形式可以多样化，一切符合"三个有利于"的所有制形式都可以为社会主义服务；对非公有制经济的政策由新民主主义社会的"限制"变为社会主义初级阶段的"鼓励"；新民主主义社会的农民土地私有权则为社会主义初级阶段的农村土地集体所有权所代替。政治上，通过社会主义改造后，民族资产阶级和小资产阶级成为自食其力的劳动者，作为阶级已经消失了，人民民主专政的内涵由各革命阶级联合专政发展到无产阶级专政，相应地中央人民政府已不再具有联合政府的性质。另外，在社会主义初级阶段，发展和完善了以民主集中制为组织原则的人民代表大会制度、共产党领导的多党合作和政治协商制度、民族区域自治制度，建立了基层民主自治制度。在文化领域，在新民主主义的马克思主义指导的民族的、科学的、大众的文化基础上，社会主义初级阶段的文化增添了以培养"四有"公民为目标、面向现代化、面向世界、面向未来的内容，拓展了新民主主义文化的内涵，赋予了社会主义文化以新的时代特色。这些都是在总结新民主主义历史经验的基础上合乎逻辑的拓展和深化。

　　由以上分析可以看出，新民主主义社会理论和社会主义初级阶段理论不仅在时间上存在继起性，而且在理论上具有融通和超越的关系，或曰继承和发展的关系，这就是二者之间的基本关系。可以说，没有对新民主主义社会理论的反思和借鉴，就没有社会主义初级阶段理论的诞生。

　　综上所述，新民主主义革命理论和新民主主义社会理论奠基与延伸的关系、新民主主义社会理论与资本主义利用与批判的关系、新民主主义社会理论与过渡时期总路线涵盖与归宿的关系、新民主主义社会理论和社会主义初级阶段理论融通和超越的关系，就是新民主主义社会理论研究中几个主要的基本关系，明确这些基本关系，是理解和掌握新民主主义社会理论与若干范畴其他关系的关键和出发点。

第七章　新民主主义社会理论研究中的分歧述论 ①

从严格意义上的解释学角度来看，在社会科学研究中，不同的学者群往往有其一定的理论立场和研究视阈，或者说往往有其一定的主观认知框架，这种情况使得他们的研究成果与真实的客体对象之间，必然不能实现绝对的统一，甚至在某些情况下会迥然相异。新民主主义社会理论的研究亦是如此，这就是在这个研究领域中出现争论和分野的理论根源。另外，因为毛泽东和党的其他领导人和理论家都没有明确提出过"新民主主义社会理论"的概念，在党的正式文献中也没有"新民主主义社会理论"的提法，这个范畴是后人在研究毛泽东思想和中国革命史的过程中总结概括出来的，所以什么是"新民主主义社会理论"，至今还没有一个权威性的定义，甚至有无这个理论，都成为人们争论的话题，这是围绕这个理论出现若干争论和分野的现实依据。

尽管如此，改革开放新时期以来新民主主义社会理论的研究还是取得了重大进展，达成很多重要的共识，从某种意义上说，这也是学术界热烈争论的结果。争论和分野，是科学研究的客观规律和必然现象，从根本上说是件好事，它是我国思想界"百花齐放、百家争鸣"繁荣局面的生动写照，也是社会进步的标志之一。总体而言，学术界关于新民主主义社会理论的歧义主要集中在以下几个方面：新民主主义社会理论存在虚构之争、新民主主义社

---

① 本章发表于《探索》2015 年第 8 期，原题为《关于新民主主义社会理论研究中若干争论的思考》，有增删。

会理论战略策略之探、新民主主义社会夭折成长之辩、新民主主义社会天国地狱之问，等等。面对这样的分歧，作者无意也无力充当大法官的角色，只能结合自己研究的心得体会稍加梳理，力求作出比较客观的总结并阐发一下自己的观点而已。

第一节　虚构论与存在论

在我国学术界，有少数论者持新民主主义社会理论"虚构论"（以下简称"虚构论"）的观点。他们除了在学理上批驳新民主主义社会理论"存在论"（以下简称"存在论"），还往往把这个问题提升到政治立场的高度来对待，认为持"存在论"的人自觉不自觉在走一条反党反社会主义的路线，往往陷入否定中国共产党及其光辉的历史的尴尬境地和理论怪圈。现举一例可窥一斑，比如有论者认为，在我国第一代革命家、理论家的著作和言论里，在党的历次代表大会或各种文件里，只有"新民主主义理论"和"新民主主义革命理论"的明确概念和系统论述，从来没有"新民主主义社会理论"的提法和概念，这就是为什么那些刻意宣扬"存在论"的人，始终拿不出毛泽东、周恩来等人所谓"新民主主义社会论"的翔实文字和系统思想，也拿不出文献资料作根据。他们说，个别人为了达到否定我国社会主义改造、社会主义革命和社会主义道路的目的，挖空心思，东翻西找，挑拣出毛泽东在 20 世纪 40 年代与国民党作斗争时关于革命根据地"新民主主义社会"的言论，任意曲解和夸大；他们把自己的思想统统附加在上面，七拼八凑，编造出一套所谓的"新民主主义社会理论"，冒充为毛泽东的思想。那些持"新民主主义社会论"的人，根本就不懂得马克思主义不断革命论的原理和斗争策略，有些人甚至在基本立场上就是与社会主义背道而驰的。所谓"新民主主义社会论"就是他们编造出来否定马克思主义革命转变理论的理论，以此论证这样一个反历史的观点，即中国革命应该停止在资产阶级革命阶段而不是前进到社会主义，从而达到否定毛泽东思想、否定社会主义改造和社会主义革命的目的。另有论者论证了独立的"新民主主义社会"不存在、"新民主主义社会论"未形成可以与"新民主主义革命论"相提并论的成熟的理论体系、"新民主主义社会论"是"新民主主义革命论"不可或缺的重要内容等观点，从而得出"新民主主义社会论"的说法"值得商榷"的结果。

但是大部分论者都持"存在论"的观点，认为毛泽东思想中存在新民主主义社会理论，并且具有丰富的内容，形成了一个完整的理论体系，并为此展开了系统论证，其中有少数论者还与"虚构论"阵营展开了激烈论战。比如有论者从毛泽东多次明确论述过新民主主义社会理论、周恩来刘少奇等党的主要领导人对新民主主义社会的论述、党和国家的文献对新民主主义社会的确认等方面展开系统反驳，并从新民主主义社会理论是成熟的理论体系而非新民主主义革命理论的一部分、独立的新民主主义社会曾经在中国存在过，而绝非杜撰想象的产物、新民主主义理论既是中国共产党指导革命实践的理论，也是对革命成功后建设新社会的设想，绝不是与国民党斗争的一时策略等方面展开了系统论证。还有论者则认为，毛泽东的新民主主义理论，不仅仅是一个破坏旧世界的革命理论，而且还是一个建设新世界的社会理论，也正是在后一种意义上，人们开始使用新民主主义社会理论这样的概念。20 世纪 40 年代中后期的相关文献充分表明"新民主主义社会"是毛泽东创造性提出并被广泛宣传的科学理论概念。并指出，质疑和否定新民主主义社会理论的论者，其实并没有全面了解和梳理关于新民主主义理论的文献，由此才得出毛泽东等人并没有关于新民主主义社会理论明确的提法这一认识。新民主主义社会理论的讲法并非始于于光远，更不是后来的研究者杜撰出来的，它本身是一个在中国共产党历史中呈现出来的概念，一个反映了中国共产党对革命后中国社会基本认识的科学概念。

关于毛泽东思想中到底有无新民主主义社会理论，这是一个极端重要的问题，而且是一个不可回避的问题，它关系到毛泽东思想和新民主主义理论的历史定位问题和体系建构问题，也关系到新民主主义社会理论的"生死存亡"问题，必须予以正确解决和明确回答。

马克思和恩格斯的著述中没有明确提出过"辩证唯物主义"的概念，邓小平生前也没有把自己的理论称为"邓小平理论"，但它们都是客观存在的，是后人经过研究和提炼概括出来的，并被广大理论工作者和人民群众所接受。所以，判断毛泽东思想中有没有"新民主主义社会理论"，不能以毛泽东本人和他的战友们有没有提出过这个概念为标准，也不能以党的文件中有没有使用过这个概念为标准，而要以毛泽东思想中有没有关于新民主主义社会的观点和思想并且有没有理论化和系统化为标准。毛泽东和党的其他领导人和理论家著作中大量出现的"新民主主义"、"新民主主义社会"、"新民主主义经济"、"新民主主义政治"、"新民主主义文化"、"新民主主义国家"、"新民主主义制度"等字眼以及对这些方面的系统阐述和发挥，足以证明"新民主主义社会理论"的存在。新民主主义革命时期中国共产党领导的根据地和解放区的新民主主义社会建设实践和建国初期新民主主义各项政策的贯彻实施也从实践层面上印证了"新民主主义社会理论"的指导思想。提出"新民主主义社会理论"是后人在研究近现代中国的历史和毛泽东思想的过程中所取得的重大成果，是马克思主义与时俱进、开拓创新的具体体现，也是中国共产党人和马克思主义研究者集体智慧的结晶。不承认"新民主主义社会理论"存在，只能说明还在本本主义的窠臼中徘徊，或者是没有完整地、准确地理解毛泽东思想，所以我们要遵循解放思想、实事求是、与时俱进的思想路线，冲破形而上学的思维屏障，透过现象看本质，客观地把握事物的本来面貌。不承认新民主主义社会理论，从某种意义上说，就是不承认新民主主义理论——毛泽东思想的主体部分。这样一来，就等于间接否定了毛泽东思想，势必引起思想混乱，其后果是可想而知的。

有人主张毛泽东思想中有关于新民主主义社会的丰富思想，但没有形成一个理论体系。其实，看一个"理论"有没有形成体系，在通常情况下，应以这些条件为标准。第一，有没有一条贯穿整个理论的主线；第二，有没有系统回答该领域的重大理论问题；第三，有没有一定数量的文本支撑。通过研究我们可以发现，这个理论有一条鲜明的主线，就是新民主主义的经济、政治、文化纲领，而且系统回答了新民主主义社会的基本特征、主要矛盾和主要任务、社会主义前途，在此基础上，把新民主主义社会的经济模式、政治架构、文化范式以及它的社会形态清晰地、系统地描绘出来。至于文本支撑，更不是一个问题，综观毛泽东思想的主要文本——《毛泽东选集》《毛泽东文集》，以及其他文本——《刘少奇选集》《周恩来选集》《张闻天选集》

等，以及党的重要文献和决议等等，可以看到关于新民主主义社会的论述内容之丰，思想之深，文字之宏，足以证明"新民主主义社会理论"的存在。毛泽东的《中国革命和中国共产党》、《新民主主义论》、《论联合政府》、《目前形势和我们的任务》、《论人民民主专政》，刘少奇的《关于新民主主义建设问题》、《关于中国新民主主义的国家性质与政权性质》、《中国共产党今后的历史任务》，以及《中国共产党七届二中全会的决议》、《中国人民政治协商会议共同纲领》等标志性著作和文献都是新民主主义社会理论的主要载体。

综上所述，新民主主义社会理论在毛泽东思想的体系中是客观存在的，而且是不可或缺的重要组成部分。关于这个问题可以在学术探讨的范围内继续研究和商榷，但是将此上升到政治是非的高度来对待显然具有情绪化倾向，是不应提倡的。

第二节　战略论与策略论

有些人在承认新民主主义社会理论存在的基础上，对它的战略性或策略性发生了分歧。有论者认为，和新民主主义革命理论一样，新民主主义社会理论经过了长期的发展，是中国共产党的既定战略，是从中国共产党成立初期就一再强调和阐释的基本观点，新民主主义向社会主义的转变不是搞突然袭击，是早在新民主主义革命时期就公开的观点。新民主主义社会理论是在党内外思想斗争中逐渐形成和发展起来的，也是毛泽东等人同"二次革命论"、"一次革命论"，以及伪三民主义等社会思潮进行斗争的有力武器，所以新民主主义社会理论没有什么策略性可言。这些观点可称为新民主主义社会理论"战略论"（以下简称"战略论"）。比如有论者认为，中国共产党的新民主主义社会理论远远超出了不断革命论和革命转变论的策略范畴，是从社会发展战略的高度，把革命的阶段转变与社会的转变结合起来，对中国走向社会主义的道路进行的探索。另有论者认为，只要把毛泽东关于新民主主义社会论形成的社会基础的分析、内容框架的论述，以及发展过程的设计等方面的内容综合起来考察，就可以认为新民主主义社会论其实属于一种战略上的选择，并非权宜之计。有研究者经过论证得出这样的论断：抗战时期提出新民主主义社会论是战略主张，是从中国特殊国情出发做出的正确论断；新民主主义社会论不是权宜之计，不是策略目标，而是从分析国情出发做出的战略选择，其内容充实，有内在的逻辑体系和理论体系。

　　与以上认识不同，另有论者认为，新民主主义社会理论是中国共产党开展对敌斗争、争取同盟者的一种策略，是服务于现实革命斗争需要的政策和策略，是中国共产党在复杂的斗争环境下所不得不采取的一种权宜之计。新民主主义社会并非中国共产党真正追求的目标，所以放弃新民主主义社会理论、放弃新民主主义社会是自然而然的事情，这种策略是必要的，它保证了中国革命的胜利，或者说极大地推进了中国革命的胜利。这些观点可称为新民主主义社会理论"策略论"（以下简称"策略论"）。比如有论者认为，对于毛泽东来说，新民主主义社会论不仅具有理论性，而且还具有颇大的策略性。这种策略性不仅深刻地影响到了新民主主义社会论的演变和中断，而且本身就是理论不彻底的结果和表现。另有论者则引用马克思的观点来论证这种策略性："由于无产阶级在为摧毁旧社会而斗争的时期还是在旧社会的基础上进行活动，因此自己的运动还采取多少同旧社会相适应的政治形式；所以，在这一斗争时期，无产阶级还没有建立起自己的最终的组织，为了解放自己，它还要使用一些在它获得解放以后将会放弃的手段。"[1]另有论者认为，毛泽东的新民主主义社会论具有"两重性"：一方面它是一种指导创建一个与新民主主义革命性质相一致的社会形态的社会理论；另一方面它在一定程度上，是一种在一个时期内，尽可能团结一切可以团结的力量，化消极因素为积极因素，以便集中优势力量打击主要敌人的一种革命策略。这种两重性，愈到后期愈加明显，其策略性的色彩愈加浓厚，占了主导地位。待到过渡时期，新民主主义社会论的"两重性"变为一重性，成为纯粹的策略论。

　　实际上，关于新民主主义社会理论的战略性或策略性都可以举出很多例子，所以单纯持有"战略论"或"策略论"的观点都是对新民主主义社会理论的绝对化理解，因而都是片面的，不切合实际的，应该用辩证的观点看待

---

　　① 《马克思恩格斯文集》第 3 卷，人民出版社 2009 年版，第 408 页。

新民主主义社会理论的战略和策略问题。

中国特殊的半殖民地半封建的社会形态和马克思恩格斯设想的社会主义革命的前提——高度发达的资本主义社会，有着截然不同。代表无产阶级和广大劳动人民利益的中国共产党在接受马克思主义的真理的同时，也不得不面对中国残酷的现实，中国共产党人纷纷探求实现社会主义的现实路径。在这个问题上党内发生过激烈的争论，以陈独秀为代表的"二次革命论"和以王明为代表的"一次革命论"在接受实践的检验中纷纷破了产。以毛泽东为代表的中国共产党人把马克思主义的基本原理和中国具体实际相结合，提出了"不断革命论"，认为当时的中国并不具备社会主义革命的基础，革命的性质只能是资产阶级民主革命，无产阶级的任务是争夺革命领导权，以便在革命胜利后主导社会发展的方向，开展社会主义革命。毛泽东早在1928年底就明确指出："中国现时确实还是处在资产阶级民权革命的阶段。……必定要经过这样的民权主义革命，方能造成过渡到社会主义的真正基础。"① 中国共产党不急于开展社会主义革命，而是实事求是地脚踏实地地开展新民主主义革命，这就是中国共产党的既定战略。既如此，新民主主义革命胜利后所要建立的社会肯定不是社会主义社会，因为社会主义革命尚未开始，谈何建立社会主义社会？况且建立社会主义社会的物质基础——高度发达的生产力尚不具备——共产党人很明白这个道理，马克思主义经典理论家曾经不厌其烦地强调这个问题。但是中国共产党又极力反对走资本主义道路——这是与他们的阶级立场格格不入的，历史实践也一再证明资本主义道路走不通。所以，与新民主主义革命相对应，革命胜利后要建立非资非社的社会形态——新民主主义社会，尽管它是过渡性的，也是历史发展的必然阶梯。这种物质关系反映在观念上，就是新民主主义革命理论和新民主主义社会理论的自然衔接和相互映照。至此，新民主主义社会理论的战略性管窥无疑。

刘少奇于1949年2月所作的《新中国经济建设的方针与问题》的报告，明确指出中国社会的主要矛盾已变为资产阶级与无产阶级的矛盾，但是为发展国民经济计，现在还不能立即消灭资本主义，还要有限制地利用城乡资本

---

① 《毛泽东选集》第一卷，人民出版社1991年版，第77页。

主义的积极性。在无产阶级掌握政权的条件下，可以采取和平方式向社会主义过渡，即对私人工商业进行社会主义改造，同时实现农业合作化，改造小农经济。随后刘少奇在七届二中全会上的讲话《中国经济构成及经济建设方针》进一步发挥了这些思想。可见，中国共产党建国后所采取的一系列政策和方针，包括三年国民经济恢复时期的政策方针，以及以后的社会主义改造，都是在新中国成立前夕确定了的，而且是向全社会公开的，对农民阶级和民族资产阶级没有什么"秘密"可言，他们对中国共产党的这些政策基本上也是认可的，所以继续追随中国共产党参加新民主主义革命。因此，新民主主义社会理论是中国共产党在长期的革命实践和根据地建设实践中逐渐形成的，是中国共产党的既定战略，并非像某些人所言是"欺骗"了农民和民族资产阶级，在坐稳江山以后"卸磨杀驴"，又去"革他们的命"。

第二次国共合作时期，弱小的中国共产党为了自身的生存和发展，在和执政的国民党统治集团打交道时，会充分考虑对方的政策主张和政治诉求的，不可能提出抗战胜利后走社会主义道路的主张，其实这也是所谓的"三民主义者"最害怕、最深恶痛绝的事情。在国共两党意志的较量和智慧的博弈中，共产党实行策略上的"退却"是必然的事情，提出各革命阶级联合专政、多种经济成分共同发展的新民主主义制度的主张，确实带有一定的策略性，这也是在当时的政治环境下迫使国民党统治集团可能勉强接受的唯一的政治前景。合作与妥协相伴而生，实施必要的妥协无疑是一种策略，应该说新民主主义制度是政治较量的折中产物。但是中国共产党人并不放弃自己的远大理想，他们要采取循序渐进的办法去实现社会主义和共产主义，在这种意义上说，新民主主义社会理论具有一定的策略性。

1946年1月，刘少奇主持起草的《中共中央关于目前形势与任务的指示》提出了"和平民主新阶段"的概念。这个"和平民主新阶段"，在中国共产党方面，当然是努力向着新民主主义社会的方向发展的，后来随着时局的急剧变化，全面内战爆发，这个"和平民主新阶段"就戛然而止了。有人说这个提法是错误的，不符合当时的实际形势，其实这可以理解为中国共产党的一种策略，旨在展示自己追求和平、民主的诚意，争取全国人民的同情和支持，因为在政协协议已经签署的情况下，不这样提反而会给国民党反动派以口实。在这样一个"新阶段",中共方面的三大中心工作是练兵、减租和生产,都是为了应对可能发生的战争做紧锣密鼓的准备,当然也可以解释为为着和平建国的目标而奋斗。所以这是一种可战可和、可进可退的策略,和可和平建国,战可迎敌而上,所以,这种策略性的提法没有什么不妥。

新中国成立前后,中国共产党对于社会主义革命问题的态度是非常慎重的。在新中国成立前夕召开人民政协制定《共同纲领》时,有民主人士提议要把社会主义写进《共同纲领》,毛泽东、刘少奇、周恩来都说暂时不提社会主义,而且他们那时的讲话和文章都是按照新民主主义的精神讲的,而不是按照社会主义的精神讲的,而且在建国后三年国民经济恢复时期,他们的讲话和文章提到的"新民主主义"的字眼要比"社会主义"的字眼要多得多。所以,在中国共产党刚刚取得政权时,百废待兴,根基尚不稳固,甚至战争还在进行(外有抗美援朝,内有国共两党在东南沿海的对峙和冲突,广大的新解放区还有旷日持久的大规模剿匪行动),新生的人民政权正处在生死攸关的严峻考验时期,共产党的一言一行、一举一动都会顾及革命同盟者民族资产阶级和小资产阶级的态度和利益,甚至还要顾及自己的天然同盟军——农民的态度和利益。少谈社会主义,多讲新民主主义,是中国共产党高超政治智慧的展现,也是中国共产党处理复杂社会关系和阶级关系的正确选择,从这个意义上说,新民主主义社会理论带有一定的策略性质。

在抗战行将胜利之际,中国共产党召开了七大,毛泽东在会上所作的政治报告,是在国共合作的背景下,以国民党为主要对象来设计战后格局的,题目就叫作《论联合政府》,寓意就是在抗战胜利后的"和平民主新阶段",结束国民党一党专政,使共产党在新的国家政权中拥有和自己实力相称的地位。在后来的重庆谈判中,共产党为了实现"联合政府"的政治主张,同国民党统治集团作了针锋相对的斗争,并呼吁其他民主党派共同努力,为争取建立一个"新民主主义国家"而奋斗。从当时的国共两党力量对比看,共产党处于明显的劣势,为了保存自己,赢得时机发展壮大自己,共产党提出建立"联合政府"、推行"新民主主义"社会改革的政治主张,应该说是一种策略,但是从另一方面看,共产党预计到如果避免内战、和平建国的设想能够实现,国共两党将长期共存,长期合作共事(当然斗争也是不可避免的),

在这个意义上，新民主主义社会理论又是一种长期推行的战略。

所以，新民主主义社会理论是以毛泽东为主要代表的中国共产党人把唯物辩证法正确运用于解决中国现实问题的伟大创造，是中国共产党战略和策略的统一体。没有纯粹的战略，也没有纯粹的策略，战略中蕴含着相应的策略，策略中体现着一定的战略，战略由策略实现，策略为战略服务，战略与策略是互含的、辩证统一的，所以我们要抛弃那种非此即彼的形而上学思维方式，充分认识到新民主主义社会理论的战略性和策略性的辩证统一。

第三节　"夭折论"与"成长论"

新民主主义社会理论研究中的重大分歧之一，还有新民主主义社会是人为地过早提前终结了还是在时机成熟的条件下适时地转入了社会主义社会的问题。这两种观点可以分别概括为"新民主主义社会夭折论"和"新民主主义社会成长论"（学界并无这种提法，这是笔者对两类观点的概括和形象比喻——笔者注）（以下分别简称"夭折论"和"成长论"）。"夭折论"认为，中国共产党在领导新中国建设的过程中，犯了急于求成的"左"倾错误，违反社会历史发展的客观规律，在客观条件尚不具备的条件下，便推动社会主义改造，阻断了新民主主义社会的正常发展进程，有拔苗助长之嫌，使前途光明的新民主主义社会"生而夭折"，给中国的社会发展和进步造成损失。有论者曾言，夺取政权后，我们抛弃了新民主主义，急急忙忙搞社会主义，搞乌托邦，我们失败了。毛泽东在新中国成立后的重大失误之一，是离开新民主主义的正确道路，以民粹主义观点看待社会主义与资本主义的关系，急于消灭资本主义。另一位"夭折论"者也说，许多同志说，如果建国初期走巩固新民主主义制度的路子，不是匆匆忙忙要向社会主义过渡，那么我们国家的情况比起现在来就会好得多，意思也就是说，当时如果那样做，我国的经济会发展得比后来实际上做到的要好得多。我同意这样来总结历史经验，因为现在我们可以看得清楚，事情就是这个样子。另一位学者也支持这种观点，他认为，是毛泽东提前放弃了新民主主义，新民主主义作为一种社会形态，实在太短促。在新民主主义制度存废的问题上，毛泽东的意向起着决定性的作用。但急于搞社会主义的想法在党内有相当的思想基础，根源就在于社会主义理想与新民主主义政策之间存在紧张关系，新民主主义政策很难持久，提早结束反而符合其自身逻辑。

"成长论"则认为，新民主主义社会本身就是一个过渡性质的社会，它的历史任务就是为中国在半殖民地半封建的废墟上进入社会主义社会搭建桥梁，发挥中介的作用，因此它的历史存在必然是短暂的，不可能长久地存续下去。至于中国共产党改变了以往所作的新民主主义社会存续时限的设想，提前进行了社会主义改造，亦无不妥，因为当时国内外的环境发生了深刻变化，社会发展的步伐在客观上加快了，中国共产党必然要适应新的形势，对既有设想与计划作出必要的调整。一切以客观条件的变化为转移，体现了中国共产党与时俱进的精神，也是中国共产党成熟的标志。有论者认为，过渡到社会主义不是毛泽东在建国后才提出的"新思维"，而是他的一贯主张，只不过建国后将其付诸实行罢了，根本不存在毛泽东"放弃"新民主主义论的问题。之所以产生这样的误解，是因为不了解新民主主义社会和过渡时期是同一历史时期的两种不同说法，而把它们当成了前后衔接的两个不同阶段所致。另一位学者则认为，新民主主义的核心与灵魂在于它规定了社会主义因素的主导地位和社会主义社会的发展前途，本质上是一个社会主义因素不断生成与壮大、非社会主义因素不断被限制与改造的动态发展过程。过渡时期总路线的提出是马克思主义的题中应有之义和逻辑必然，是历史和现实赋予共产党人的庄严使命，根本不存在所谓的"自相矛盾"、"认识偏差"和"情绪性"等问题。还有人从中国共产党新民主主义社会的设想与过渡时期部署相统一、过渡时期总路线的内容与新民主主义社会理论具有内在联系、过渡时期总路线坚持社会主义目标与毛泽东对新民主主义社会性质的认识相一致三个方面论证了二者的内在一致性，认为过渡时期总路线的提出并不标志着中国共产党放弃了新民主主义社会理论。

关于这两种观点的争论，目前学术界还没有最终的结论，笔者不揣浅陋，谈谈自己的一些看法。窃以为，按现有的研究成果来看，两种观点都有一定的道理，都有一定的史料为证，但亦各有偏颇之处。"夭折论"往往存在否定社会主义改造之嫌，其实社会主义改造是不容否定的，否则就违背了《关于建国以来党的若干历史问题的决议》。从目前来看，当初中国共产党抓住有利时机，果断实行向社会主义过渡，应该说是一项英明的决策，所以社会主义改造本身没有错，问题出在社会主义改造的具体执行上，原计划十到十五年的任务短短三年就完成了。"成长论"往往片面强调社会主义改造的重要性和必要性，存在轻视新民主主义社会之嫌，事实上在新民主主义社会理论的指导下建立起来的新民主主义社会是完全符合中国实际的，并取得了巨大的成功，理应"趁热打铁"，使新民主主义在中国得到充分发展，实际上我们是"见好就收"了，不能不说留下了些许历史的遗憾。

另外，问题的关键是，产生这种分歧源于对新民主主义社会性质认识的分歧，"夭折论"把新民主主义社会当作一个独立的社会形态，强调它的独立性和时限问题，忽略了社会主义的前途问题；"成长论"仅仅将新民主主义社会视为一个过渡时期，强调其社会主义前途问题，而忽略了其成长过程问题。其实，新民主主义社会是一个过渡性质的社会形态，既具有过渡性，也是一个有别于其他社会形态的独立的社会形态，不能把它们对立起来。站在这个视角下去看待问题，就不会纠结于"夭折"抑或"成长"，即便新民主主义社会"夭折"了，如果社会主义"成长"的很好，不也是很好吗？如果新民主主义社会成功"成长"为社会主义，如果社会主义搞的不成功，我们的目的不也是没有实现吗？

第四节　"天国论"与"地狱论"

与以上几种分歧形成鲜明对比的，是关于新民主主义社会是天国乐土还是人间地狱的争论（以下分别简称"天国论"和"地狱论"）（学界并无这样的提法，这是笔者对两类极端观点的形象比喻——笔者注）。"天国论"认为，新民主主义社会是中国共产党的伟大创造，代表了全社会绝大多数人的利益，社会各阶级各得其所，和谐共生，其乐融融，是解决中国社会问题的绝佳方案。正是因为中国共产党一贯奉行了新民主主义的政策，才取得了革命的伟大胜利，建国后几年新民主主义实践的巨大成功，也验证了新民主主义是真正符合中国实际的社会制度，不啻"人间天国"。共产党最大的历史贡献，莫过于缔造了一种崭新的具有中国特色的新民主主义社会制度。"天国论"者对新民主主义的"膜拜"催生了一股"重回新民主主义"的思潮，譬如有论者就说，"新民主主义论"是当今社会所能取得的最大公约数，左中右都能认同，而且是中国共产党自身的宝贝理论，既是本土的，又是国际的，历史证明是行之有效的唯一路径——从战争年代到建设时期，包括改革开放至今，我们凡是用新民主主义为指导，就胜利成功，而没有真正遵循的，或犯错误，或走弯路，都出了问题。他进而得出了这样一种结论："只有共产党才能救中国；只有新民主主义才能挽救共产党。"另一位"天国论"代表人物也为"重回新民主主义"大唱赞歌，甚至认为现在实际上就是新民主主义社会。他在一次讲话中说，必须认识当代中国的经济结构是新民主主义的结构，社会结构是新民主主义的结构，政治结构也是新民主主义的结构。必须清醒地看到我国在现阶段是新民主主义社会，今后很长一段历史时期仍将处于毛泽东在《新民主主义论》、《论联合政府》所清楚地阐明的新民主主义社会阶段。社会主义初级阶段和具有中国特色的社会主义的本质就是新民主主义社会。他号召人们"解放思想，永不僵化，不被过去错误的乌托邦式的声明所约束，坚定地走新民主主义道路。"

　　"地狱论"则认为，新民主主义社会是中国共产党为了一己之私所设计的"世纪骗局"，它向世人做出种种美丽的承诺，结果却给人们带来灾难——主要是给民族资产阶级和农民阶级带来灾难，工人阶级自身日子也不好过。就是因为新民主主义在中国行不通，所以才罢战休兵，草草收场，改弦更张。我们搞新民主主义几十年，阻碍了中国现代化的进程，是一种历史的倒退，将其喻为"人间地狱"亦不为过。比如某位"地狱论"者曾说，最近几年，不少人认为，1953 年从新民主主义转向社会主义太快了，太急了，认为这是中国后来出现种种问题的原因。我一直不这么认为。如果说 1953 年转早了，1963 年转早不早？ 1983 年转早不早？不是早不早的问题，而是新民主主义本身就有问题。毛泽东强调新民主主义革命的领导权一定要掌握在无产阶级手里，1949 年以后的新民主主义不是民主主义，而是专制主义。1949

年以后，新民主主义的逻辑只能是无产阶级专政，不再是新民主主义的"各革命阶级联合执政"了。非但如此，他还列出《新民主主义论》犯了四个方面的错误："时代判断错误"、"领导权的错误"、"革命前途错误"、"革命结果错误"，从而把毛泽东思想中最核心的部分给否定掉了。他的一位追随者这样评价道，这位"思想家"把"新民主主义论"的根子给刨出来了，第一次把它的外衣揭穿了。另一位"地狱论"者也这样评价新民主主义：毛泽东的新民主主义论里的许多论点，都是同民主主义背道而驰的，既违背理性的原则，也毫无法治的精神。这些不可避免地会导致专制独裁的理论思想，否定了新民主主义论里的民主主义内容。新民主主义是把共产主义和民主主义硬捏在一起的怪胎，它是时代的产物，适应了那个时代的需要。它的内涵既有民主主义的成分，又有斯大林主义的成分，即打着共产主义、社会主义旗号的专制主义的成分。

这两种观点尖锐对立，一个认为新民主主义社会光明无限，一个主张新民主主义社会漆黑一团，到底孰是孰非？

"天国论"对新民主主义社会赞赏有加，推崇备至，对这种社会形态作了理想化、完美化解读，其实暗含着一个潜台词，那就是对社会主义的否定，同时也暗藏着一个玄机，那就是对"重回新民主主义社会"论调作理论铺垫和逻辑论证。"天国论"认为，既然新民主主义那么好，而在社会主义改造以后的长时期里社会主义又搞那么糟，为什么不回归新民主主义呢？中国共产党人不是实事求是吗？不是勇于承担错误吗？为什么不"重新走一回"呢？通过对"天国论"的深度透视可以发现，这种论调实际上夸大了资本主义的积极性和进步性，"重回新民主主义社会"就是"重走资本主义老路"和"补资本主义的课"论调的翻版，如果真的按照他们的要求"重回新民主主义社会"，那么新民主主义社会的社会主义前途就被抛到九霄云外去了。他们要的不是什么新民主主义，而是新民主主义旗号掩护下的资本主义。所以，对这种论调的隐蔽性、欺骗性要始终保持清醒头脑和高度警惕，对某些人打着新民主主义的旗号行反对走社会主义道路之实的做法要坚决批判。

当历史的合力使我们走上了社会主义道路，就不要去喊"重回新民主主义社会"的口号了，这实质上是一种历史的倒退，一种自我折腾，中华民族的伟大复兴最忌讳、最需要避免的就是折腾。我们进行着前无古人的事业，"摸着石头过河"，在社会主义道路上前进，难免会出现这样那样的失误，甚至会犯大的错误，用完美主义的观点，用理想主义的思维去苛求社会现实，是不符合历史辩证法的。我们应当做到而且能够做到的，是总结经验、吸取教训，来改进我们的工作，而不是推倒重来。"重回新民主主义社会"，无疑是一场翻天覆地的社会变动，不仅会引起巨大的思想混乱，还会打破既有的发展节奏，造成社会生产力的破坏，而且谁也不敢保证"重回新民主主义社会"就会比目前的情况要好。当初我们搞新民主主义，是在半殖民地半封建社会的国情下，资本主义道路走不通，又不能立即走社会主义道路的情况下，中国共产党和中国人民的独特创造和唯一选择。当时走新民主主义道路具有历史必然性，但是现在我们的国情完全变了，我们处在经济全球化的信息时代，进入了中国特色社会主义新时代，走社会主义市场经济道路，走新型工业化道路，走新民主主义社会道路的前提早已不复存在。

所以，对任何事物都不能作绝对化理解，外国的马克思主义不能照搬到中国，中国历史上的马克思主义也不能照搬到现在，是一个道理。马克思主义不仅需要中国化，而且需要时代化，新民主主义社会理论的很多观点和做法需要总结，值得借鉴，但不能照单全收，照搬照抄。不能用今天的现实去裁剪昨天的历史，同样道理，也不能用昨天的历史来说明今天的现实。

"地狱论"对新民主主义社会口诛笔伐，全盘否定，手段不像"天国论"那么隐蔽，但其目的却昭然若揭，其实质就是通过否定中国共产党领导的新民主主义社会的理论和实践，来达到否定中国共产党本身及其领导的中国革命的目的，进而达到否定中国共产党领导的新民主主义革命的历史，改写近现代中国历史的目的。众所周知，新民主主义社会和新民主主义革命是紧密相联的，否定了新民主主义社会，就否定了新民主主义社会的前提和基础——新民主主义革命。这是历史虚无主义的一种表现。而新民主主义革命和新民主主义社会是中国共产党领导的，他们要把中国共产党描绘成千古罪人，把中国共产党领导的人民革命战争描绘成世纪噩梦，把中国共产党和人民革命战争描绘成"中国现代化之路的绊脚石"、"中国积贫积弱灾难深重的根源"。既如此，否定中华人民共和国，否定中国共产党的领导也就顺理成章了。所以，对于这种论调，更是不能掉以轻心。

"地狱论"否定新民主主义，也不赞成社会主义，而是连社会主义也一块否定掉了，其实质是主张走资本主义道路，搞全盘西化。改革开放以来，西方国家一直对我国进行意识形态渗透，国内的"民运"人士遥相呼应，采取多种手段鼓吹走资本主义道路，"地狱论"就是用"算历史旧账"的办法来否定社会主义、鼓吹资本主义的手段之一。这种牵强的做法在社会上并没有多大的影响力，根本原因是违反了历史研究的求实原则。

综上所述，不管是"天国论"，还是"地狱论"，都是为他们的现实目的服务的，呈现的面目不同，但其根本目的具有一致性，一言以蔽之，就是主张中国改旗易帜，走资本主义道路，因而都是错误的，都是应该加以大力批判的。它们走了两个极端，要么肯定或几乎肯定一切，要么否定或几乎否定一切，持这些观点的人要么是不懂得唯物辩证法，犯了形而上学的错误，要么是居心叵测，图谋不轨。研究历史，应该采取"誉人不增其美，毁人不益其恶"的态度，做出实事求是的客观评价。这两种观点都超出了学术研究的范围，带有明显的政治趋向性色彩，其客观性、价值性可想而知。

所以，新民主主义社会既非天国乐土，也非人间地狱，而是尘世凡间。在这个社会上生活的，非神非仙，非妖非魔，而是活生生的、现实的、从事社会实践活动的人，是以他们的意志和智慧改造着社会现实，追求着幸福生活的中国人民。

第八章　新民主主义社会理论的重大意义

新民主主义社会理论是中国共产党人对马克思主义的创造性发展，是马克思主义中国化的重要成果，它的形成和发展，深刻地影响着我国的思想理论界，也极大地改变了我国现代历史的发展轨迹，毫无疑问，无论在理论层面还是在现实层面，新民主主义社会理论都具有非常重大的意义。

第一节　新民主主义社会理论的理论意义

新民主主义社会理论作为科学的理论体系，作为毛泽东思想的重要组成部分，在马克思主义发展史上具有重要的历史地位和理论意义，这种历史地位和理论意义主要表现在它丰富和发展了马克思主义过渡时期国家学说和无产阶级专政学说、丰富和发展了马克思主义落后国家社会发展道路理论、丰富和发展了马克思主义的资本主义观，从而对马克思主义中国化做出了不可磨灭的贡献，继而为实现马克思主义中国化的第二次历史性飞跃——创立中国特色社会主义理论体系，提供了重要的理论来源。

新民主主义社会理论在马克思主义过渡时期国家学说和无产阶级专政学说的基础上，创造性地提出了一种新型国家学说，即新民主主义国家学说，它主张在中国独特的新民主主义社会中（之所以说中国的新民主主义社会是独特的，是因为作者认为中国的新民主主义社会并不具有普遍意义，是中国在独特的国情和时代条件下在半殖民地半封建社会的基础上进入社会主义社会必经的过渡性质的社会形态，其他落后国家在二战后新的国际形势下丧失了建立类似中国新民主主义的社会的可能性，实践也证明中国的新民主主义社会在世界上是独一无二的——笔者注），要实行公有制经济为主导的多种经济成分共同发展的经济模式，以利于更快更好地发展社会生产力，为进入社会主义社会准备条件；要建立无产阶级领导的各革命阶级联合专政的政治架构，以利于各革命阶级在革命胜利后共享胜利果实，巩固人民民主统一战线，巩固新生的人民政权；要形成马克思主义指导的民族的科学的大众的文化的文化范式，以利于逐渐消除反动的西方资产阶级文化和落后的封建思想的影响，最终确立马克思主义在意识形态领域中的主导地位，培育中华民族自己的先进的新文化。它认为新民主主义社会是社会主义导向的过渡性质的社会形态，新民主主义的经济、政治、文化就是要为在中国实现发达生产力导向的社会主义的社会图景奠定坚实的基础，这些思想构成了新民主主义社会理论的基本内涵，是对马克思主义的重大丰富和发展。

马克思恩格斯曾经设想，东方落后国家要越过资本主义发展阶段，必须在先行走上社会主义道路的欧美发达国家的帮助下才有可能，但是 20 世纪上半叶的国际形势发生了重大变化，欧美发达资本主义国家已经丧失了社会主义革命的现实性，而实践又证明半殖民地半封建的经济文化落后的中国资本主义道路走不通，在这种情况下，新民主主义社会理论开创了一条具有中国特色的社会发展道路，即社会主义导向的新民主主义的社会发展道路，这是一条独立自主的社会发展道路，虽然也有苏联和共产国际的帮助，但主要是依靠中国人民自己的力量取得革命胜利并走向新民主主义道路的。这不仅突破了马克思主义关于东方落后国家社会发展道路从属于西方社会的局限，而且与苏联的社会发展道路也有很大不同。

马克思主义经典作家在无情批判资本主义时，并没有对其全盘否定，他们认为高度发达的资本主义生产力是进入社会主义的前提和基础，尤其是经济文化落后的国家在走向社会主义的过程中，必须吸收借鉴资本主义制度创造的一切积极成果。新民主主义社会理论在此基础上认为，资本主义虽然不是中国革命的"全部结果"，却是经济文化落后的中国不可避免的结果，民主革命胜利以后，资本主义还会有一个相当程度的发展，这是不以人的意志为转移的客观规律。资本主义经济成分在新民主主义社会中占有重要地位，它在发展社会生产力，供应商品，繁荣市场，解决就业等方面发挥着不可替代的重要作用，新民主主义国家要把对资本主义的利用和限制有机地结合起来，并最终实现对其的社会主义改造，所有这些，都是对马克思主义的资本主义观的重要丰富和发展。

所有这些，归结为一句话，就是新民主主义社会理论对马克思主义中国化做出了重要贡献。

中国共产党成立以来，就以马克思主义作为自己的指导思想。然而，有了正确的指导思想，并不意味着就能自然而然地解决中国革命和建设所面临的实际问题，还必须把马克思主义基本原理和中国的具体实际相结合，实现马克思主义的中国化。马克思主义中国化，就是使马克思主义在中国实现具体化，就是运用马克思主义理论指导中国革命、建设和改革的实践，并在总结实践经验的基础上丰富和发展马克思主义理论，用毛泽东的话说就是"在中国创造出一些新的东西"①。以毛泽东为代表的中国共产党人在领导中国革命和建设的过程中，紧紧围绕这两大目标开展了卓有成效的工作，创造了许多"新的东西"，新民主主义社会理论就是一个成功的典范。

以毛泽东为代表的中国共产党人运用马克思主义的立场、观点和方法解决中国的实际问题，产生了许多具有独创性的实践经验，通过对这些经验的提炼和总结，创立了新民主主义社会理论。新民主主义社会理论是毛泽东思想中极具独创性的重要内容，它和新民主主义革命理论一起构成新民主主义理论的科学体系。如果没有新民主主义社会理论，就没有完整意义上的新民主主义理论，也就谈不上完整意义上的毛泽东思想。可见，从马克思主义发展史的视域来看，无论如何都绕不开新民主主义社会理论的巨大存在，它是马克思主义中国化逻辑进路的一环，离开它、漠视它，甚或拒斥它，就会在马克思主义中国化的道路上划出一道鸿沟，从而使马克思主义中国化无法实现质的飞跃而陷于停顿。

新民主主义社会理论是马克思主义基本原理和中国具体实际相结合的典

---

① 《毛泽东文集》第二卷，人民出版社1993年版，第408页。

范，是中国共产党人的伟大创造，是对科学社会主义的重大创新和发展，是马克思主义中国化的第一批重要理论成果，也是中国共产党人解放思想，实事求是，与时俱进的思想路线的必然结果，对保证新民主主义革命的胜利和新中国的建立有着深远影响，对于中国共产党以后的理论创新也树立了光辉的榜样。可以说，中国特色社会主义理论体系正是中国共产党人秉承了新民主主义社会理论（当然也包括毛泽东思想的其他部分）的创新理念，在改革开放的新的时代和实践条件下把马克思主义基本原理和中国具体实际进一步相结合的产物。从一定意义上说，中国特色社会主义的市场经济、中国特色社会主义的民主政治、中国特色社会主义的先进文化，都可以从新民主主义的经济模式、政治架构、文化范式中找到原型。所以说，新民主主义社会理论为中国特色社会主义理论体系提供了重要的直接理论来源，对中国特色社会主义理论体系的形成和发展具有重要的启迪和借鉴意义。

第二节　新民主主义社会理论的现实意义

新民主主义社会理论不是一种单纯的理论言说，而是深植于中国独特的现实土壤中，致力于解决中国的重大现实问题的。毋庸置疑，在新民主主义革命时期和建国初期，新民主主义社会理论是发挥了重大历史作用的。然而，时过境迁，新民主主义社会的时代已经成为历史，新民主主义社会理论也随之尘封许久。有人认为，随着社会主义改造的胜利完成，我国进入了社会主义社会，这个理论就没有什么现实价值了，可以进历史博物馆睡大觉了。那么，在21世纪的今天，它究竟还有没有自身的意义和价值？答案是肯定的，实际上，长期以来新民主主义社会理论研究的经久不衰，绝不是某种外力强制推动的，而是当今社会诸多重大现实问题的呼唤。它鲜明的中国特色，它内在的社会主义取向，它遗留的"未竟事业"，决定了它在当今中国还有自己的生命力和话语权，也是我们在困惑和迷茫的时候频频向它招手的最有力的诠释。

从历史上看，新民主主义社会理论指导了革命根据地的政权建设和社会建设，指导了新中国的成立，指导了人民民主政权的巩固和向社会主义过渡的顺利进行，具有重大的历史意义。

中国共产党人逐渐认识到，旧中国是一个半殖民地半封建国家，经济文化十分落后，中国的国情既与西欧发达的资本主义国家完全不同，也与落后的俄国有很大不同。在这样的条件下进行革命和建设，必然会遇到很多不同于西欧和俄国的特殊的复杂问题，不可能照抄照搬别人的经验。同样道理，从以西欧发达国家为蓝本产生的马克思主义和以解决俄国实际问题为出发点产生的列宁主义的本本中也找不到解决中国实际问题的答案。要使中国革命和建设取得胜利，就要活学活用马列主义，遵循实事求是的思想路线，紧密结合中国的具体国情和时代条件，寻找适合中国实际的道路，这就是新民主主义革命道路和新民主主义社会道路。

新民主主义社会理论指导了革命根据地的政权建设和社会建设，尽管这是在缺乏实践经验，理论准备不足的条件下摸索进行的，还是有力地支撑了新民主主义革命的顺利进行，中国革命能够在经历两次失败后走向复兴，并最终取得胜利，除了与中国共产党领导的坚持不懈的武装斗争有直接关系外，还惠于各个时期的政权建设和社会建设。中国共产党在国民革命时期参加国民政府的早期尝试、土地革命战争时期苏维埃革命根据地建设的可贵探索、抗日战争时期抗日民主根据地治理的伟大创造以及解放战争时期解放区执政的成功实践，都是中国共产党对治国理政和社会建设的摸索和践行，都是结合中国的具体实际对马克思主义社会建设理论的成功实践，革命根据地经济、政治、文化的稳定和发展，为革命战争提供了源源不断的人力、物力和财力。

在全国革命取得胜利的前夕，中国社会何去何从？究竟要建立一个什么样的政权？成为摆在中国共产党和全国人民目前的重大现实问题。中国共产党人早就认识到，中国共产党领导的革命，不是马克思恩格斯设想的社会主义革命，而是具有中国特点的新式的、特殊的资产阶级民主革命，革命的任务是推翻压在中国人民头上的帝国主义、封建主义和官僚资本主义三座大山，而不是推翻在一定时期和一定程度上参加了革命的民族资产阶级。所以在革命胜利后中国就不能直接进入社会主义社会，而是要进入与革命性质相对应的新民主主义社会。在新民主主义社会理论的指导下，建立了中华人民共和国，我国在半殖民地半封建的基础上进入了新民主主义社会，开辟了中华民族历史的新纪元。建立新中国，进入新社会，只是万里长征的第一步，中国共产党和新生的人民政府面临着国内外的各种严峻考验。在这种形势下，在新民主主义社会理论的指导下，我国采取了新民主主义的政策，迅速恢复了被战争破坏的国民经济，巩固了人民民主政权。

从某种意义上说，新民主主义社会理论也是社会主义过渡理论，在这个理论的指导下，我国成功进行了对农业、手工业和资本主义工商业的社会主义改造，实现了生产关系的剧烈变革，使我国顺利进入了社会主义社会，开始了社会主义建设的新的征程。在社会主义建设的过程中，新民主主义社会理论以隐秘和变相的形式得到一定发展，在纠正"左"倾错误中也发挥了一定的作用。

总之，如果没有新民主主义社会理论的指导，我国在民主革命时期的政权建设和社会建设中，在取得革命胜利后建设新中国的过程中就会犯"左"的或右的错误。

从目前来看，由于新民主主义社会与社会主义初级阶段之间的融通和共鸣，使新民主主义社会理论对于建设社会主义市场经济、民主政治、先进文化和和谐社会，最终实现中华民族伟大复兴具有一定的理论解释力，这就是新民主主义社会理论当代意义的客观前提。社会发展的实践也证明，新民主主义社会理论为我国社会主义现代化建设提供了重要经验，具有重大的现实意义。

第一，新民主主义社会理论对建设社会主义市场经济的借鉴意义。经过长期的反复的探索，中国共产党最终确立了中国特色社会主义的市场经济体制，实行公有制经济为主体、多种所有制经济共同发展的基本经济制度、实行按劳分配为主体、多种分配方式并存的分配制度，这是对长期以来实行高度集中统一的计划经济的反思和改革的结果，也是对建国初期新民主主义的经济模式成功实践的借鉴的结果，新民主主义的经济模式实质上是一种商品经济，而改革开放新时期逐步确立的市场经济实质上就是比较发达的商品经济，新时期实行的基本经济制度与新民主主义的经济模式更是有异曲同工之妙，新时期实行的分配制度与新民主主义时期的分配制度也具有巨大的相似性。

第二，新民主主义社会理论对建设社会主义民主政治的借鉴意义。我国新时期实行中国特色社会主义的民主政治，即实行人民代表大会制度、中国共产党领导的多党合作和政治协商制度、民族区域自治制度和基层群众自治制度，其实这就是恢复了新民主主义时期确立的，而长期以来没有很好地坚持的真正适合中国国情的人民代表大会制度和中国共产党领导的多党合作和政治协商制度，更好地贯彻和完善了新民主主义时期确立的民族区域自治制度，根据新民主主义时期民主政治的理念提出了基层民主自治制度，所有这些，本质上都是人民民主专政，这又是与新民主主义时期的政治架构是一脉相承的。

第三，新民主主义社会理论对建设社会主义先进文化的借鉴意义。我国新时期发展中国特色社会主义的先进文化，坚持马克思主义的指导思想，弘扬民族精神，加强思想道德建设、发展教育和科学，培育"四有"新人，树立中国特色社会主义的共同理想等，都是与新民主主义的马克思主义指导的民族的、科学的、大众的文化范式在本质上是一致的。

第四，新民主主义社会理论对建设社会主义和谐社会的借鉴意义。虽然在新民主主义时期没有提出过系统的和谐社会的理念，但是细思可以发现，从理论逻辑上说，公有制经济主导的多种经济成分共同发展的经济模式，就是多种经济成分和谐共生，各得其所；无产阶级领导的各革命阶级联合专政的政治架构，就是各革命阶级和平共处，共商国是，共建美好家园；马克思主义指导的民族的科学的大众的文化范式，就是代表广大人民群众利益的中华民族先进文化和外国先进文化取长补短，共同提高，共同推动人类文明进步。虽然新民主主义的实践与这个理想状态尚有差距，但无不体现着经济和谐、阶级和谐、文化和谐的精神，正是因为秉承了这种内在和谐的精神，使得我党提出的构建社会主义和谐社会理论才会成为可能。

新民主主义社会理论的重大理论意义和现实意义，促使我们在时隔多年之后又对其展开了富于广度和深度的发掘，可以说，由于新民主主义社会和社会主义初级阶段的诸多融通，在整个社会主义初级阶段，新民主主义社会理论的理论意义和现实意义都是存在的。新民主主义社会理论是马克思主义中国化的创造性成果，对马克思主义中国化的影响厚重而深远，可以说，只要马克思主义中国化的历史进程不停止，新民主主义社会理论的理论意义和现实意义就不会消失。

结　语

　　新民主主义社会理论是马克思主义中国化的伟大成果，是毛泽东思想的重要组成部分，在马克思主义发展史上占有重要的地位。新民主主义社会理论的发掘和总结是中国共产党践行解放思想、实事求是、与时俱进、开拓创新思想路线的产物，标志着党对马克思主义和毛泽东思想认识的进一步深化，同时也是改革开放以来我国一大批勇于探索马克思主义真理的专家学者辛勤探索的结晶，是新时期"百花齐放、百家争鸣"方针催生的硕果。

　　毋庸置疑，毛泽东是新民主主义社会理论的主要创立者，尽管后来由于国内外形势的变化和"左"倾思想的发展，新民主主义社会偏离我党的设想而提前结束。但是必须明确指出，由于没有现成的经验可循，党在向社会主义过渡以及社会主义建设过程中，只能摸索着前进，在此过程中出现一些偏差，犯了一些错误，是整个中央领导集体的错误，而不是像某些人认为的那样统统归咎于毛泽东个人，这不符合历史事实，也是违背中央的历史决议的。诚如党的十一届六中全会《关于建国以来党的若干历史问题的决议》指出的那样，建设社会主义的十年取得的一切成就"是在以毛泽东同志为首的党中央集体领导下取得的。这个期间工作中的错误，责任同样也在党中央的领导集体。毛泽东同志负有主要责任，但也不能把所有错误归咎于毛泽东同志个人。"[1] 邓小平后来也说："毛泽东同志犯的有些错误，我也有份，只是可以说，也是好心犯的错误。不犯错误的人没有。不能把过去的错误都算成

---

　　① 《改革开放三十年重要文献选编》（上），中央文献出版社 2008 年版，第 194 页。

是毛主席一个人的。所以我们对毛主席的评价要非常客观，第一他是有功的，第二才是过。"①

还原历史的真貌，挖掘理论的价值，是理论工作者的庄严使命，这也是本书孜孜以求的目标。在广大理论工作者的共同努力下，这一工作已经取得了可喜的进步，但愿本书的研究能够在无限接近真理的道路上传递出一丁点正能量。时代在前进，实践在发展，科学无止境，关于新民主主义社会理论的研究，和任何科学研究一样，是没有终点的，还需要广大的理论工作者站在前人的肩膀上继续付出艰辛的努力。

本书致力于论证新民主主义社会理论的科学性和真理性，并不是推崇它有什么"普世价值"。相反，它是在中国半殖民地半封建社会的背景下，中国共产党人运用马克思主义基本原理解决中国革命转变问题和社会建设问题的伟大尝试和独特创造，它是针对中国问题提出来的，对其他经济落后国家避免走资本主义道路、进行社会建设有一定的借鉴意义，但绝不是放之四海而皆准的灵丹妙药。新民主主义社会理论是绝对真理和相对真理的辩证统一，在一定的时空条件下它是"对"的，在另一个时空条件下可能就是"错"的，世界上其他经济落后国家没有出现类新民主主义社会理论和类新民主主义社会就是一个力证。即便是在中国空域条件不变的情况下，随着岁月变迁和时代转换，它的一些结论甚至"原理"也已经不合时宜了，它和社会主义初级阶段的市场经济、民主政治、先进文化和和谐社会等方面的诸多默契和融通并不意味着它在 21 世纪经济全球化、信息化的时代可以照抄照搬，很难想象在 21 世纪的中国重新建立所谓"新民主主义社会"是什么样子。所以，任何对这个科学理论体系的教条化和绝对化理解都是错误的，我们的任务是在习近平新时代中国特色社会主义思想的指导下，总结经验，吸取教训，立足现实，面向未来，把中国特色社会主义现代化建设事业不断推向前进，最终实现中华民族的伟大复兴，并在这个基础上继续前进，永远屹立于世界民族之林。

① 《邓小平文选》第二卷，人民出版社 1994 年版，第 353 页。

参考文献

一、著作

[1]《毛泽东选集》第 1—4 卷，人民出版社 1991 年版。

[2]《毛泽东文集》第 1—3、5、7、8 卷，人民出版社 1993、1996、1996、1999 年版。

[3]《刘少奇选集》（上卷），人民出版社 1981 年版。

[4]《建国以来刘少奇文稿》（第 1—2、第 3—4 册），中央文献出版社 1992、2005 年版。

[5]《刘少奇论新中国经济建设》，中央文献出版社 1993 年版。

[6]《周恩来选集》（上、下卷），人民出版社 1980，1984 年版。

[7]《周恩来统一战线文选》，人民出版社 1984 年版。

[8]《张闻天选集》，人民出版社 1985 年版。

[9]《马克思恩格斯文集》第 1、2、3、4、5、7、10 卷，人民出版社 2009 年版。

[10]《马克思恩格斯选集》第 1、3、4 卷，人民出版社 1995 年版。

[11]《列宁选集》第 1、3、4 卷，人民出版社 1995 年版。

[12]《列宁全集》第 41 卷，人民出版社 1986 年版。

[13]《陈云文选》第 2 卷，人民出版社 1995 年版。

[14]《邓子恢文集》，人民出版社 1996 年版。

[15]《陈独秀著作选》第 2 卷，上海人民出版社 1993 年版。

[16]《李大钊文集》第 4、5 卷，人民出版社 1999 年版。

[17]《瞿秋白文集政治理论编》第 2、3、4 卷，人民出版社 1988，1989，1993 年版。

[18]《孙中山选集》（下），人民出版社 2011 年版。

[19]《邓小平文选》第 2、3 卷，人民出版社 1994、1993 年版。

[20]《邓小平思想年谱》，中央文献出版社 1998 年版。

[21] 薄一波：《若干重大决策与事件的回顾》（上、下），中共党史出版社 2008 年版。

[22] 李维汉：《回忆与研究》，中共党史资料出版社 2013 年版。

［23］《中共党史参考资料》（六），人民出版社1979年版。

［24］《中国共产党历史》（第1卷上册），中共党史出版社2002年版。

［25］《中共中央文件选集》（第1、11册），中共中央党校出版社1989、1991年版。

［26］《六大以前》，人民出版社1980年版。

［27］《第一、二次国内革命战争时期土地斗争史料选编》，人民出版社1981年版。

［28］《十一届三中全会以来重要文献选读》（上），人民出版社1987年版。

［29］《十六大以来重要文献选编》（上），中央文献出版社2005年版。

［30］《毛泽东传》（1949—1976），中央文献出版社2003年版。

［31］于光远：《"新民主主义社会论"的历史命运》，武汉：长江文艺出版社2005年版。

［32］石仲泉：《我观毛泽东》，济南出版社2014年版。

［33］于光远：《从"新民主主义社会论"到"社会主义初级阶段论"》，人民出版社1996年版。

［34］罗平汉：《中国共产党执政历程第二卷》（1949—1976），人民出版社2011年版。

［35］石仲泉：《毛泽东研究述评》，中央文献出版社1992年版。

［36］张启华、张树军：《中国共产党思想理论发展史》（上、下卷），人民出版社2011年版。

［37］王桧林：《中国新民主主义理论研究》，党建读物出版社1998年版。

［38］王占阳：《新民主主义与新社会主义》，中国社会科学出版社2004年版。

［39］王东：《共和国不会忘记：新民主主义社会的历史和启示》，东方出版中心2011年版。

［40］田克勤：《中国新民主主义理论与实践研究》，东北师范大学出版社1991年版。

［41］顾海良、梅荣政等：《马克思主义发展史》，中国人民大学出版社2009年版。

［42］张奇才、王先俊等：《中国的马克思主义——毛泽东思想》，人民出版社2004年版。

［43］沙健孙：《中国共产党和资本主义、资产阶级》（上、下），山东人民出版社2005年版。

［44］逄先知：《毛泽东年谱》，中央文献出版社2002年版。

［45］庄福龄：《马克思主义史》（第1、3卷），人民出版社1996年版。

［46］沈云锁：《马克思主义史》（第4卷），人民出版社1996年版。

［47］杨先材等：《中国革命史》，中国人民大学出版社1995年版。

［48］李君如：《中国共产党建设史》（上、下），福建人民出版社2011年版。

［49］宋士昌：《科学社会主义通论》（第3卷），人民出版社2004年版。

［50］范贤超、李佑新：《毛泽东思想发展的历史轨迹》，湖南出版社1993年版。

［51］金春明、许全兴等：《毛泽东思想基本问题》，人民出版社2006年版。

［52］邱守娟:《毛泽东的思想历程》，人民出版社 2003 年版。

［53］沙健孙、龚书铎:《走什么路——关于中国近现代历史上的若干重大是非问题》，山东人民出版社 2011 年版。

［54］郭建宁:《马克思主义中国化前沿问题研究》，安徽人民出版社 2012 年版。

［55］龚育之:《从新民主主义到社会主义初级阶段》，人民出版社 1988 年版。

［56］孙继红:《马克思主义发展史上的论争》，知识产权出版社 2011 年版。

［57］雷厚礼、武国辉:《中国共产党执政60年》(上、下册)，人民出版社2009年版。

［58］鲁书月:《胡乔木对中共重大政治理论的晚年思考》，人民出版社 2012 年版。

［59］何沁:《中华人民共和国史》(第 2 版)，高等教育出版社 2003 年版。

［60］吴茜:《新民主主义社会论理论探源》，中共党史出版社 2012 年版。

［61］庞松、王东:《滑轨与嬗变——新民主主义社会阶段备忘录》，河南人民出版社 1990 年版。

［62］王丽荣:《新民主主义社会的理论与实践》，武汉大学出版社 1994 年版。

［63］黄志高:《三民主义论战与马克思主义中国化》，安徽大学出版社 2010 年版。

［64］阎树声、胡民新:《延安时期若干重大问题研究》，人文出版社 1997 年版。

［65］金冲及、黄峥:《刘少奇传》(下)，中央文献出版社 1998 年版。

［66］李金铮:《近代中国乡村社会经济探微》，人民出版社 2004 年版。

［67］郭铁铛:《台港中共党史中国近现代史研究评析》，广东人民出版社 2000 年版。

［68］刘成甲:《中共党史研究论文选》(下册)，湖南人民出版社 1984 年版。

［69］尚庆飞:《国外毛泽东学研究》，江苏人民出版社 2008 年版。

［70］袁瑞良:《人民代表大会制度形成发展史》，人民出版社 1994 年版。

［71］梁怡、李向前:《国外中共党史研究述评》，中共党史出版社 2005 年版。

［72］萧延中:《外国学者评毛泽东》，中国工人出版社 1998 年版。

［73］武原:《外国人眼中的毛泽东》，陕西人民出版社 1989 年版。

［74］(美)麦克法夸尔、(美)费正清:《剑桥中华人民共和国史(1945—1965)》，中国社会科学出版社 1998 年版。

［75］(美)罗斯·特里尔著，胡为雄、郑玉臣译:《毛泽东传》，中国人民大学出版社 2008 年版。

［76］(美)莫里斯·迈斯纳著，张宁等译:《马克思主义、毛泽东主义与乌托邦主义》，中国人民大学出版社 2005 年版。

［77］(美)斯图尔特·R.施拉姆著，田松年、杨德等译:《毛泽东的思想》，中国人民大学出版社 2005 年版。

［78］(美)本杰明·I.史华慈著，陈玮译:《中国的共产主义与毛泽东的崛起》，中国人民大学出版社 2006 年版。

［79］(日)近藤邦康著，宋志勇等译:《毛泽东:革命者与建设者》，中国青年出版社

2004 年版。

［80］（法）卡罗尔著，刘立仁、贺季生译:《毛泽东的中国》，贵州人民出版社，1988 年版。

［81］刘成甲:《中共党史研究论文选》（下册），湖南人民出版社 1984 年版。

［82］李锐:《李锐反"左"文选》，中央编译出版社 1998 年版。

二、博士论文

［1］陈娟:《毛泽东的新民主主义社会理论研究》，东北师范大学 2007 年。

［2］毕彩云:《毛泽东新民主主义国家理论研究》，吉林大学 2011 年。

［3］柳国庆:《毛泽东"新民主主义的资本主义"及其当代价值》，东北师范大学 2007 年。

［4］郑国瑞:《新民主主义社会理论论纲》，辽宁师范大学 2007 年。

［5］逯原:《中共第一代领导人对我国社会性质和发展阶段问题的认识》，东北师范大学 2011 年。

［6］杨火林:《1949—1954 年的中国政治体制》，中共中央党校 2005 年。

［7］赖亦明:《毛泽东社会发展思想研究》，南京师范大学 2004 年。

［8］宋紫:《毛泽东与中国私人资本主义问题研究》，湖南师范大学 2005 年。

［9］王朝彬:《毛泽东政权思想研究》，中共中央党校 1994 年。

［10］王军:《民主革命时期中国共产党的政权思想研究》，东北师范大学 2007 年。

［11］魏鹏娟:《延安时期经济实践与理论创新的研究》，西北大学 2010 年。

［12］谭一青:《中国现代政治思潮和毛泽东新民主主义理论的形成与发展》，中共中央党校 1991 年。

［13］杨柳:《南京国民政府的农村复兴运动》，西北大学 2005 年。

三、期刊论文

［1］胡绳:《毛泽东的新民主主义论再评价》，《中共党史研究》1999 年第 3 期。

［2］胡绳:《社会主义和资本主义的关系:世纪之交的回顾和前瞻》，《中共党史研究》1998 年第 6 期。

［3］龚育之:《新民主主义·过渡时期·社会主义初级阶段》，《中共党史研究》1988 年第 1 期。

［4］沙健孙:《关于社会主义改造问题的再评价》，《当代中国史研究》2005 年第 1 期。

［5］沙健孙:《坚持科学地评价毛泽东和毛泽东思想》，《真理的追求》1999 年第 1 期。

［6］沙健孙:《毛泽东论新民主主义文化》，《北京大学学报》2002 年第 5 期。

［7］董国强:《论建国初期的国内主要矛盾》，《南京大学学报（哲学·人文·社会科

学）》1995 年第 1 期。

［8］鲁振祥:《周恩来关于从新民主主义向社会主义过渡思想探析》,《苏州大学学报（哲学社会科学版）》1998 年第 1 期。

［9］鲁振祥:《关于新民主主义社会理论的若干问题（上）》,《阵地与熔炉》1992 年第 5 期。

［10］俞良早:《论马克思主义关于东方社会曲折前进的理论》,《社会科学研究》2007 年第 6 期。

［11］王兰垣、荣长海:《社会主义初级阶段的理论与建设新民主主义社会的理论》,《科学社会主义》1988 年第 2 期。

［12］鲁振祥:《对建国初期从新民主主义过渡到社会主义几个问题的考察》,《中共党史研究》1990 年第 2 期。

［13］鲁振祥:《新民主主义理论在解放战争时期的重要发展》,《文史哲》1991 年第 4 期。

［14］刘振清:《新民主主义社会理论放弃和新民主主义社会过早终结的原因》,《求实》2006 年第 2 期。

［15］陈娆:《过渡时期总路线的提出是对新民主主义社会的放弃吗？》,《思想理论教育导刊》2006 年第 7 期。

［16］孙玉太:《毛泽东新民主主义文化理论述论》,《山东社会科学》2006 年第 12 期。

［17］张菊香:《论马克思恩格斯的占有资本主义制度创造的积极成果思想》,《兰州学刊》2007 年第 1 期。

［18］杜导正:《新民主主义的回归与发展》,《炎黄春秋》2009 年第 4 期。

［19］贾绘泽:《论党在民主革命时期保护民族工商业和发展资本主义的思想》,《思想理论教育导刊》2008 年第 1 期。

［20］李伟:《"新民主主义社会理论"不能成立》,《探索》2008 年第 4 期。

［21］尚庆飞:《"国外毛泽东学"研究领域若干基本问题考察》,《马克思主义研究》2009 年第 9 期。

［22］郭德宏:《关于新民主主义社会理论的若干问题》,《中国党政干部论坛》2000 年第 3 期。

［23］刘晶芳:《"二次革命论"与"两步走"辨析》,《党史研究与教学》2010 年第 1 期。

［24］凌海金:《毛泽东〈论联合政府〉民主思想探析》,《贵州社会科学》2010 年第 7 期。

［25］沙健孙:《论述俄国农村公社命运和社会发展前景的重要著作——学习马克思〈给维·伊·查苏利奇的复信〉札记》,《高校理论战线》2010 年第 9 期。

［26］李建国:《先进文化与社会主义》,《思想理论教育导刊》2010 年第 10 期。

［27］龚育之:《读〈毛泽东在七大的报告和讲话集〉》,《求是》1996 年第 17 期。

［28］庞松:《周恩来关于向社会主义过渡的思想》,《中共党史研究》1998 年第 1 期。

［29］李安增：《毛泽东的新民主主义社会理论与实践》，《山东社会科学》1998 年第 3 期。

［30］李永丰：《中共对国民党一大宣言的继承与超越》，《江淮论坛》2004 年第 3 期。

［31］赵明义：《论马克思恩格斯社会主义发展进程第二种设想的思想流变》，《山东大学学报（哲学社会科学版）》2005 年第 2 期。

［32］胡长明：《毛泽东、周恩来创建社会主义的思想之比较》，《学海》2002 年第 6 期。

［33］鲁振祥：《刘少奇建设新民主主义社会思想几个问题的考察》，《苏州大学学报》1999 年第 1 期。

［34］鲁振祥：《建国前后新民主主义经济建设探索中的张闻天和刘少奇》，《党的文献》2000 年第 5 期。

［35］逢先知、李捷：《毛泽东与过渡时期总路线》，《党的文献》2001 年第 4 期。

［36］刘辉：《近二十年来新民主主义社会论研究述评》，《教学与研究》2002 年第 5 期。

［37］柳建辉、刘晶芳等：《"新民主主义社会论及其争论问题研究"笔谈》，《党史研究与教学》2011 年第 2 期。

［38］胡为雄：《毛泽东对孙中山民主革命精神的继承与超越》，《中共福建省委党校学报》2012 年第 2 期。

［39］贺朝霞：《毛泽东放弃新民主主义社会论辨析》，《河南师范大学学报（哲学社会科学版）》2009 年第 1 期。

［40］郝遥：《新民主主义社会理论确实存在——与李伟同志商榷》，《探索》2009 年第 6 期。

［41］郝遥：《再论新民主主义社会理论确实存在》，《探索》2011 年第 1 期。

［42］沈雁昕：《毛泽东关于新民主主义社会思想的形成与发展》，《高校理论战线》2004 年第 9 期。

［43］王智、文红玉：《新民主主义社会理论的创制与放弃》，《党的文献》2000 年第 1 期。

［44］彭思铸：《周恩来坚持由新民主主义走向社会主义思想论析》，《学海》1998 年第 2 期。

［45］张勇：《建国前夕毛泽东对新民主主义社会论的四个重要修改》，《北京党史》2000 年第 3 期。

［46］王智：《试析新民主主义社会理论与实践中断的原因》，《毛泽东思想研究》1998 年第 3 期。

［47］坚松：《新民主主义理论是科学社会主义的组成部分》，《江西大学学报（社会科学版）》1980 年第 1 期。

［48］黄爱军:《"新民主主义社会论"的说法值得商榷》,《探索》2010 年第 5 期。

［49］王永江:《试析毛泽东新民主主义社会理论的形成》,《社会科学家》2007 年第 4 期。

［50］崔晓麟:《试析毛泽东放弃新民主主义社会理论的原因》,《学术论坛》1999 年第 3 期。

［51］蒲国良:《毛泽东新民主主义社会理论的历史地位》,《中共福建省委党校学报》2006 年第 8 期。

［52］高伯文:《建国前后新民主主义社会理论的发展及其意义》,《党史研究与教学》1999 年第 1 期。

［53］田利军:《论毛泽东〈中国社会各阶级的分析〉的历史地位》,《四川师范大学学报（社会科学版）》1994 年第 4 期。

［54］黄如桐:《关于党的发展资本主义政策的探讨》,《真理的追求》1997 年第 2 期。

［55］林蕴晖:《新中国由新民主主义社会向社会主义社会过渡的再思考》,《教学与研究》1999 年第 12 期。

［56］柳建辉:《新中国从新民主主义向社会主义过渡的几个问题》,《中国党政干部论坛》1999 年第 11 期。

［57］杨奎松:《毛泽东为什么放弃新民主主义——关于俄国模式的影响问题》,《近代史研究》1997 年第 4 期。

［58］王树荫:《新民主主义社会理论研究述评》,《毛泽东思想研究》2001 年第 3 期。

［59］郑德荣、柳国庆:《毛泽东"新民主主义的资本主义"思想述略》,《党的文献》2000 年第 1 期。

［60］黄如军:《从新民主主义到中国特色社会主义》,《上海党史与党建》2013 年第 5 期。

［61］黄如桐:《关于〈毛泽东的新民主主义论再评价〉若干问题的讨论》,《中共党史研究》1999 年第 6 期。

［62］郑国瑞:《再探新民主主义社会的理论之源》,《毛泽东思想研究》2006 年第 5 期。

［63］张浩:《新民主主义社会论的源与流》,《理论月刊》2010 年第 6 期。

［64］王墨君:《新民主主义与过渡时期总路线》,《历史教学》2001 年第 4 期。

［65］魏喜龙:《建国后前七年主要矛盾之我见》,《中南财经大学学报》1999 年第 3 期。

［66］蒲国良:《毛泽东新民主主义社会理论的历史地位》,《中共福建省委党校学报》2006 年第 8 期。

［67］蒋伯英:《邓子恢对农业生产责任制的探索与贡献》,《党史研究与教学》1996 年第 5 期。

［68］杜导正：《新民主主义的回归与发展》，《炎黄春秋》2009 年第 4 期。

［69］王也扬：《历史地看待毛泽东的新民主主义论及其变化》，《中共党史研究》2001 年第 3 期。

［70］金冲及：《新民主主义社会和社会主义初级阶段》，《党的文献》2008 年第 5 期。

［71］薛汉伟、王文章：《新民主主义加速过渡到社会主义的经济学解释》，《教学与研究》2004 年第 7 期。

［72］金春明：《试析社会主义初级阶段与新民主主义之异同》，《教学与研究》2001 年第 1 期。

［73］王晓明：《新民主主义社会理论研究新进展》，《教学与研究》1999 年第 3 期。

［74］王双梅：《建国前后刘少奇新民主主义社会主要矛盾思想的发展变化》，《党的文献》1999 年第 6 期。

［75］庞松：《建国以来经济模式更替的历史启示》，《教学与研究》2000 年第 4 期。

［76］顾红亮：《论毛泽东的新民主主义社会概念及其方法论意义》，《毛泽东思想研究》1998 年第 4 期。

［77］（俄）梅利克谢托夫：《"新民主主义"与中国对社会经济发展道路的选择年（1949—1953）》，《远东问题》1996 年第 1 期。

［78］高化民：《管窥张闻天从个体农业经新民主主义走向社会主义的构想》，《当代中国史研究》2000 年第 6 期。

［79］燕凌：《从新民主主义到社会主义的转变》，《中国社会科学》1990 年第 2 期。

［80］徐成：《毛泽东新民主主义社会理论嬗变的客观动因》，《求索》2004 年第 9 期。

［81］奚兆永：《关于新民主主义社会和过渡时期的关系问题——〈毛泽东放弃新民主主义社会论的重要动因〉一文质疑》，《长白学刊》2003 年第 4 期。

［82］郭德宏：《关于从新民主主义向社会主义过渡的几个问题》，《理论学刊》2005 年第 2 期。

［83］邢和明：《从新民主主义论到过渡时期总路线——兼论两种社会模式的转变》，《中共党史研究》2006 年第 4 期。

［84］刘中刚：《从"人民共和国"到"新民主主义共和国"》，《毛泽东思想研究》1999 年第 1 期。

［85］王占阳：《试析 1938—1948 年间毛泽东对于新民主主义社会性质的几种提法》，《长白学刊》1993 年第 1 期。

［86］朱民：《简论马克思主义"和平赎买"理论的发展》，《苏州丝绸工学院学报》1992 年第 12 期。

［87］赵凌云：《1949—1956 年间中国经济市场化中断过程的历史考察》，《教学与研究》1998 年第 4 期。

［88］江丹林：《论"新民主主义论"与初级阶段社会主义》，《学术界》1998 年第 2 期。

［89］杨家志:《社会主义初级阶段与新民主主义发展模式的复归》,《中南财经大学学报》1994 年第 5 期。

［90］王敬川:《刘少奇"巩固新民主主义制度"思想研究综述》,《党史研究与教学》2000 年第 6 期。

［91］张春英:《建国前夕党对新民主主义经济模式的五次探索》,《党的文献》2008 年第 1 期。

［92］何云峰:《两种逻辑的内在冲突——深度解读毛泽东的新民主主义社会论》,《长白学刊》2008 年第 1 期。

［93］张继昌:《再论毛泽东放弃新民主主义社会论的思想动机》,《浙江大学学报（人文社会科学版）》1998 年第 1 期。

［94］张勇:《建国前夕毛泽东对新民主主义社会论的四个重要修改》,《北京党史》2000 年第 2 期。

［95］章德峰、彭建莆:《再论中国走上社会主义道路的正确性——兼与胡绳同志商榷》,《当代世界社会主义问题》2000 年第 2 期。

［96］刘秀萍:《毛泽东对资本主义认识的思想轨迹探析》,《党的文献》2003 年第 3 期。

［97］朱映雪:《1990 年以来毛泽东利用资本主义思想研究综述》,《毛泽东思想研究》2003 年第 6 期。

［98］张学安:《社会主义初级阶段经济形态不是新民主主义经济形态的复归——与杨家志先生商榷》,《中南财经大学学报》1996 年第 5 期。

［99］陈龙:《新民主主义社会论研究述评》,《湖湘论坛》2012 年第 3 期。

［100］孙海涛:《论张闻天对新民主主义社会理论的开拓性贡献》,《理论界》2006 年第 4 期。

［101］杨瑰珍:《毛泽东批评"巩固新民主主义秩序"的成因》,《毛泽东思想研究》1994 年第 3 期。

［102］王世谊:《再析刘少奇关于"巩固新民主主义制度"的构想》,《党史研究与教学》1994 年第 1 期。

［103］郭绪印:《陈独秀对新民主主义思想形成的探索和贡献》,《上海党史与党建》2012 年第 3 期。

［104］李文珊:《李大钊对新民主主义革命的理论贡献》,《兰州学刊》2005 年第 6 期。

［105］张弛，黄少群:《共产国际与毛泽东"农村中心"思想的提出和实践》,《党史研究与教学》2010 年第 10 期。

四、外语文献

［1］Dick Wilson, *Mao Tse-tung in the Scales of History*, Cambridge: Cambridge University Press，1977.

［2］Richard Solomon, *Mao's Revolution and the Chinese Political culture*, Berkeley, University of California Press，1977.

［3］Schram Stuart R, *The Thought of Mao Tse-Tung*, Cambridge University Press, 1987.

［4］LiHua-yu, *Mao and the Economic Salinization of China*, Lanham, M.D: Rowman & Littlefield Publishers，2006.

［5］A. Doak Barnett, *Communist China: The Early Years, 1949~55*, London: PallMallPress，1964.

五、电子文献

［1］中国理论网［EB/OL］.http://www.ccpph.com.cn

［2］马克思主义研究网［EB/OL］.http://myy.cass.cn

［3］中国社会科学网［EB/OL］.http://www.cssn.cn

［4］中共中央文献研究室网［EB/OL］.http://www.wxyjs.org.cn

后　记

　　本书是在我的博士学位论文《新民主主义社会理论研究》的基础上，融合最近几年的科研成果精雕细琢而成，放松之余亦慨叹良多。

　　2011年9月，我进入安徽大学攻读马克思主义发展史专业博士学位，有幸师从朱士群教授。先生学贯中西，德高望重，吾深以得此师为豪。我的博士论文是我三年刻苦攻读的结晶，也是先生辛勤指导的结晶，凝结着我的心血，同样凝结着先生的心血。攻博期间，先生对我传道授业解惑，宽严相济，宽而使我感到慈祥温馨，严而使我感到战兢敬畏，此即先生治学之道，育人之法，深蕴哲理，富含睿智，我深以为是，必习而承袭之。随师三年，受益终生，此言不虚，非亲身体会不能察也。

　　攻博期间，亦有幸得到博士生导师吴学琴教授、吴家华教授、许俊达教授、陈义平教授、方爱东教授、任暳教授等人的教导和提携，他们严谨的治学态度、渊博的学识、睿智的人生哲学，源源不断地向我传输着正能量，对我的世界观、人生观、价值观的改造产生了重要影响。一道同窗苦读的还有陆攀、储著源、马东景、龚世星、夏琼、刘金同学，我们在学习上互相切磋，生活上互相照顾，宛若一个和睦的大家庭，其乐融融。我从这个集体中收获的，不仅有学识、情谊，还有和谐的理念、坚强的意志、不懈追求的动力、集体主义的精神。

　　在此我还不得不提到一个人，就是我的师兄唐建兵教授。唐长我一岁，先我两年入学，是名副其实的"师兄"，而他也无愧于"师兄"这个光荣的称号，他在学习上言传身教，工作中帮扶提携，生活中照应关心，于我益莫大焉。在一定程度上，他扮演着代师授艺的角色，我能取得大的进步，除惠于恩师，师兄之功亦不可没。

参加工作以来，在张苏峰教授、李清臣教授、郝琦教授、王东维教授、谭虎娃教授的鼓励下，我继续从事攻博期间未能来得及做的事业，取得了比较满意的研究成果，并对博士论文进一步加工改造，遂成此书。

在成书过程中，我的博士后合作导师东北师范大学刘世华教授、人民出版社马长虹编审、北京大学程美东教授提出了一些有价值的意见和建议，使本书质量有了明显提高。

本书亦承蒙武汉大学党委副书记沈壮海教授拨冗作序，对于他们的无私帮助，无以回报，谨以此书献给他们作为纪念。

马克思告诫我们说："在科学上没有平坦的大道，只有不畏劳苦沿着陡峭山路攀登的人，才有希望达到光辉的顶点。"是的，在我今后的人生旅途中，我将以科学事业为职志，一如既往，不畏劳苦，继续攀登，向光辉的顶点努力进发。这是我对母校和恩师的庄严承诺，也是我的人生价值和意义所在。

"至诚至坚，博学笃行"，我将谨记母校的校训和学风，带着恩师们的期待与教诲，进入我的下一个人生驿站，开始我新的生命征途。

梅定国
2018 年 12 月

责任编辑：马长虹

封面设计：徐 晖

图书在版编目（CIP）数据

新民主主义社会理论再研究／梅定国著 . —北京：人民出版社，2019.9
（2021.5 重印）

ISBN 978－7－01－020932－6

I.①新… II.①梅… III.①新民主主义革命－研究－中国 IV.① D696

中国版本图书馆 CIP 数据核字（2019）第 118682 号

新民主主义社会理论再研究
XIN MINZHU ZHUYI SHEHUI LILUN ZAI YANJIU

梅定国 著

人民出版社 出版发行
（100706 北京市东城区隆福寺街 99 号）

北京盛通印刷股份有限公司印刷 新华书店经销

2019 年 9 月第 1 版 2021 年 5 月北京第 2 次印刷
开本：710 毫米 ×1000 毫米 1/16 印张：18.75
字数：300 千字 印数：3,001–6,000 册

ISBN 978－7－01－020932－6 定价：48.00 元

邮购地址 100706 北京市东城区隆福寺街 99 号
人民东方图书销售中心 电话（010）65250042 65289539